あるくみるきく双書

田村善次郎・宮本千晴【監修】

宮本常一とあるいた昭和の日本

21

織物と染物

農文協

はじめに

――そこはぼくらの「発見」の場であった――

「私にとって旅は発見であった。私自身の発見であり、日本の発見であった。書物の中で得られないものを得た。歩いてみると、その印象は実にひろく深いものであり、体験はまた多くのことを反省させてくれる。」これは『私の日本地図』の第一巻「天竜川にそって」の付録に書かれた宮本常一の「旅に学ぶ」という文章の一節である。これは宮本先生の持論でもあった。近畿日本ツーリスト・日本観光文化研究所に集まる若者の誰もが幾度となく聞かされ、旅ゆくことを奨められた。そして「どうじゃー、面白かったろうが」というのが旅から帰った者への先生の第一声であった。一生を旅に過ごしたといっても過言ではないほど、旅を続けた宮本先生にとって、旅は面白いものに決まっていた。それは発見があるからであった。発見は人を昂奮させ、魅了する。

この双書に収録された文章の多くは宮本常一に魅せられ、けしかけられて旅に出、旅に学ぶ楽しみと、発見の喜びを知った若者達の旅の記録である。一編一編は限られた村や町の紀行文であるが、こうして地域ごとに集めてみると、期せずして「昭和の風土記日本」と言ってもよいものになっている。

日本観光文化研究所は、宮本常一の私的な大学院みたいなものだといった人がいるが、この大学院は学歴も職歴も年齢も一切を問わない、皆平等で来るものを拒まないところであった。それだけに旺盛な好奇心と情熱をもった多様な性向の若者が出入りしていた。『あるく みる きく』は、この研究所の機関誌的な性格を持った月刊誌であり、所員、同人が写真を撮り、原稿を書き、レイアウトも編集もすることを原則としていた。編集者もデザイナーも筆者もカメラマンも、当時は皆まだ若かったし、素人であった。公刊が前提の原稿を書くのは初めてという人も少なくなかった。発見の喜び、感激を素直に表現し、紙面に定着させるのは容易なことではない。何回も写真を選び直し、原稿を書き改め、練り直す。徹夜は日常であった。素人の手作りからの出発であったが、この初心、発見の喜びと感激を素直に表現しようという姿勢、は最後まで貫かれていた。

月刊誌であるから毎月の刊行は義務である。多少のずれは許されても、欠号は許されない。特集の幾つかに宮本先生の古くからのお仲間や友人の執筆があるし、宮本先生も特集の何本かを執筆されているが、これらは欠号を出さず月刊を維持する苦心を物語るものである。

『あるく みる きく』の各号には、いま改めて読み返してみて、瑞々しい情熱と問題意識を感ずるものが多い。それは、私の贔屓目だけではなく、最後まで持ち続けられた初心、の故であるに違いない。

田村善次郎　宮本千晴

織物と染物

目次

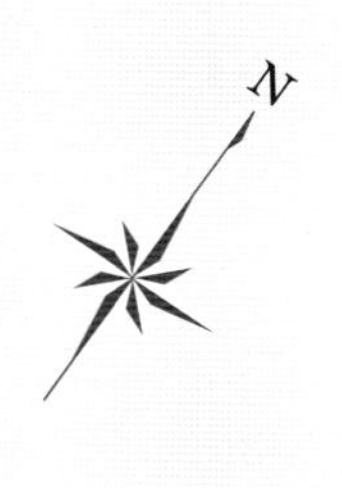
N

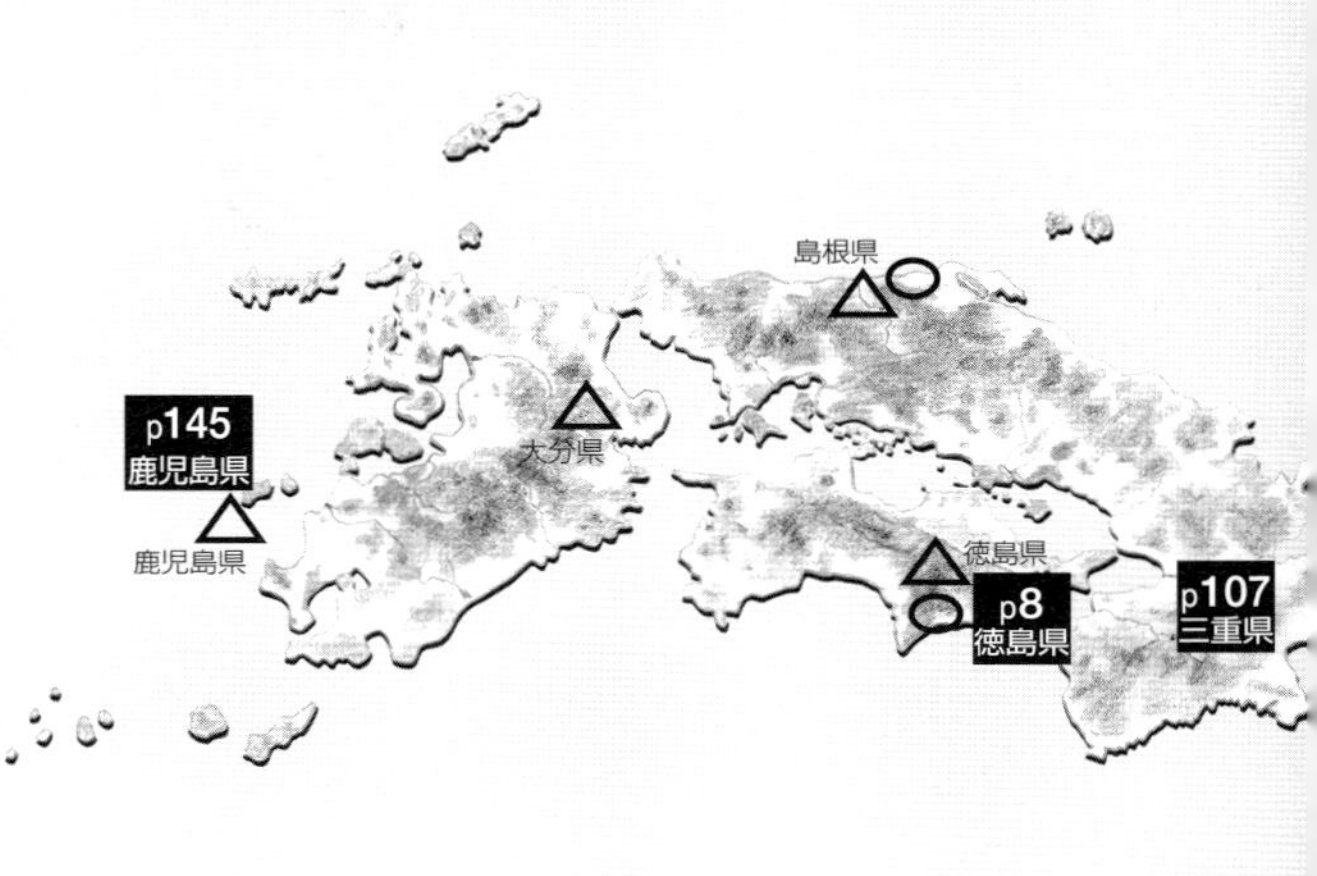
島根県
p145
鹿児島県
大分県
鹿児島県
徳島県
p8
徳島県
p107
三重県
沖縄県

凡例

＊この双書は『あるくみるきく』全二六三号のうち、日本国内の旅、地方の歴史・文化、祭礼行事などを特集したものを選出し、それを原本として地域および題目ごとに編集し合冊したものである。
＊原本の『あるくみるきく』は、近畿日本ツーリストが開設した「日本観光文化研究所」の所長、民俗学者の宮本常一監修のもとに編集し昭和四二年（一九六七）三月創刊、昭和六三年（一九八八）一二月に終刊した月刊誌である。
＊原本の『あるくみるきく』は一号ごとに特集の形を取り、表紙にその特集名を記した。合冊の中扉はその特集名を表題にした。
＊編集にあたり、それぞれの執筆者に原本の原稿に加筆および訂正を入れてもらった。ただし文体は個性を尊重し、使用漢字、数字、送仮名などの統一はしていない。
＊印字の都合により原本の旧字体を新字体におきかえたものもある。
＊写真は原本の『あるくみるきく』に掲載のものもあれば、あらたに組み替えたものもある。また、原本の写真を複写して使用したものもある。
＊図版、表は原本を複写して使用した。また収録に際し省いたもの、新たに作成したものもある。
＊掲載写真の多くは原本の発行時の少し前に撮られているので、撮影年月は特に記載していないものもある。
＊市町村名は原本の発行時のままで、合併によって市町村名の変わったものもある。
＊収録にあたって原本の小見出しを整理し、削除または改変したものもある。
＊この巻は森本孝が編集した。

野生植物の皮を績む—木綿以前

宮本常一

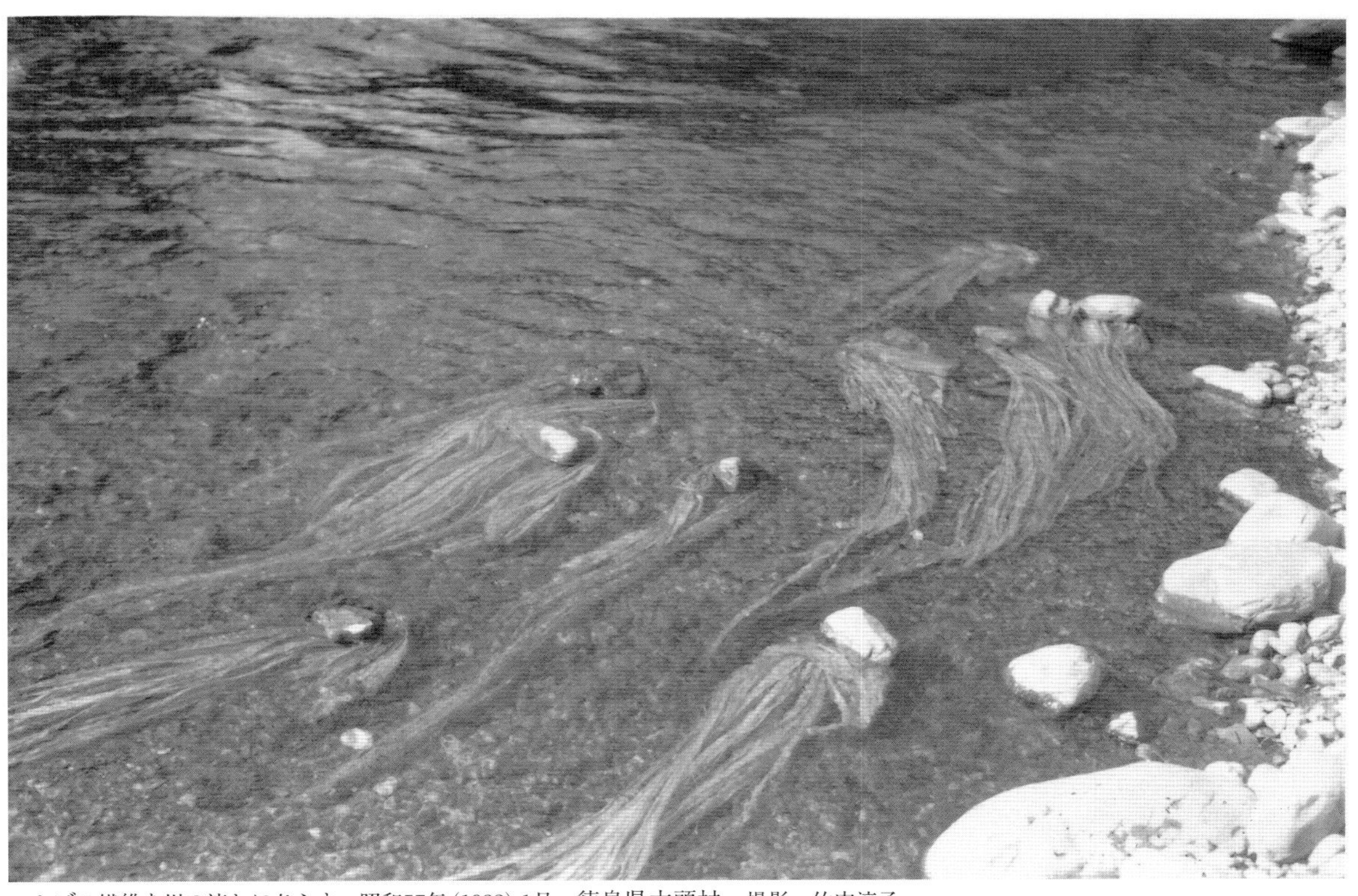

コウゾの繊維を川の流れにさらす　昭和57年（1982）1月　徳島県木頭村　撮影・竹内淳子

粗末だった白妙（しろたえ）

いろいろとあたたかい服装ができ、また暖房の設備も整って、近ごろはほんとうにあたたかく冬を過すことができるようになりました。しかし冬をあたたかく過せるようになったのは、戦後のことではないでしょうか。戦前までは毛糸もそんなに出回ってはいなかったし、石油ストーブや電気ゴタツもほとんどありませんでした。そして冬の着物といえば木綿のあわせ（袷）や綿入れが多かったのです。それでも、木綿が流行するようになったとき、人々は冬をあたたかく過せるようになったといって感謝したに違いありません。それまではもっと寒々とした冬を過したのです。

木綿が日本にはいってきたのは、今から四百年ほど前といわれています。それまで上等のものとしては絹糸、一般にはアサ、コウゾ、マダ、フジ、カラムシなどの茎皮をとって、それを細かく裂いてつなぎ、それを紡いで糸にし、布に織って着物に仕立てて着たのです。日本では外国のように羊をたくさん飼って、その毛をとって紡いで糸にするようなことはありませんでした。毛糸はあたたかなものですが、植物の皮を糸にして織ったものは、決してあたたかいものではありませんでした。

アサ布を除いてはもうフジやマダやコウゾの布は、ほとんど見かけなくなっていますが、明治時代までは山間地方ではまだ盛んに用いられていました。コウゾの繊維で織った布を太布(たふ)というところがあります。東京都や山梨県の山中ではタホといっています。ずっと昔にはタクとかタエとかいったようです。そのタエを白くさらしたものがシロタエであったようです。白妙などと書くといかにも上等の布のように思いますが、実は粗末なものであったわけです。

ふんどしのことを昔はタフサギといいましたが、タフサギのタフも太布であろうといわれていますから、昔は民間でずいぶんたくさん使用されたものだと思います。

ヘソクリの語源

マダ布ももとは多かったのです。マダはシナノキともいいました。信濃の国はシナノキがたくさんあるので、シナノといったのだともいわれています。その木の皮をとってきて、川へ長い間つけておいて荒皮をとり去り、内皮を細かく裂いてつなぎ合わせて紡ぐのです。そして機にかけて織ることは、太布も同様です。フジにしてもアサにしてもみな同じようにして織ったものです。

しかし糸にするようなよい繊維をもった植物は、どこにも野生しているというようなものではなく、そのためにはアサのようなものは畑に栽培して、糸の材料をつくりました。『和名類聚抄(わみょうるいじゅしょう)』という日本でいちばん古い辞書を見ますと、麻績郷(おみごう)という村の名がいくつも出てきます。栃木県に三つ、長野県に二つ、その他三重、千葉、東北地方にあったことがわかります。そうした村ではアサをたくさんつくって、それで麻布を織ったのでしょう。アサ糸のことを「ソ」といいました。そのソを手先にかけて巻いて丸くしたものをヘソといいました。長い糸がもつれないようにするためにそうしたのです。女たちがアサ糸をつないでヘソをつくることをヘソクリといいました。アサ布をたくさん織るところでは、人手の余ったものがあれば頼んでヘソをつくってもらいました。そしてそのようなもうけは自分のものになりました。今日、女たちの私有財産をヘソクリというのは、こんなところからいい出したことばなのです。

からむしの畑　福島県昭和村
撮影・登　勝昭

着物つくりの苦労

アサ糸をつなぐことをオウミともいいます。「麻績」と書いて

シナ皮。このように折って山を下る
撮影・竹内淳子

コウゾ（カジ）の繊維の糸績み　徳島県木頭村　撮影・竹内淳子

オミと読むのはオウミのちぢまったものです。オウミは退屈な仕事です。だから、女たちは三人でも五人でも集まって話あいをしながらオをウミました。田畑の仕事のないときはたいていオウミをしたものです。新潟県地方では秋の取り入れのすんだころ、このオウミ友だちがごちそうをつくって食べることがありました。これをオウミナガシといいました。女の楽しみの一つでした。

昔は着物をつくるといってもたいへんなことでした。麻布などになると畑を耕し種をまき、肥料をやって育て、それを刈って、コシキというもので蒸して皮をはぎ、それを川でさらし、糸にして織り、さらに縫うまでのことをすべて自分たちの手でやらねばなりません。

さて織ってもごわごわしてすぐ着られるようなものではないから、砧（きぬた）打ちといって木の台の上に布を置いてツチで打って柔らかくしたものです。夜になると女たちはその砧を打ったもので、どこの家からも砧の音がしたものです。このような布はせんたくするにも骨が折れ、手などでもんで洗えるようなものではなかったから、足で踏んで洗ったものです。昔の絵巻物などを見ていると、みな足踏みせんたくをしています。

ただ絹だけは別でした。柔らかでつやもあり、糸も長く、それこそ取り扱いに苦労は少なかったのですが、これは貧しいものはほとんど着ることを許されませんでした。考えてみると、一般民衆は長い間、粗末なものを着て生きてきたのでした。

＊本稿は昭和四二年二月二三日に共同通信社により地方紙に配信された「生活＝くらしとこころ②」を収録したものである。

阿波藍小話

文　後藤　捷一

写真提供　三木文庫
神崎宣武　杉本喜世恵

藍を染める。茨城県筑波郡の北島昇家　撮影・杉本喜世恵

はじめに

最近合成染料以前の天然染料が見直され、草木染とか草根木皮花染とかいう名で、民芸方面に賞用されている。

これらの植物染料は大体二つに分類せられ、一つはクチナシの如くそのまますぐ染められるもので、これを直接染料という。もう一つはヤマモモの如く媒染剤を要するもので、媒染染料と呼ぶ。媒染剤というのは、繊維に染料を固着させる物質である。そして、植物染料の大半はこの媒染染料に属している。

ただ藍のみはこの何れにも属しない。植物染料中ただ一つの建染染料（またはバット染料）である。というのは、藍の色素である青藍（インジゴチン）は、他の植物の含有色素の如く植物体中に遊離しないで、インジカンという物質として存在するので、染色するにはどうしてもこの色素を遊離させなければならない。つまり、植物そのものをもって直接染めることは出来ず、ここに製藍の必要が起って来る。

この製藍法には二、三種類の技法があるが、わが国一般に行われているものは、収穫した藍葉を発酵させて蒅をつくり、またこの蒅を更に藍玉とする方法である。蒅は最早染料化されているから、藍玉はその第二次製品となる。この両者は使用者、すなわち紺屋（染物屋）の好みにより、古来概して関東は藍玉、関西は蒅を賞用する傾向にあった。

さて、蒅や藍玉を造って青藍を遊離させても、青藍は他の植物色素の如く水には溶けない。それで糸や布地を染色するには、どうしてもこれを水溶液とする必要がある。古来「藍を出す」とか「藍を建てる」とかいう言葉があるが、これは青藍を水に溶解することを意味する。現在ではこの方法に数種の技法があるが、古くは世界共通、すべて発酵建法によっていたのである。つまり、蒅や藍玉を発酵させれば、色素が水に溶けるのである。

この発酵建法もまた地方により小異するが、現在は何かの発酵剤を添加して発酵を促進するのが一般的である。その上、発酵しやすいように加温・保温装置を備えている。しかし上代は、単に藍と木灰とに水を加えて自然の発酵を待ったもので、気温に左右せられ、かつ時間を要したものである。すなわち、熱帯地方では常時発酵するが、温帯地方では気温の高い夏期のみしか発酵せず、わが国の如きは琉球地方を除き、夏期以外は藍染不可能だったのである。

このことは日本ではすでに『延喜式』（九〇五～九二七年）に明記せられているが、世界最大の古典農書といわれる中国の『斉民要術』（五三二～五四四年）にも、同様のことが記されている。

しからば、現行の技法には、如何なる道程を経て到達したのであろうか。

宮城県栗原郡栗駒町字下鍛冶谷は、山形・岩手両県境に遠からず、辺鄙の土地柄で、ここに重要無形文化財の千葉あやのさん〔一八八九～一九八〇〕の正藍染の技術がある。〔一九四頁参照〕

甕を使用せずコガと称する桶で、コガは裸のむき出し、加温装置はなく、ただ莚をかぶせる程度で、室温による自然発酵である。しかも手作りの地藍と灰汁のみで、石灰や小麦粕などの発酵剤を使用しない。問題は夏期以外の季節には作業不可能という点にあって、これは『延喜式』所記の藍の染色期間を限った方法と同じものである。

この技法は今から四〇〜五〇年前までは、陸奥の内童子（青森県東津軽郡）や羽後の小杉山（秋田県仙北郡）、陸中の遠野（岩手県遠野市）、飛騨の高山（岐阜県高山市）などでも行われていたが、いまはほとんど滅んで、恐らくは千葉女一人の存在かと思われる。

土佐光信（一四三四〜一五二五年）が描いた『七拾壱番職人尽歌合』では、藍甕は空間に露出しているが、狩野吉信（一五五二〜一六四〇年）が描いた埼玉県川越市の喜多院の『職人尽絵屏風』や、また菱川師宣（〜一六九四年）が描いた『和国諸職絵つくし』・『増補江戸惣鹿子名所大全』になると、藍甕は裸のままではなく、甕の周囲が覆われている。つまり保温設備を施してあるのである。

また『みよしき』（三好記）には、天文一〇（一五四一）年、上方（大坂）から阿波（徳島県）へ来住した青屋四郎兵衛が、独自の技法による藍染で巨富を得たことが記されている。これは、在来阿波の紺屋が夏期以外には仕事が出来なかったのに、四郎兵衛が保温設備によって染色期間を延長して応需したことを意味するものと、私は信じている。

降って文政七（一八二四）年版『新形小紋帳』に、葛飾北斎（一七六〇〜一八四九年）は、明確に火壺を描いている。

私はこれらの絵図から考察して、藍染は一六世紀ごろまでは室温での自然発酵による夏期のみの染色であったが、一七世紀ごろには甕の周囲を囲み染色期間の延長を計り、さらに一九世紀には加温設備をして年中染色可能となり、現代に及んだものと考えている。

古来わが国の文化は中国の影響によるものが多かったが、藍染に限っては、われわれは中国に先んじて保温・加温と進展したものであろう。というのは、中国の『佩文斉耕織図』（一六九六年）を繙いても、まだ裸甕による染めが描かれているので、あるいはわが国から加温設備を伝えたものではないかとも思われるのである。

古来わが国の藍染は紺掻と呼ばれ、その作業はもっぱら婦女子が当っていたことは、前記した諸絵図のみならず他書の図にもあってこれを雄弁に物語っているが、一九世紀上期にはその作業が男子に移行しているのである。これは、木棉の再渡来で大衆の衣料が太布や麻類から木綿に移り、その染色需要が婦女子の作業では追いつかなくなった結果である。

江戸時代から明治中期ごろまでの庶民生活では、木棉を自作して得た実棉か買入れたそれらを自ら打つか、打って貰って、その繰綿を夜業仕事に糸車で引くのが婦人の役目であった。よほどの上手でも一晩二〇匁（七五グラム）の糸しか引けないというから、綿布一反分の綛糸一八〇匁（六七五グラム）を用意するには、一〇夜近くを必要としたわけである。

井原西鶴（一六四二～一六九三年）の『世間胸算用』には、大坂市井の長屋に住む人達でも大晦日の質草に「棉繰一つ」や「七つ半の筬一挺」（七算半の筬の意、一算は普通筬羽四〇枚）とあるくらいだから、農山漁村の家庭にはかならず手機があったと思われる。そして自織自足の時勢でもあり、機織が嫁入りの必須条件でもあった。各家には縞帳があり、それぞれ望みの縞を選び、その縞割によって各色糸を染めたものである。

この場合、一部の地区を除いて藍染のみはそれ専門の紺屋に依存し、他の色糸は山野に自生する染料植物を採取して自染するのが常道であった。

有名な俚諺に「紺屋の明後日」というのがある。普通の辞書では天候に依る違約とかたづけてあるが、これは紺屋の実状に通ぜぬ属人の解釈で、商売の実際面から私は次の如く解するのである。

農家の主婦や娘たちが、一綛や二綛の手紡糸を紺屋へ持参しては、やれ浅葱・空色・花色・納戸・並紺・中紺・濃紺と、ひとりひとりの縞割に応じて注文する。それを処理せねばならぬから、紺屋はかなり煩雑な仕事であった。それで紺屋は手際よく染めるために、同一色の注文がある程度たまるまで時間待ちした。そんなわけで約束の日に間に合わず、この俚諺を生み出したものと思っている。

紺屋は六夜待と称して、愛染明王を信仰した。その理由のひとつは、明王の三目六臂にあやかりたい願望もあったといわれる。〔六夜待＝二十六夜待を略していう〕

前記した如き婦女子から注文を受けて染める紺屋を、関西では散綛紺屋または寄綛紺屋といい、関東では地細工紺屋と呼んでいた。これに対し、商人相手におもに布地の大量加工を請けている向きを仕入紺屋・無地染紺屋、小紋その他の捺染ものをやっていたのを形附紺屋、印絆天専門を絆天紺屋・看板紺屋、五月節句の幟や旗、芝居の引幕等を調進したのを幟紺屋と称した。

上　藍の種子
中上　葉藍＝藍の葉を乾燥したもの
中下　蒅＝葉藍を発酵させたもので、これでもう染料になった
下　藍玉＝蒅を搗いたもの

愛染さん＝藍師や紺屋は愛染明王を信仰するが、これは板野郡松坂の代表的な愛染さん

小紋・中形・半纏（絆天）などには、豆汁と型紙とが是非必要である。豆汁は大豆を水に浸して臼で挽いた液体で、染着を均化し固着する。型紙は江戸時代以降、伊勢白子（三重県鈴鹿市）産が著聞している。手拭紺屋も型紙が不可欠であり、幟には各種の刷毛が必要である。

ところで、江戸時代以来の型染の伝統である長板中形・江戸小紋の如き技術はいま僅かに存在しているに過ぎない。が、筒引（または筒描）は山陰出雲市・松江地方、また岐阜県郡上八幡などで今なお行われており、これは、防染・摺込・注染（またちゅうせんとも）・型置等々、あらゆる技術を応用したものである。

世界の藍と日本の藍

現在染料界で藍といえば合成藍をさし、植物からの藍は特に天然とか植物とかを冠して呼ぶようになっている。

しかし大正初期まではこれとは全く逆で、単に藍といえば内地の植物藍、すなわち蒅や藍玉を指し、同じ天然藍でもインド産のものは藍靛（インジゴ）、合成藍は人造藍と呼んでいた。

いま世界に産する含藍植物を、植物学上の科別にすると、マメ・アブラナ・キツネノマゴ・タデ・キョウチクトウ・ガガイモ・マツムシソウ・モクセイ・クロウメモドキ・キク・ヒメハギ・トウダイグサ・ランの一三種となる。

このうち最も品種の多いのはマメ科コマツナギ属で、含藍量も勝れていて、インド藍靛は本種が資源であり、これに次ぐのがアブラナ科のタイセイ属である。しかし前記の含藍植物ことごとくが製藍に供されたわけではなく、国産種でいうならラン科のエビネ属の如きは製藍の実績は全くない。

国産種で染料に供せられたものは、タデ科のタデアイ（また単にアイともいう）、キツネノマゴ科のリュウキュウアイ（またヤマアイともいう）、アブラナ科のハマタイセイ（またエゾタイセイともいう）、ガガイモ科のアイカズラ（またソメモノカズラともいう）の四種である。ただし、上代に摺染に使用され、いまも小忌衣などに使用されているトウダイグサ科のヤマアイは、前記四種に含まれている色素青藍分を含有していない。

『万葉集』巻九に、「紅の赤裳裾引き山藍用ち摺れる衣着て」とあるのがこのヤマアイで、『古事記』、『貞観式』、『延喜式』などにも見えるが、すべて使途は摺染で、他の含藍植物のように浸染に使用した史料は絶無である。

厳密にいえばヤマアイは染色ではなく、原始的な塗色である。

また、鎌倉時代の『飾抄』には、ヤマアイのないときは麦の葉や目波志木（シソ科のメハジキ、またヤクモソウともいう）の葉を代用していると書かれているが、これを見てもそれが葉緑素であることがわかる。従ってその色相も、藍色ではなく緑色であった。

従来このヤマアイにも青藍が含まれていると諸書に記されているが、私は使途と色相の点から疑義をもち、化学分析をしてみた結果、青藍は痕跡も含有しないことを確認した。

染料として重要な位置にあった藍は古くから庶民の身近な色として親しまれ、江戸時代以降の服飾は藍一色に塗り潰されたといっても過言ではない。江戸・明治期を通じて、庶民大衆は紺縞・紺絣・紺盲・紺法被・紺刺子などに執着しつづけた。東京大学の初代お雇教師英人アトキンソンは、東京市内を歩いて日本人服飾に藍色の多いのを見て一驚を喫し、明治一一（一八七八）年『藍の説』を発表し、そこで藍にジャパンブルーの名を与えたくらいである。

この庶民に親しまれた藍の採原植物アイは、わが国固有のものではなく、古く中国から渡来した帰化植物で、原産地は交趾支那（インド支那半島ベトナム共和国の南部）といわれているが、その帰化年代は未詳である。しかし、大宝二（七〇二）年制定の『賦役令』や『続修東大寺正倉院文書』などには藍関係の記事が散見する点から、八世紀には既に染料や薬用として栽培されていたものと解せられる。降って一〇世紀の『倭名類聚抄』や『延喜式』には、その染色処法なども記されている点から見ると、それまでわが国所産の染料植物に青系統のものを欠いていた関係上、アイの栽培は急速度で各地に蔓延したものだろう。しかも単なる藍色に止まらず、黄檗や苅安と併用して緑色を、蘇芳と共用して紫を染めるなどのことも出来たうえ、その堅牢度も摩擦以外、日光や洗濯には極めて優秀だったので、藍は断然染料としての王座を占めるに至ったのである。

次にリュウキュウアイは、琉球（沖縄県）や小笠原島（東京都）に自生し、琉球では古くは山藍・唐藍・大藍などと呼ばれていた。これに関しては、江戸時代末期薩摩藩には生産局藍玉所があって製藍のことを司り、その最後の役人で置県後（明治初年）は勧業課製藍局長となった有馬藤兵衛が、リュウキュウアイの製品が玉ではなく泥状であった点から泥藍と命名したともいわれ、またその植物を、タデアイは畑作なるのに対しリュウキュウアイは山地で栽培したので、これを区別してヤマアイの名を与えたともいわれる。爾来この名が普及して、内地固有のヤマアイと混同した文献が多数現れたので注意を促して置く。

次にハマタイセイは、北海道の海辺地帯に自生する品種で、欧州産のウォードや中国産の大青の一変種で、古くからアイヌが利用していた。しかし最近は非常に少なくなり、ほとんど染料として使用されていない現状である。

また、アイカズラは琉球に自生し、極めて局地的な利用をしているに過ぎない。

タデアイの種類

アイは『倭名類聚抄』（九三一～九三七年）に「多天阿井」の和訓を附し、『親民鑑月集』（一六二四～一六四三年）には唐藍・壺藍・小藍・晩藍の四品種をあげ、『会津農書』（一六八四年）には槐藍・大藍・蓼藍のほか丸葉藍（当時の阿波の大柄藍）・長葉藍（同小柄藍）を記し、『経済要録』（一八二七年）には水藍・陸藍・菘藍・円葉藍・蓼葉藍の五品を列挙し、『あゐ作手引艸』（一八七三年）には獅子葉・知々美葉・丸葉・剣先葉・大葉・木瓜葉・出雲葉・小千本青・小千木赤軸・小千本両面（赤・青）の一〇種をあげてある。このうち『手引艸』の品種は、すべて明治初期の阿波での栽培種である。

しかし、右のうち『経済要録』の分類は不適当で、水藍と陸藍とは栽培地による区別である。普通アイは畑作であるが、京都九条周辺と大阪の木津、難波近辺では水田栽培が行われ、それを水藍、別名チョボ藍と俗称したが、植物学上からはこれも純然たるタデアイで、その品種は現在阿波栽培種の小上粉であった。ただ菘藍のみはアブラナ科の大青で別種、その他は各書の所載いずれもタデ科のタデアイであるが、そのことごとくが異品種ではなく、ある程度同種異名のあることは確実である。しかし、今日これを判別することは不可能である。

私は阿波の藍作地に生れ、四面藍畠の中で育ったが、明治三〇（一八九七）年ごろの阿波栽培種を拾ってみると、百貫・上精百貫・上粉百貫・赤茎百貫・大柄百貫・大葉百貫・椿葉・越後・散切・両面平張・小上粉・赤茎大柄・青小千本播磨育・青茎小千本・赤茎小千本・赤茎中千本・青茎中千本・赤茎大千本・青茎大千本・おりき千本・瑠璃紺千本の二〇余種を数える。この品種中にはほとんど等しきもの少なからず、主として栽培せられたものは、青茎小千本（また青小千本・青千本ともいう）・赤茎小千本（また赤小千本・赤千本ともいう）・百貫・上粉百貫・小上粉・両面平張・瑠璃紺千本・散切などであった。その後、耕作・製品その他の面から自然淘汰を受け、現在の栽培種は小上粉を主とし、まれに赤茎小千本と百貫とが見受けられるが、徳島県農業試験場には縮葉（知々美葉）と出雲葉とが残されている。

縮葉種の葉＝これには赤い花がつくが、他に白の花がつく品種もある

ちなみにいう。従来の植物関係の図書には、筆を揃えてアイの花色は紅と決定的に記してあるが、これは誤りで、紅・白の二種があり、しかも花色によって収量や製品面にも少異のあることを知るべきである。同一条件下

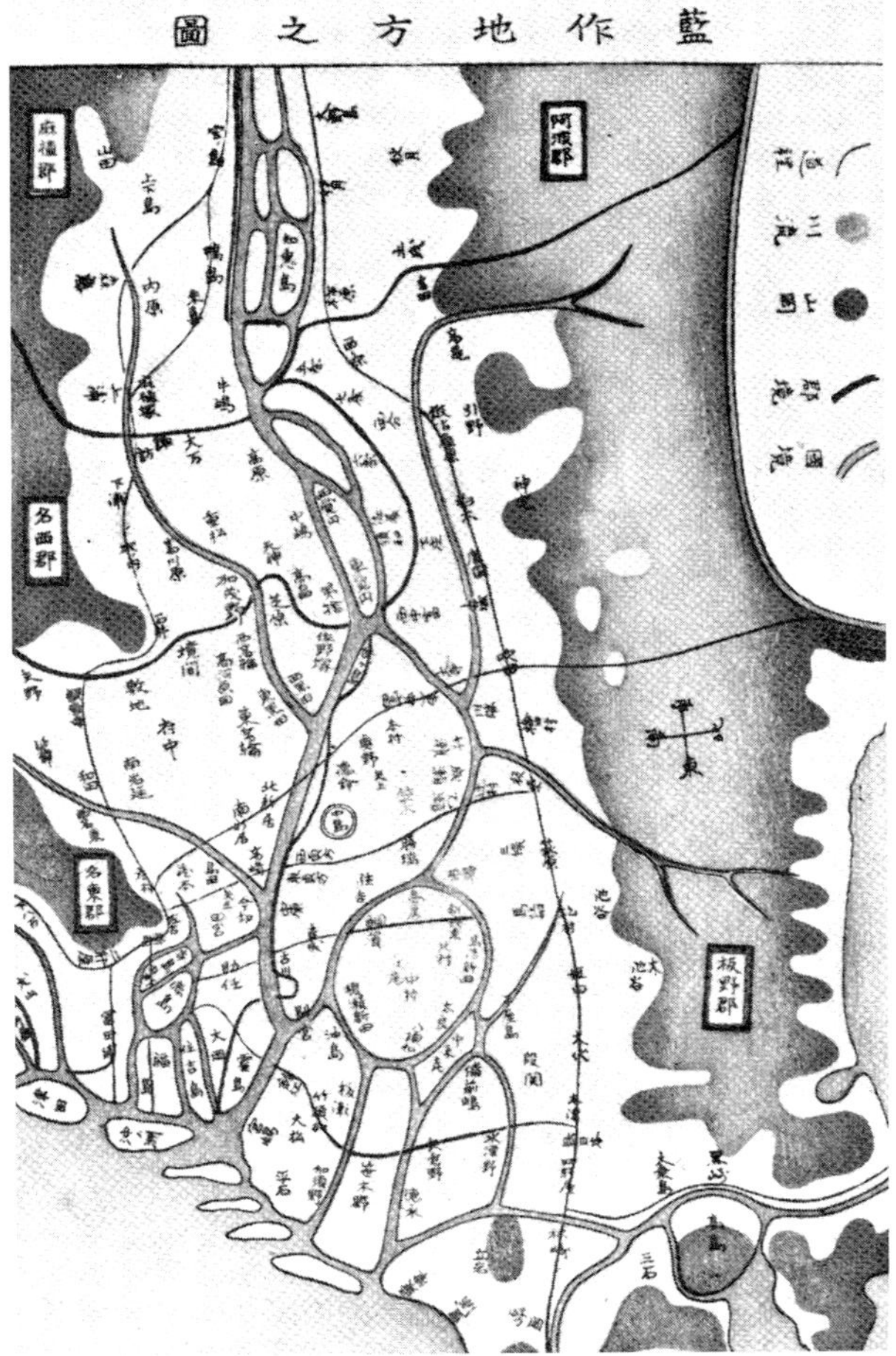

阿波の藍作地方＝明治五年に描かれたもので、吉野川沿に藍畑が分布している（中央の白い部分）

大正末期～昭和初期　吉野川流域の藍の産地
● 大正末期～昭和初期　藍作中心地帯
◆ 現存する藍作地帯

の栽培では紅色が白色よりやや収量が多く、菜の手板面（色見試験）では紅色は赤味がち、白色は青味がちのものが得られるので、製造家は得意先の向き向きに適合した品種を作っている。なお、最近の所報によると、ピンクの花色も生じたというが、これは恐らく紅と白との昆虫媒介によるものと思われる。

阿波の藍

阿波の藍作は、天正一三（一五八五）年、蜂須賀家政入封以前にすでに存在していたが、蜂須賀領となって以来漸次発展を示した。四国三郎すなわち吉野川の流域、名東・名西・麻植・板野・阿波・美馬・三次の各郡地方が、阿波藍の産地帯であった。

元文五（一七四〇）年の調査によると、藍作村落二三八箇村、うち板野三一％、名東二六％、名西一五％、麻植一二％、阿波七％、美馬六％、三好三％となっている。

作付面積は二九九四町歩（二九七〇ヘクタール）。

そのうち板野三〇％、麻植二〇％、名西二〇％、名東一九％、都合八九％を占めている。

収穫量は板野三〇万八〇〇〇貫（一一五五トン）、麻植二七万四〇〇〇貫（一〇二七・五トン）、名西二三万四〇〇〇貫（八七七・五トン）、名東二二

万七〇〇〇貫（八五一・二五トン）、阿波二二万六〇〇〇貫（八四七・五トン）、美馬五〇〇〇貫（一八・七五トン）、三好一〇〇〇貫（三・七五トン）。

合計一二七万五〇〇〇貫（四七八一・二五トン）となっている。

降って明治・大正期から現在に到る阿波藍の作付面積および収穫量の趨勢は、次の通りである。

明治一四年	一二二一六	町歩	（一二一一八ヘクタール）
	三七五四〇〇〇	貫	（一四〇七八トン）
明治二三年	一二九九三	町歩	（一二八八九ヘクタール）
	三三一三〇〇〇	貫	（一二四二四トン）
明治三三年	一四七二九	町歩	（一四六一一ヘクタール）
	四七三六〇〇〇	貫	（一七七六〇トン）
明治四三年	四八四二	町歩	（四八〇三ヘクタール）
	二五七〇〇〇〇	貫	（九六三八トン）
大正九年	二八三九	町歩	（二八一六ヘクタール）
	一四六〇〇〇〇	貫	（五四七五トン）
昭和五年	二五四	町歩	（二五二ヘクタール）
	一三八〇〇〇	貫	（五一八トン）
昭和一四年	一一三	町歩	（一一二ヘクタール）
	五五〇〇〇	貫	（二〇六トン）
昭和二四年	七八	町歩	（七七ヘクタール）
	三一〇〇〇	貫	（一一六トン）

大正末期から昭和初頭ごろの阿波藍作中心地帯は、板野郡応神村（現徳島市）・藍園村・住吉村（以上現藍住町）、麻植郡西尾村・鴨島町（以上現鴨島町）、名東郡北井上村（現徳島市国府町）、木屋平村（現同）、名西郡藍畑村・高川原村・高原村（以上現石井町）、高志村（現板野郡上板町）、鬼籠野村・阿野村（以上神山町）、阿波郡林村（現阿波町）、柿島村（現板野郡吉野町）、八幡町（現市場町）、美馬郡三島村（現穴吹町）、江原村（現脇町）・半田町（現同）、三好郡辻町（現同）などであった。このうち鬼籠野・阿野・木屋平・半田・辻などは丘陵地にあるため、所産を山葉といい、その他を地葉と呼んだ。

その後阿波藍は漸次合成藍に置換せられ、滅亡寸前に追込まれ、現在残存する藍作地帯は、徳島市応神町・国府町、名西郡石井町、板野郡上板町・吉野町のみである。わずかの旧藍作家が祖先の業を継承し、辛うじて各地の伝承染織界の求めに応じている現状で、その耕作面積も産出量も左記の如く微々たるものである。

昭和四六年	五・九ヘクタール	二九・七トン
昭和四七年	一三・三ヘクタール	三八・三トン
昭和四八年	九・七ヘクタール	三〇トン
昭和四九年	九・七ヘクタール	二六トン
昭和五〇年	一〇・一ヘクタール	三五トン

藍の栽培

阿波に於ける藍の耕作と栽培とは、一月の小寒から大寒にかけての苗床の整地からはじめられる。

元来藍の種子は微粒だから、苗床は必ず細土であること、しかも相当の深さであることが必要である。まず唐鍬で床面をすき起し、また牛馬で転を挽かし、相馬鍬・塊割などで土を粉砕する作業を三度もくり返し、その上、唐犂・柄振で一層細かくする。そうして出来た微粒土を玉土というのである。苗床の幅は六～九尺（一八一・八～二七二・七センチ）、長さは適当とされているが、外側の溝に飛散した細土は掘手鍬で床上に移し、床面を平坦とするには棒振竹を使用せねばならぬ。

元肥は一坪（三・三平方メートル）あたり干鰯五勺（九〇CC）のほか、一分目篭でおろした堆肥を一反歩（九九二平方メートル）につき二〇貫（七五キログラム）の割合で施すのである。播種は節分前後の二月初旬、一坪に五勺の種子を標準として行う。播いた後は上から細砂をかけ、防風のため葭簀か菰で苗床の西・北面を囲むのが常となっている。

藍の発芽は大体三月上旬であるが、どうしても粗密が生じるから、竹箆で密な部分は間引いて残ったものを、粗な面に移さねばならぬ。そして二週間のちに二度目の施肥をする。その後の二度目の間引きと三回目の施肥とは、大体四月上旬となっている。間引く際は、葉の損傷を防ぐため、溝に枕を敷いて梯子をしつらえ、その上に人が坐して間引くのである。苗床でも害虫が発生するから駆除を怠らず、苗の根つけのため止肥をやるのを忘れてはならぬ。四月上旬、苗が一寸（三・〇三センチ）ぐらいに成長したころには、雑草や苗屑を除き、苗床を清掃する。

本畑への移植は播種から七五日前後、苗長が五～七寸（一五・一五～二一・二一センチ）を限度とし、本畑一反歩（九九二平方メートル）に七～一〇坪（二三・一～三三平方メートル）の苗床面積を要する。種子に換算して三合五勺（〇・六三リットル）から五合（〇・九リットル）である。元来阿波では藍畑の前作に麦作が行われているので、その畝と畝との間二尺五～七寸（七五・七五～八一・八一センチ）の箇所へ移植するのであるから、あらかじめ培土を麦の根方へ寄せ整地してから、後切という薄刃の鍬で移植用の穴を掘っておかねばならぬ。ひとつの穴へは七～八本ないし一〇本内外の挿苗を通例とし、株と株との間隔は一尺二～三寸（三六・三六～三九・三九センチ）、植えた後は土をかぶせ足で強く踏みつけるのである。

定植ののち両三日後、本畑最初の施肥を行う。これを摘捨という。以後収穫まで二週間ごとに二番・あいだ・三番・止肥と、前後五回の施肥を通例としている。

阿波藍の肥料は金肥と汎称せられ、北海道・関東産の干鰯・干鱒を最上とし、棉実粕・菜種粕・肥前（佐賀県）五島産干鰯・鮪粕等があげられ、人糞尿のごときは最劣等のものとせられた。明治・大正時代となってからは大豆粕・燐酸肥料・硫安等も併用せられ、時代の趨勢に伴い現代は化学肥料化した。木棉の栽培もそうであったが、金肥を食うだけ藍耕作の収益はあがったわけで、阿波藍の如き商品作物の栽培と金肥とはきりはなせない関係にある。そこで耕作農家は施肥のため、干鰯問屋から掛買による供給をうけ、また藍師（製藍屋）から融通を受けて買入資金にあてた。だから収穫藍葉は紐つきとならざるを得なかった。

明治時代、藍の苗床に、間引いて残ったものを本畑に移植している様子。苗床をそのまま本畑とする時には、縄を張ってその下を一定間隔に苗を残す

藍本畑の栽培について、いま五月一日の定植という基準で述べると、六日鉋鍬をもって根寄せを行う。これを削込、また裏削と称する。二〇日には寄手鍬で、小寄という中耕と除草とをする。六月二日、麦刈り後の切株処理を麦株倒といい、間掻（農具の名前、ちょうど田植前に使うマンガのような形）を牛馬に挽かしてバラして仕舞う場合もあれば、六ツ手鍬で掘り出すこともある。藍葉の上には土砂がかからぬよう、注意すべきである。

かくて六月一七日の小間寄、同二八日の大寄などの土寄作業を経て、七月一七日の収穫となるのであるが、これよりさき栽培期間のうち、潅水と駆虫との作業がある。

灌水すなわち水取は、用水路のない藍畑には絶対不可欠な作業で、井戸の水を容量一斗（一八リットル）内外の撥釣瓶で汲みとる。旱天の場合は非常な重労働である。撥釣瓶の固定の支柱を獄門といい、移動できる形式の櫓を鏡立という。昔の鏡ささえに似ていたからこう名づけられたのである。

藍草の害虫は種類が多いが、ことにキラリ・クチトガリ・ヒョウタムムシ・ウラムシ等はよく知られている。駆除用具には、球という虫を入れる竹籠・虫掃箒などがある。

なお藍の後作は大豆を主として、陸穂・粟・里芋・甘諸・大根などがある。まれに行われた水稲作は、藍葉の収穫をはやめ田植を遅らせたもので、これを捏田と呼んでいた。

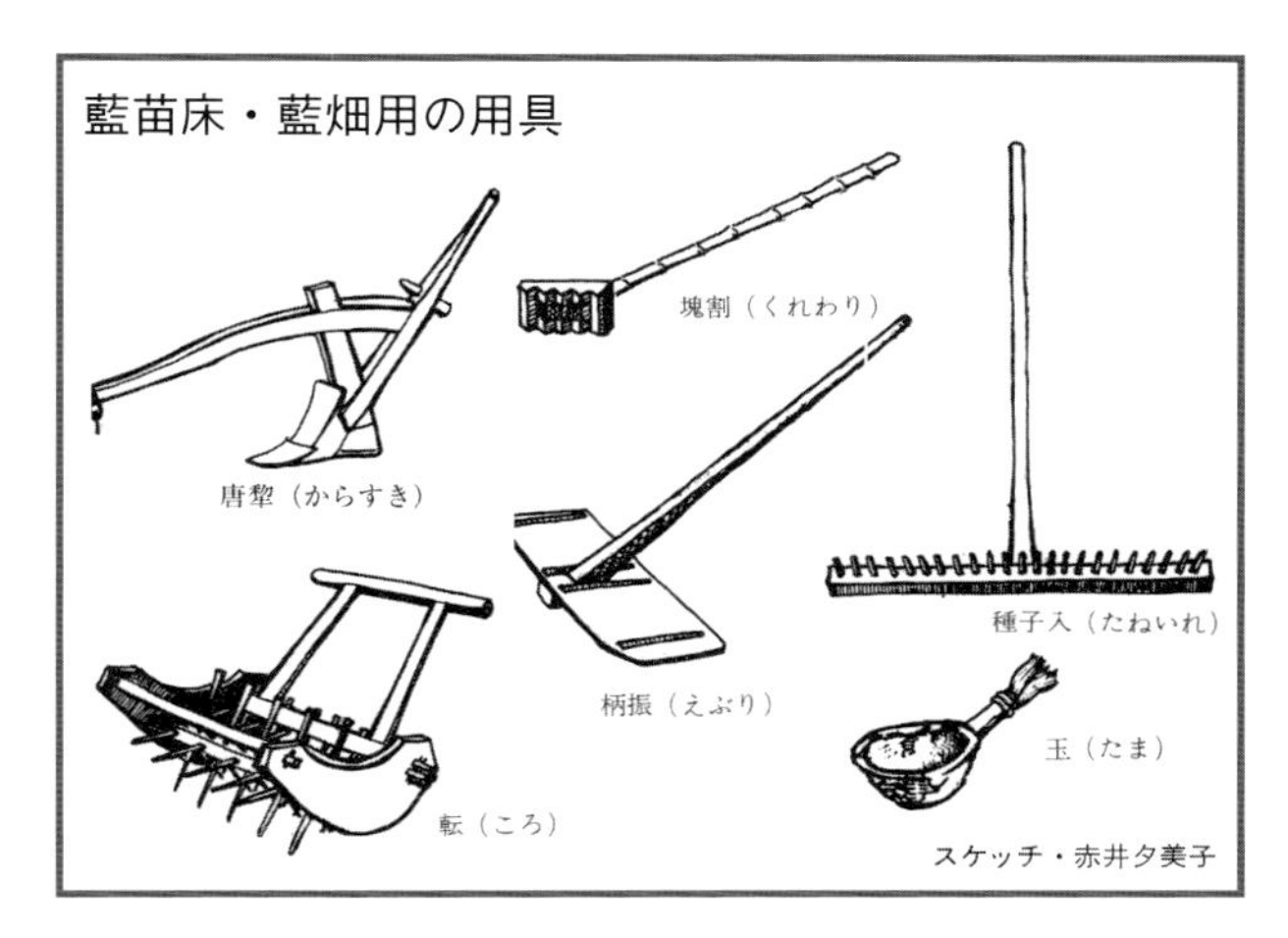

藍の栽培

左上　畑ごしらえ。耕した土を細かく砕き地ごしらえしたうえに種子を播く。その上にコマザラエ（熊手）でまた土をまぶす

中上　苗の移植。苗床で発芽した藍苗を間引き、生長したものを本畑に移す。台の上にハシゴを乗せ、苗をおしつぶさないよう移動する

中下　施肥。コマザラエで葉をかき寄せておき、根元に肥をまく

左下　収穫。鎌で刈りとる

鏡立。これに釣瓶をつけて井戸の水を汲み、藍畑にまく

阿波藍全盛期の明治時代の藍こなしの様子。全盛期には広大な面積に莚(むしろ)を敷きつめ藍葉を乾燥したものである。そのために一時耕地を潰し、庭とすることもあった。これを新庭といった

藍の収穫

藍葉の収穫は移植後七五日から八〇日が適当とされ、刈取り萎(しお)れを防ぐため普通午後二時ごろから藍刈鎌を使ってなされた。だいたい、一反歩（九九二平方メートル）に男二人女三人の労力を必要とするが、男が刈取り、女が束ねる。阿波藍の盛時には、鈴をつけた馬が景気よくこれを家に運び入れたものである。

藍草最初の生育が不十分で、施肥の効果が現れない場合、普通よりは三～四寸（九・〇九～一二・一二センチ）上を刈り、残株からまた再生する葉をとることもある。これを二番葉という。また梢摘(しんつみ)といって、初めから栽培を促進し、六日二〇日ごろに一番葉をとり、施肥再生を持って八月中旬前後に収穫を終えるのもあり、まれに三番葉をとる場合もある。

刈取った藍は日光の直射を避けてしおれるのを防ぎ、馬で納屋へ搬入した藍葉は必ずその晩中に処理するのを原則とした。それは翌日乾燥して葉藍としなければならぬからである。

処理作業は夕刻からはじめて、深夜一時、二時に及ぶ時間制約の重労働で、藍切鉈(あいきりなた)で小束をひとつひとつ上端から五分（一・五センチ）位に切断してゆき、頂葉から第九～一〇葉のところまで刻む。この場合、頂点から五～六葉を上葉、以下一〇葉辺を中葉、それ以下を元葉という。用具の鉈はのち込切(こみきり)となり、また一層能率的な三

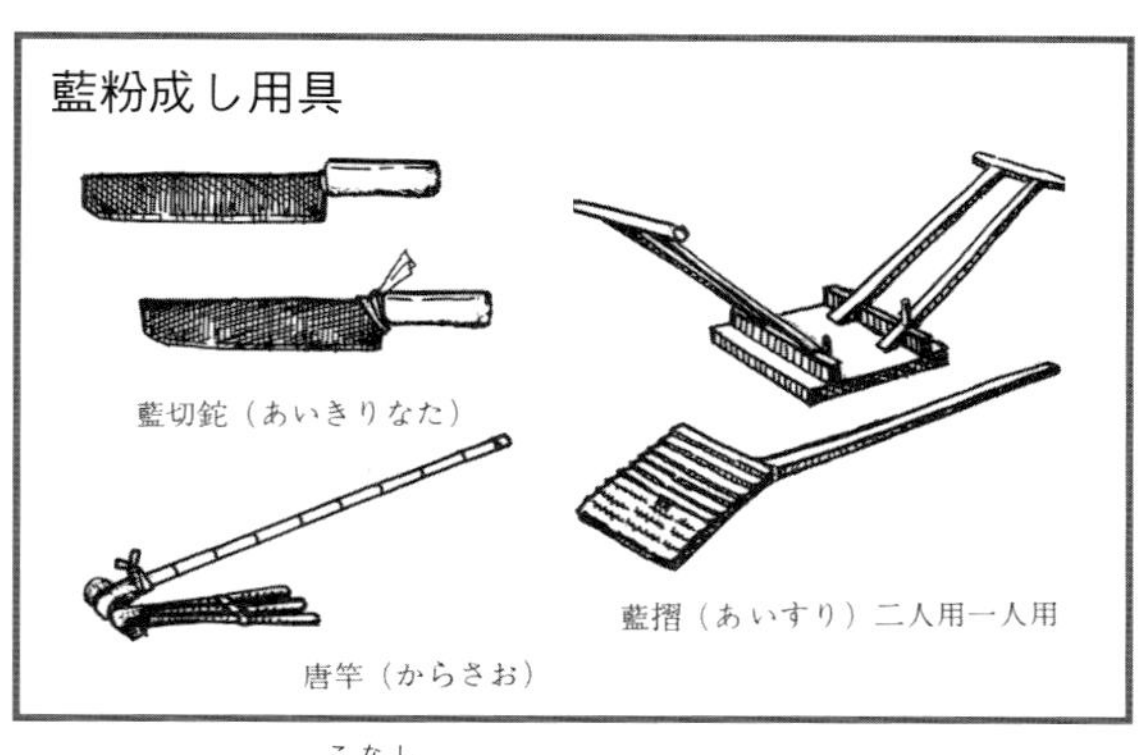

明治時代の藍粉成し

左上　収穫した藍を鉈で刻み、それを広げる
中上　刻んで広げられた葉を唐竿で打つ
中下　打った葉を竹箒で反転する
左下　粉成した葉と茎やゴミを箕で選別する
下　風遣。風で茎と葉とを選別する

藍粉成しに関しては次のような唄がある。唐竿で打ちながら唄った。

藍の本場は　藍住村よ
広い田畑　藍ばやり
ションガェー
藍の種撒き　生えたら間引き
植えりゃ水取り　土用刈り
ションガェー
染めてみなされ
わしゃ阿波の藍
色も変らぬ　一筋に
ションガェー
ぬしが江戸へ行く
門出がよけりゃ
江戸で藍玉が　繁昌する
ションガェー

丁切と進歩したが、一反歩収穫量に対して、男一人・女二人の手間となっている。

刻葉は葉と茎とが混入したままのを切粉といい、茎片を除去したのを打粉と呼ぶ。葉藍の選別方法は、三〜四尺（九一〜一二二センチ）の風遣台の上から小箕でそろりそろりとゆさぶって葉を落す場合、これを風遣といい、また大箕を使って上下に煽って大小の形状や軽重で区別するのもあり、あるいはまた転簁（後でとおしをいれること）で茎を落す場合、その茎を転下という。大唐箕は多く雨天の際に使用せられた。

かくて細刻せられた藍葉は、その夜は放置し、翌朝から莚に拡げて乾燥する。この作業を藍粉成という。まず午前八時ごろまでに日光に晒すと葉が少し柔らかになる。それを一〇時ごろまで唐竿で縦横に打叩くのであるが、その速度の早いのを早打という。その間また竹箒で交ぜ返し、藍摺（柄のついた摺板）で摺る。一〇時半、尖端のちびた箒で盛んに飜転し、一一時、ほぼ乾燥した葉を箕にかけて茎片を除去し、その他一切の処理を経て完全に乾燥したものを日没までに俵に詰める。これが葉藍で、一般藍作農家は葉藍までに処理して藍師に売渡すのが商慣習となっていた。

藍粉成も刈入れと同じく、一気呵成の作業のためと時季が集中するため、部落をあげての仕事となるのはもちろん、他郷・他国から臨時の稼人も多数入り込むので、にわかに活況を呈した。そこで、

「阿波の北方起上り小法師、寝たと思うたら早や起きた」

というような民謡が生れたのである。

藍粉成終了後、莚に残っているものや莚外に飛散ったもの（これを粉葉・鱗塵芥・塵葉・どうごみ、などという）を採集し、太布（コウゾやカジなどの樹皮繊維で織った布）の袋に入れ、附着した土や塵を水洗して去り、蒅製造の際に葉藍に混入するのである。

蒅の製法

藍甕も蒅もすべて生もので、いったん機嫌を損じるとどうにも始末がつかぬのである。しかもこの蒅こそが阿波藍製造の最重要物であり、そして江戸時代藩民あげて必死に漏洩を防いだ阿波の最高機密でもあった。

葉藍を発酵させて完全な染料としたのが蒅で、その製造家を藍師または玉師と呼んだ。もっとも藍師自身も自家栽培もやり、製造・販売を兼備した向きが多かった。

蒅の製造は長日時を要し、そうして最善周到な技能が伴わねばならぬ。その作業場を寝床というが、窓が多いこと、板床でなく地床であること、壁の粗雑なことなど以外は、普通の倉庫とかわらない。とりわけ地床には、水の疎通を容易にするための特別の設備が必要である。すなわち、下層は一尺（三〇・三センチ）あまり砂礫を敷き、その上に細かい川砂を拡げてならし、さらに籾殻二寸五分（七・五七五センチ）を置き、莚をおおい、粘土二寸（六・〇六センチ）内外を敷き詰め、水を散布して湿らせたあと一日おいて、表面を万遍なく庭締で打ち叩いて固定するのである。

寝床の二階の床は、藁で編んだ竹を並べ、粘土を載せてあり、製造初期は二階で行い、中期以降は階下での作業となっている。

寝さすという言葉は発酵を意味し、葉藍を寝床に仕込むのを寝せ込み、用具の莚を蒲団と呼ぶ。一般に仕込みは首秋で、秋の彼岸ごろからはじめ、春小寒に終る。その製品を新口と称し、特に優良品は寒製といわれている。

いわゆる一床の葉藍適当量は二〇〇〜四〇〇貫（七五〇〜一五〇〇キロ）で、寝床の坪（三・三平方メートル）あたり基準が六〇貫（二二五キロ）であるから、この場合必要面積は三〜七坪（九・九〜二三・一平方メートル）弱となる。蒅の出来不出来はまず葉藍の性質・気候の如何に左右され、さらに経済的の意図もあって製法も一定不変とはいいがたいが、一級製品の工程概要を例示すると左の通りである。

まず先にも述べたように一床分の葉藍三五〇貫（一三一二・五キロ）を寝床に搬入して、七坪（二三・一平方メートル）弱の面積に散布堆積し、水四石五斗（八一〇リットル）を万遍なく施し、熊手で何回も掻きまわし、高さ一尺二〜二寸（三六・三六〜三九・三九センチ）に積重ね、上面をならしてから周囲を寄板で押し固め、蒲団をかけておく。二〜三日すると発酵をはじめ、次第に温熱が増進するが、一〇日あまり放置して水分が蒸散した頃をみて、堆積を崩して四熊手と木製の跳とで何回となく掻きまわし、捏ねかえしてから、檐桶の水を杓でふりかけ、もと通りにして置く。水は一番水から一七番水までである。

かくて葉藍は再び発酵開始、五日間放置、蒸散冷却、床を崩して切りかえし、水一石五斗（二七〇リットル）を散布して、高さ一尺三寸（三九・三九センチ）に積み直す。そういう場合のために、床の中央は縁より二寸（六・〇六センチ）くらい低目がよい。というのは、より温度が上昇するからである。以後大体五日目ごとに同じ操作をくり返し、一七回に及ぶのである。

ただし四回目の床崩しの際は、竹製の一分目篵で篩にかけ、塊状になっているのを砕く。これを一番通しといい、同時に水五斗（九〇リットル）を加え、堆積一尺五寸（四五・四五センチ）によせねばならぬ。

五回目、水所要量一石五斗（二七〇リットル）、床高一尺三寸（三九・三九センチ）。六回目、前回に同じく水一石五斗、床一尺三寸、ただし側面に蒲団（莚）一重ねを充当して囲い、発酵を促す。七回目も前回同様、上面に蒲団一重ね充当する。

八回目、水一石（一八〇リットル）、高さは前回同様、ただし蒲団は側面二重ね上面一重ねとする。この回あたりから寄板の幅と長さが大きくなって、名称も寝板と変るのである。

九回目、床を崩してから二番通しをするが、これには五分目篵を使用する。床高一尺四寸（四二・四二センチ）、側面及び上面とも蒲団二重ねのほかに、二ッ折の莚を一重ねあてる。給水なし。

一〇回目、水八斗（一四四リットル）、高さ一尺三寸（三九・三九センチ）、蒲団前回の通り。

一一回目、水八斗、高さ一尺三寸、蒲団は前回同様、ただし肩着と称して、蒲団と蒲団との合せ目にもう二重ねの莚を置く。

一二回目、水八斗、床高一尺七寸（五一・五一センチ）、上面・側面とも二ッ折蒲団三重ね、肩着二重ね。

一三回目、水・高さとも前回に同じ。蒲団二ッ折四重ね、肩着三重ねで、密封度を増す。

一四回目、三番通しに三分目筵を使用、水四斗（七二リットル）、高さ一尺四寸（四二・四二センチ）。上側面とも五重ね、肩着三重ね。周囲は三寸（九・〇九センチ）の間隔をおいて五段の縄かけで緊束する。この縄を縄帯という。

一五回目、水五斗（九〇リットル）、高さ一尺四寸（四二・四二センチ）。蒲団六重ね、肩着四重ね、縄帯は同前。

一六回目、水四斗（七二リットル）、高さ・蒲団は前回と同じ、肩着は五重ね。この回、三〇〇貫（一一二五キロ）内外の圧石を置く。

一七回目、水三斗（五四リットル）を加え、床高を三尺八寸（八四・八四センチ）にまとめる。側面に蒲団四重ね、縄五段がけするが、これを肌帯という。さらに蒲団四重ねを覆い、上帯と呼ぶ縄八段をかける。上帯は大きな木槌で叩いてかたく緊縛せねばならぬ。なお上面の蒲団は七～八重ねとし、圧石を五〇〇貫目（一八七五キロ）にとりかえる。

一八回目、水一斗五升（二七リットル）、床高二尺（六〇・六〇センチ）、蒲団は出来るだけ厚味のものを選んで前回と同数。なお、肌帯と上帯との間に肌湯と称して熱湯を注入する。これは床の温度上昇を促進するためであり、さらに圧石を一〇〇〇貫（三七五〇キロ）に変更する。

一九回目、しばしば述べた如く床を崩して十二分に捏ねかえし、甘味勝ちの古酒五升（九リットル）を施して、二尺（六〇・六センチ）の高さに堆積。肌湯と蒲団とは同じだが、上面にはさらに葉を積み、熱湯を注ぎかけ、今度は一五〇〇貫（五六二五キロ）の圧石を置く。なお発酵の温度は前後を通じて、摂氏二七～三二度から漸次上昇せしめて四九度を適度とする。

かくて五日ののち、最後の床崩しをして温度の冷めるのを待って、ここにはじめて蒅となる。つまり、寝床日数九〇日、その間二〇回の床崩し（かきまぜ）、施水一七回、莚で密封し、縄で縛ったり、圧石をおいた上、熱湯や酒まで加えて、やっと完全なる染料資格を具備するに至るのである。

以上は初記したごとく精良品の標準工程であるが、普通品の場合は施水一四～五回、日数八〇日といわれる。製造時期は春夏秋冬いずれでも構わぬが、秋から冬にかけての季節が最も多いのは、寒期につくった製品に故障なく、一年を通じて保存がよいためである。普通品の場合、葉藍一〇〇貫（三七五キロ）にたいして蒅の得量は大体五〇～六〇貫（一八七・五～二二五キロ）で、精良品ほど蒅の得量が少ないのは当然である。

蒅(すくも)の製造

上　藍師（製造家）の家には大きな寝床（土蔵造）があり、そこで蒅がつくられる
右中　寝せ込み。藍葉に施水し発酵させる
右下　発行した藍を掘り返す
左中　竹製の篵(とおし)でふるい藍の塊をほぐす
左下　最後に莚をかぶせ縄を巻き、重い石を置く
（三木文庫所蔵の「阿波藍図絵」より）

明治の全盛期の藍搗き。蒅を臼で搗いて藍玉を製造する。音頭に合わせて一斉に杵を上下するので、カーン、カーンとその音響が遠くでも聞こえていたのが、今も耳に残っている

藍玉の製法

阿波の藍玉は玉藍また単に玉ともいい、蒅を臼で搗き固めたもので、むかしは球形にしたのでこの名が生れたが、明治初期以降小方形となった。

江戸時代の阿波藍といえばほとんど藍玉を意味し、蒅は幕末期大坂で若干売買されたが、藩は原則として蒅の市販を禁止し、利潤の多い玉とした。理由は藩財政にも好都合であったばかりでなく、蒅のままでは性合いの判らぬ他国藍と混合されやすく、声価を失墜する恐れがあるというにあった。

藍玉をつくる作業を藍搗（あいつき）という。まず搗見臼で試作するのであるが、過去に於ける得意先の意向・実績・用途

麦稈の菰で藍玉を巻いた藍俵

藍搗音頭には次のようなものがある

とーざいやー　東西や
東西南北鎮まりたまえ
ヤートサッサ　エーサッサ
いざや讃州金毘羅へ
行くも帰るも大阪の
その坂本を見渡せば
ヤートサッサ　エーサッサ
姿も揃うた菅の笠　笠の締緒が
ヤーレサー
殿ならよかろ
しめよかだるめよか
ヤーレサー
わがままじゃ
親方酒手はどうじゃいどうじゃい

（後略）

現在は藍玉を臼で搗くこともなく、土練機を使って
蒅を練り、簡単に藍玉をつくっている

に併せて、新口の性能・原価採算などを勘案して、異なった蒅を幾種か配合して試製するのである。

かくて藍師は、自己販売地域内のむきむきに応じて甲品何十俵、乙品何十俵という具合に製造に着手するのである。

それには径二尺三寸～五寸（六九・六九～七五・七五センチ）、高さ二尺七寸（八一・八一センチ）の藍臼に、上級品なら三貫二百目（一二キロ）、普通品なら四貫五百～六百目（一六・八七～一六・二五キロ）の蒅を入れる。最初は摺槌という小槌で二～三度臼の周囲を廻りながら丁寧に摺り、十分摺り合せて残存していた葉筋などを粉化し、手箒に水を浸してふりかけ、竹の櫂で攪拌してよく均らし、さらに水を加えて槌の太い方で搗きつけて平らにする。その後も一度平刃状になった槌の細い方で一寸（三・〇三センチ）位に切り刻んでゆくが、これを色取という。そうして如露で水を打ち、槌の太い方で搗きつけて平らにする。

蒅に加える水の量は、普通品五合（〇・九リットル）以下、下品二升（三・六リットル）、上級品にはほとんど加えないのである。搗く場合には必ず臼の周囲を廻って重ねかけて搗き、搗き斑の出来ないようにするのである。以上の操作を数度反覆して固め、搗き終ると臼こすりで臼にこばりついている藍を掻き落し、最後に切水を打つ。

それを玉切鎌で方一～二寸（三・〇三～六・〇六センチ）に切りとったのが藍玉である。江戸時代の球状が方形に変ったのは、搬送中の損傷を少なくするためだったという。完成した藍玉はいったん笊にとってから包装する。その荷造りは、まず麦藁で作った素俵に入れ、玉墨で大印・小印などを描き入れた上巻莚で包み、縄かけして、出来たものが藍俵である。

大印とは藍師の屋号、小印は銘柄や製造年次を示す干支などをいう。

阿波では藍一俵を一本と呼ぶが、その正味量は時代により、また仕向地により多少違いがあった。明治時代の大阪市場では総量一九貫六百目（三六キロ）風袋一貫八百目（六・七五キロ）、関東積は二二貫目（八二・五キロ）の正味量が長く続いたが、現在では正味一五貫（五六・二五キロ）風袋七百目（二・六二キロ）と一定した量目となっている。

蒅・藍玉の品位鑑定

蒅や藍玉の品位・品質の良否・適否を鑑定する仕法を手板という。これもまた多くの年功を必要とするもので、一人前となるには少なくとも五年はかかるという。

まず蒅または藍玉を左の掌上に乗せ、竹篦で水鉢の水を五～六滴たらしてよく練り合せ、水を浸透させて拇指に力をこめて練る。もし水が不足していたら適度に追加して練りつづけると、固い餅状となる。この餅のような練藍を水に浸し再び拇指で練るが、まだ足らないと思う時はさらに右の手順をくり返す。そしてこの間に、掌上の感触や勘の働きで試品の染力、すなわち「肉が厚い」とか「薄い」とか、「晴れやすい」とか「出にくい」とか、あくの多寡を触知して、粘着性や弾力性を判断して、大体の値頃を踏むのであって、これを「肉滑」と通称している。

右の如くした練藍を球状に揉み、掌中に少しばかりの水を加えて球を四～五遍も掌の水で擦ると、濃厚な藍液が出来る。よって篦で十分に摺りつぶし、時時液汁を篦の先端にあつめて、急に直立さすと、液が篦を伝うて流れるが、その瞬間の速度具合を敏捷に観測せねばならぬ。

次に球状にした練藍を、両掌の間で揉み合せて楕円形とする。その一端を剣先といってやや小さくして、篦の液汁をくっつけて、かねて用意して置いた手板箱の上に敷板をのせ、手板紙を文鎮（ぶんちん）で押え、紙面に押捺し、周辺は篦先で液汁をもって輪郭を正しくする。押捺後の滓は椎茸状となるので椎茸と称し、手板紙を日光で透視して、藍の色相・濃度などを判断するのである。手板用紙は加賀半紙という加賀（石川県）産の薄様紙で、漉たてのものより年数を経たものが喜ばれた。

藍大市の景観（三木文庫所蔵の「阿波藍図絵」より）

この手板法は、製藍・取扱い・消費にたずさわる人のいずれもが、必ず身につけていなければならない鑑定法である。なお非常に忙しい時には爪掻手板といって、掌中で試料を練り紙上に押捺し、その上を爪で掻き、色合で鑑定する簡便な方法もあり、これはおもに関東の地藍取引に用いられた。

手板法　藍の品質検査では、まず藍の香りを嗅ぎ、それから水を加えて粘り感触をみる。そして水を加えては練り、その練玉を押捺する。それを光に透かしてみるのが手板法である

ちなみに明治二一（一八八八）年一月二九日の官報は、徳島県庁で伝統の手板法と化学定量分析とを競合させたところ、結果は双方全く一致したことを報じている。

藍の発酵建

藍の発酵建法（染めるための藍液）は、物の本や講義ではとても理解できず、多年の修練・体験・眼識・勘を

必要とする伝統的作業で、小僧から年季奉公を積み、親方から以心伝心の技能を呑み込むまで、叩きあげねばならない。

紺屋の職場は、染めたものを洗ったりする便のため、水利のよい箇所を選ぶ。そして次には、藍を発酵させるための容器を揃えなくてはならない。その容器には一般に藍甕と呼ばれる陶器が使われるが、普通容量一石五斗（二七〇リットル）内外の大きな甕で、最低一六〜二四個が用意された。甕底二〜三寸（六・〇六〜九・〇九センチ）を地下に埋め、四個を四ツ目に寄せならべ一組とし、その中央に穴を残して地上から八寸（二四・二四センチ）位まで土を盛り、表面には粘土を厚く塗っておく。そうしてぐるりは板で囲って、土の崩れるのを防止する。穴は火穴または火壷といい、夏季以外は絶えず摂氏四〇度前後に保温するため、大体一〇月前後から翌年三月ごろまで、棉実粕・鋸屑・籾殻などを燻らしつづける。

藍甕八個を一丁場といい、職人ひとりの受持となっている。関西方面では一人前の職人を「紺屋の手間取り」また「お手間さん」と呼んでいた。

甕の容量は一石五斗（二七〇リットル）入りが一般に使用されているが、一石八斗〜二石（三二四〜三六〇リットル）、二石五斗〜三石（四五〇〜五四〇リットル）内外のものもある。例えば伊予絣の染色には一般に一石二斗（二一六リットル）の藍甕が使われ、久留米絣では三石（五四〇リットル）内外のものが多かった。最近は染物の種類により、それに適応したセメント製のバット

藍染
右上　糸染。綛を竹棒に通し、藍液に浸す
左上　糸染。竹棒を通した綛（糸束）を藍液に浸した後、引きあて糸束を絞り、また藍液に浸す
右下　よく建った藍甕には泡が浮いている。これを藍の華という
左下　布染。竹の伸子を打って、それを折りたたんで手にもって藍液に浸す

（建染槽）が使われたり、広島県の府中市や埼玉県の羽生市のように、藍染そのものを機械化した地方も出現した。

阿波では板野郡大麻町大谷（現鳴門市）に三軒の窯元があって、大きな藍甕を生産していたが、時代の趨勢に伴い化学用耐酸容器類に転じ、最近では家庭用各種容器製造に移っている。

紺屋の甕場は光線に注意し、出来るだけ明るく建てねばならぬが、直射日光を避け、腰板・腰壁にして、半障子または荒格子とするのが常である。甕場自体には柱のないのを理想とするが、絣糸染の場合、適当の場所に七～八尺（二一二・一～二四二・四センチ）の柱を建て、四尺（一二一・二センチ）ほどの太い棒を通して十字架をつくり、「シバキ棒」としなくてはならない。シバキというのは絣染した藍を酸化発色する意味である。

紺屋の作業必要具は、踏竹・絞竹・干竹・藍籠・甕蓋・杓・櫂・藍掻棒・荷担・手桶・盥・摺鉢・石臼・釣り染伸子・間伸子・刷毛・張手などであるが、伊予絣や久留米絣の手鉤、名古屋地方の布染用の葉モッコ、嵐絞の木製捲ロール、桶絞用の桶、東京中形の長板や籠附けといった風に、用途と慣習によって特殊の道具類が存在している。

藍建には灰汁が不可欠である。その灰汁にはクニギ（クヌギ）・ウバメガシ（ウマメガシは地方名）・カシなどブナ科植物の焼灰を最適とし、灰汁桶に投じ、桶の呑口から垂れる液汁を灰汁といい、これを藍建に使う。

江戸時代から大正初期くらいまでは、この木灰専門の商家もあったが、時代の変遷に伴い、洗濯ソーダ・ソーダ灰・苛性ソーダなどのアルカリ剤がこれに代った。

阿波藍一〇貫目（三七・五キロ）を細砕して一石五斗（二七〇リットル）の藍甕に投じ、石灰（石あるいは白と略称）五合（〇・九リットル）、小麦粕一升二合（二・一六リットル）、冷水五斗（九〇リットル）余を加え、さらに灰汁三升（五・四リットル）を入れて十分攪拌し、蓋をして一昼夜放置する。小麦粕はヌキ・カラコ・モミジ・ハラシ・コガなどとも呼ばれ、他に饂飩粉・粥・芋粉・糖蜜・黒砂糖・水飴・葡萄糖なども同じような役目のために添加されるし、鹿児島地方の如きは諸焼酎なども使用する。

さて一昼夜おいた藍甕に、温湯七斗（一二六リットル）内外を加え、火壷で加熱すると、漸次発酵をはじめる。さらに二昼夜おいて、前後四～五回攪拌すると、内液は黄緑色、表面は瑠璃または紅と称する紫紺色となり、ところどころにウバという赤銅色の表皮が出来、光沢の泡を発生するようになる。

こうなれば大体建ちあがった証であるが、万全のため改めて中石（発酵を調整するために入れる石灰）五合（〇・九リットル）を加えて攪拌し、更に一昼夜放置する。そして液状がやや清澄となって来た頃をはかって止石（発酵が進まないように入れる石灰）二合五勺（〇・四五リットル）を投じ、攪拌してから、口あけと称し温湯を甕一杯に充満し、二～三日経てから使用するのである。

以上は一例示に過ぎず、被染物関係ないし地方的事情

左　藍で染めた布を干す。茨城県筑波郡北島昇家
撮影・杉本喜世恵
下　諸繊維の藍染汐数(しおかず)調

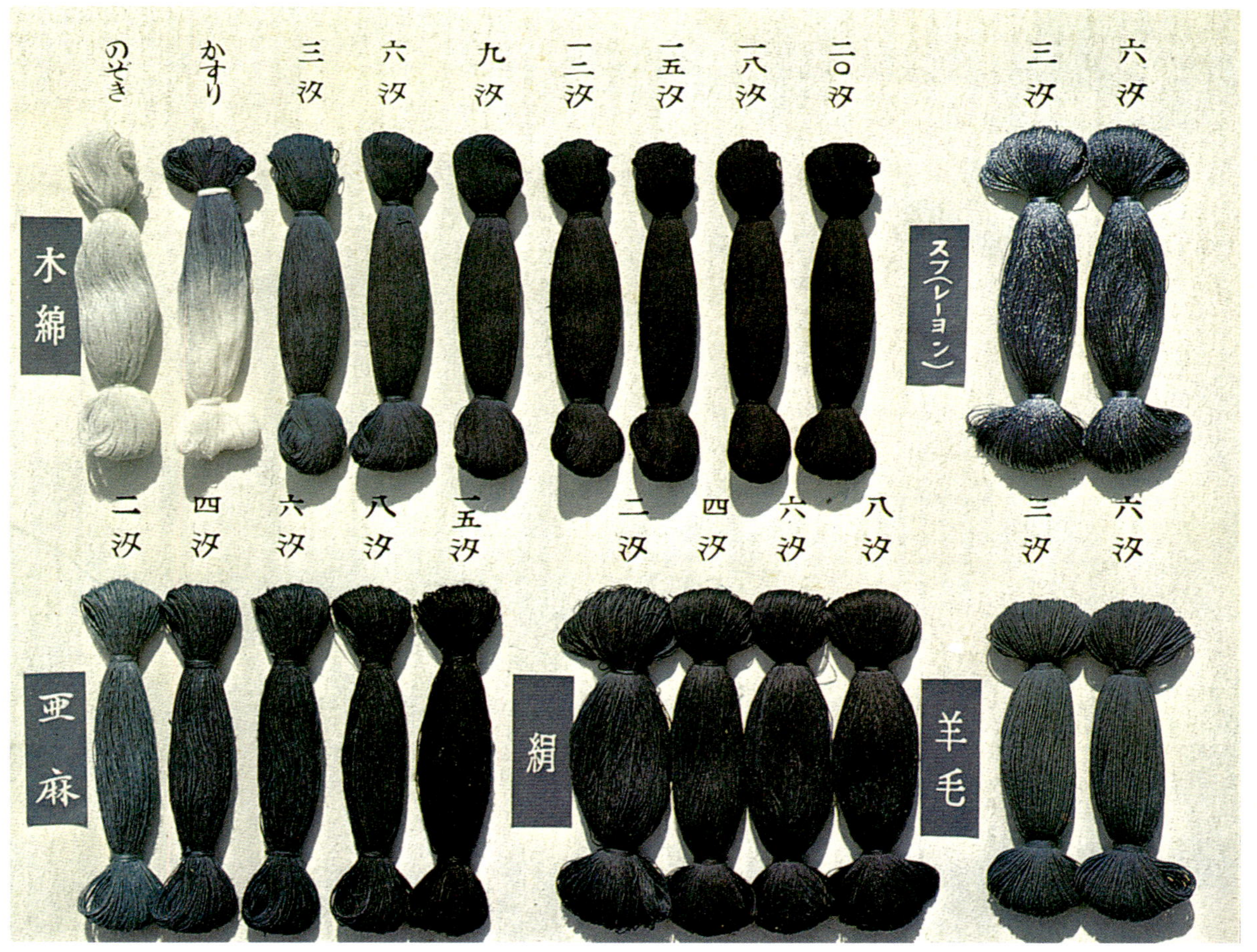

によって多種多様である。しかし要するに、石灰の適否と温度の如何が眼目で、石灰の過量は発酵を妨げ、逆に不足は腐敗に導くとともに、高温度では発酵が烈しくなり、あまり低温ではなかなか晴渋るのである。元来甕の温度は体温、すなわち摂氏三六〜三七度が適当とされている。

発酵建の化学的変化は、酵母および細菌の作用で、藍玉の含有糖分とか小麦粕の澱粉とかが変化してグリコースとなり、これが酪酸発酵を起し、更に乳酸発酵を起す。これらの発酵作用の際に、無水炭酸（炭酸ガス）および水素が発生する。無水炭酸は石灰と化合して炭酸石灰となり、水素は青藍（インジゴチン）を還元して白藍（インジゴホワイト）とし、自藍は空気により酸化して再び青藍となる。

これが従来、発酵建に際して生じる化学変化で、藍染に関する原理であった。しかるに最近、高原義昌博士はこの説を否定し自己の新説を発表されたが、ことは余りに化学的に渉るので省略に従うこととする。

さて、前述の如く全く新しく藍甕で染液を調整するのを「自然出し」「丸出し」「地獄出し」などというが、実際にはある程度使用した液を土台にして新しい液を調整する場合がほとんどである。これを「誘い出し」「打替」「汲替」「抱合」などという。その仕法は、完全発酵液のほぼ半量（液量ではなく染力、すなわち残存する藍の量。一甕で綿糸二五丸（一丸は綿糸一貫二百目＝四・五キロ分）が染めあげられるとすれば、一三〜一四丸だ

出雲の筒引。まず模様を糊で描く（上）。それを乾し、藍液で染め、酸化定着した後水洗いすると、糊が落ち模様が白く現れる。その時、竹の枝にかけて乾かす方法が出雲にはまだ見られる。モガリという干場である（下）撮影・神崎宣武

け染めたあとの藍液）を基礎に、原料の藍その他を追加して更新するのである。

阿波藍その他の地藍にインド藍または合成藍を混合して建てるのを割建という。最初はそれらの洋藍を僅少添加していたが、のちには洋藍が主体となり、明治末期〜大正初期には全く主客が顛倒した。が、また最近は草木染ブームで、阿波藍のみを使用して正藍染と銘打った染織物が各所に現れている。

完全に発酵した藍液を口切・花藍、一日使用したものを藍頭・出藍、三日目のを中藍、四日目のを裾藍・下藍、五日間使用し尽したのを地入藍・浸藍ともいった。

しかし色染の操作は逆に淡・中・濃液と染めていき、途中中乾といって一日、日光で乾燥し、まれにカラシ（枯らしの意）といって、被染物を一夜燻る場合もあって、相当手数を要するのである。大正初期ごろ、久留米絣の紺色は一七〜一八回の操作、中乾五〜六回を行っていた。

藍染に限らず、昔から物を染める操作を入

藍栽培製造の一幅。全盛期の明治43年に描かれた。上から順に播種、苗の間引、本畑への移植、収穫（刈取）、藍粉成、藍搗き、藍玉の俵詰、藍大市が描かれている。藍粉成と藍搗きの間に行われる蒅つくりは省かれている

〔汐〕といい、染液に浸す度数を表す語としていた。『堀川院御時百首和歌』（一〇九九～一一〇三年）にも、

「箱根山薄紫の壷すみれ二しほ三しほ誰れか染めけん」

とあり、『新拾遺和歌集』（一三六四年）にも、

「色深き袖の泪（なみだ）に習ふらし千しほ八千しほ染むるもみぢ葉」

というのがある。

むすび

藍といえば阿波、阿波といえば藍を連想し、全国津津浦浦の紺屋が、たとえ地藍が存しても多かれ少かれ阿波藍をどうしても使用しなければならなかったという染料の王者も、時勢には抗し得ず、今や絶滅寸前におかれている。とはいえ阿波藍が、染料史上のみならず文化史面に印した足跡は余りにも大きく、むげに葬り去るべきではない。

こたび『あるくみるきく』から阿波藍執筆の要請があり、受けはしたものの如何に稿を進むべきか、読者層を考えて迷いに迷った。結局、誌名のうちの「きく」を採り、経済史方面を略してこの様な姿となった。

ただお断りしなければならぬのは、記事が現代に淡く、明治の最盛期およびそれ以前が濃厚となり、ことに栽培と製造面ではほとんど現在の技術にふれなかった。読者諸賢、この点お含みの上、ご一読あれば幸甚である。

筆者紹介　後藤捷一（ごとうしょういち）

明治二五年、藍どころの徳島市国府町生れ。生家も江戸時代には藍師（藍製造家）だった。工業学校を卒業、兵役をつとめた後、教師になる。大正四、五年ごろ広島県三次の技芸女学校に赴任。当時を知る人は、染織、体操を教えながら、クラリオネットやオルガンも奏すハイカラ教師だったという。その後大阪に出て染料協会に勤務。内外染料の研究などが仕事だったが、『染織』の編集や近畿民俗学会への参加などを通じ、藍の民俗学的研究も本格化する。

戦後は染料問屋の三木産業に勤務。停年退職後、渋沢敬三氏の奨めもあって徳島の三木家の古文書、藍関係資料の整理を行い、三木文庫設立に尽力。そこで氏の調査収集した藍製造、栲布（太布）織、製糖などに関する諸道具は重要な民俗資料として高く評価されている。

また氏の著作は一〇〇点にも及ぶ。

八四歳、酒を少々たしなみ早寝早起。晴れても降っても読書と著述は欠かさない。すこぶる若々しい。

徳島市寺島浜の町（現藍場町）には戦前まで藍師、藍問屋の藍蔵が建ち並んでいた。昭和6年ここを訪れた与謝野鉄幹夫妻は、次のような歌を残している。

オランダの芝居の如く水にあり藍場の倉の白き倒影　寛

徳島の藍場の浜の並倉を新町橋を秋風ぞ吹く　晶子

本場結城紬

文・写真　登　勝昭

仁良川・篠原ヤイさん。糸とり

鬼怒川と、鬼怒川西側の台地の縁を南流してくる田川との合流点

結城と鬼怒川

東京・上野から東北線で一時間半、小山駅で水戸線に乗りかえて二つ目の駅が、紬で名高い結城の駅です。

上野からの直通列車は日に一本、それも上野発一六時四〇分ですから、東京から行くには距離の割には不便な所です。

駅はどこといって特徴もなく、駅前のロータリーも垢抜けしない感じで、旅行者が最初にいだく感想は余りパッとしたものではないでしょう。それでもロータリーの真中には歓迎塔があり、以前はたしか「ようこそ！　鳩子の海の結城市へ」とか大書されていて印象的だったのですが、その余熱も去ったのか、いつしかその文字も「ようこそ！　史蹟とつむぎの町・結城市へ」と変わってしまいました。

そのことを言って、史蹟って何があるのですかと、土地に永らく住む人に尋ねましたら、さあてと頭をかかえて考え込んでしまったことがあります。史蹟がないわけでは、もちろんありません。結城氏は、藤原秀郷五世の孫・朝光（一一六八～一二五四）の時、下総国結城の地を安堵されて以来の名門で、室町時代には関東八大名のひとつに数えられ、結城百万石といわ

結城氏一族の菩提寺の称名寺

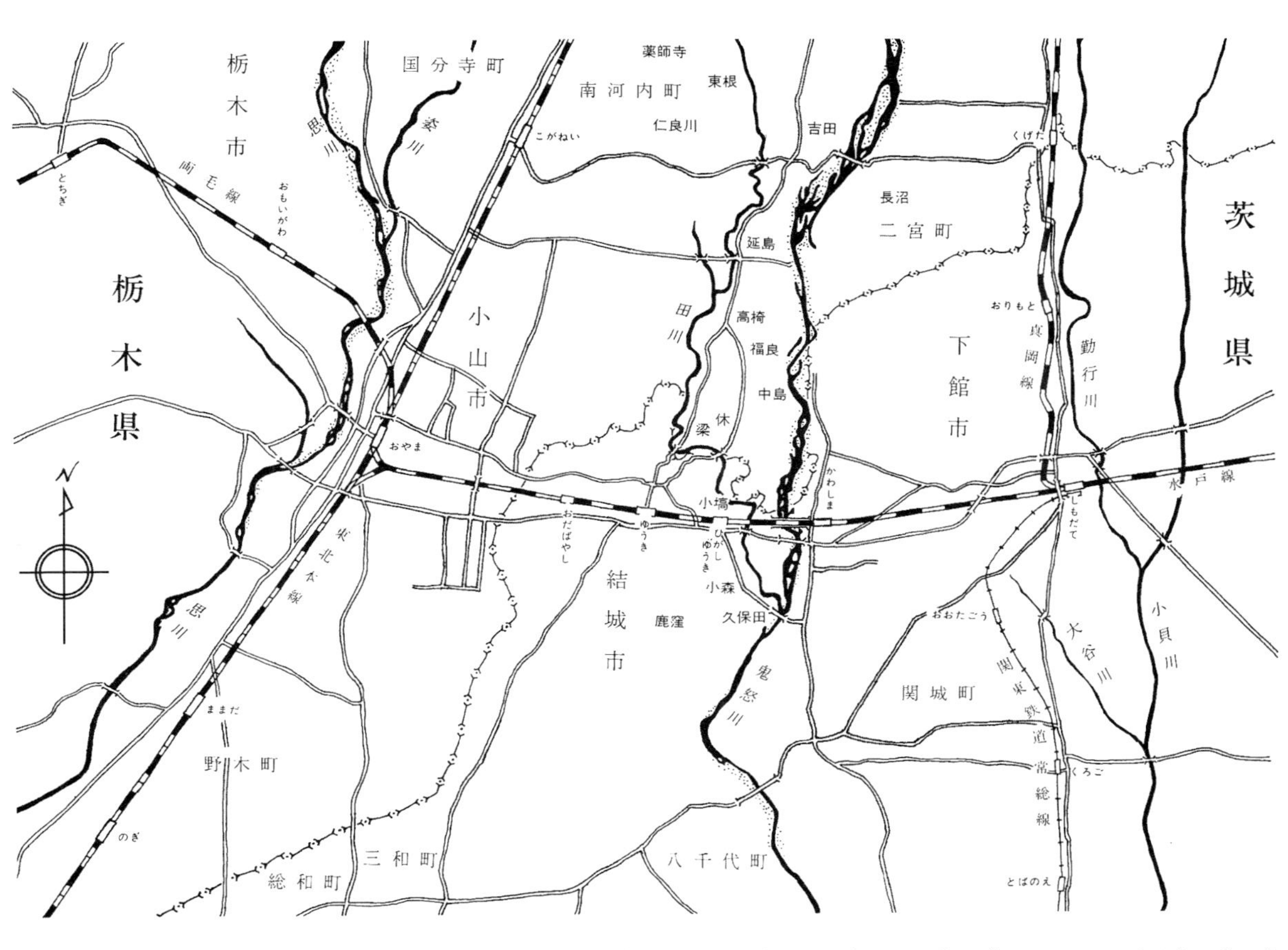

れる繁栄を築きあげました。その城跡、一族の菩提寺である称名寺、蕪村が遊んだ弘経寺（くぎょうじ）など、史蹟がたくさんあるにはあっても、ただそれらが今のところ観光名所にはなっていないことを承知して、その人は考え込んだのです。

史蹟などかすんでしまうほどに、結城といえば紬が有名です。紬を訪ねて結城に行く人はあっても、史蹟を訪ねて行く人は稀でしょう。

かく言う私も、紬が目当てで結城に行くようになった者です。正しく言えば、私の妻・芳子が行き始め、それにつられて私も行くようになったのですが、最初はずいぶんと面くらったことを覚えています。それが城下町（養子に迎えた徳川家康の次男・秀康が越前福井へ移封となった後は、水野氏一万八〇〇〇石）というものなのか、道が鉤（かぎ）の手に曲ったり湾曲したりしていて、近道をするつもりがかえってとんでもない遠まわりだったことも、再三ならずありました。

迷路のような町で、今でも充分にのみこんだとは言いがたいように思いますが、それはあんがい街を素通りすることが多かったせいかも知れません。中心地には、紬関係では、問屋さんはじめ糸屋さん、染屋さんなどがありますが、織っている人に会おうと思えば、ちょっと足をのばさなければならないのです。その点を知らずに来て、街をうろうろしている旅行者を見かけることがありますが、それも無理からぬことでしょう。結城紬というからには結城で織っていると思いがちですが、結城の街自体はむしろ収散地といった性格が濃厚で、紬の生産そ

東根・松本幸一さん作160亀甲飛び絣「親子雲」部分

のものはその周辺部で行なわれているのです。

今かりに地図の上で、結城の街を中心にした円を描いてみるとすれば、半径一五キロぐらいの範囲が紬の生産地になるかと思います。具体的に市町村名をあげれば、結城市、下館市、関城町、下妻市、八千代町、三和町、小山市、国分寺町、南河内町、二宮町といったところですが、このうち結城市以下三和町までは茨城県、小山市以下は栃木県に属します。

したがって結城紬は、二県にまたがる地域で生産されていることになりますが、この地域の地理的特徴としては、まず第一に鬼怒川をあげなければならないと思います。列車で先ほどのコースを行くと鬼怒川には出合いませんが、さらにもう一駅行くと東結城駅で、ここを出てほどなく鬼怒川に架けられた鉄橋を渡ることになります。

今は護岸工事が施されていますが、かつては川の両側に氾濫原が広がって、その中に集落が点在するといった風景が見られたことでしょう。この川がこの地の織物を育てたという一面は無視できないのですが、ここではもう少し付近の地理をみてみることにしましょう。

川の東西には河岸段丘があります。段丘といっても、高低差は一〇メートルもなく、よほど気をつけないと見落してしまうような違いですが、私はこの点を見逃してはいけないと思います。そして、この丘上でもやはり紬は織られているのです。

私たちは一時、栃木県小山市に住んでいましたので、主に栃木県側の産地を訪ねたのですが、その結果でいえば、この丘上の紬と低地の紬では違いがあることに気付きました。河内郡南河内町といえば丘上にありますが、ここでは無地・縞を織っているのに対し、低地の、県立紬織物指導所の設けられている小山市福良あたりでは、絣織りが盛んです。さらに詳しく調べれば、無地・縞の地帯と絣の地帯の境界線を引くことが出来るのではないかと思わせるくらい、この差ははっきりと存在しています。

無地・縞、絣と言っても、ともに結城紬に違いはない、と言ってしまえばそれまでの話ですが、織物の有り様として生活の有り様として、この点はさまざまな問題を含んでいるように思われます。

縞と絣

結城紬の生産量は、年間三万反。全国で生産されるあらゆる種類の絹織物に対する割合でいえば、〇・一%にも満たない微々たるものですが、この種の伝統織物としては、決して少ない数量ではありません。結城紬とともに、国指定重要無形文化財（総合指定）である久留米絣の年間生産量が一八〇反、小千谷縮の生産量が二四八反（五一年度。五二年度の予想は二〇〇反前後）であることに比べれば、結城紬の盛んな様子はご想像いただけるかと思います。

生産業者は、栃木県に一〇九二戸、茨城県に一〇八八戸、両県合わせて二一八〇戸、織機台数は栃木県一三八六台、茨城県一二七六台、計二六六二台、生産量は栃木県一万四四三二反、茨城県一万五七一四反、計三万〇一四五反――昭和四九年三月の調査では、以上のようになっています。

この三万反の内訳をみてみますと、無地・縞類が両県合わせて六四三四反、緯絣が九五四七反、細工絣が一万三八三一反、その他三三三反で、結城紬といえば今や絣、それも手のこんだ細工絣の全盛といった趣があります。

結城の絣の基本となるのは、亀甲と呼ばれるものです。亀甲というのは、文字通り六角形で、その中にさらに複十字形（⚹）が織り込んであります。ただし、これは必ずしも結城の独創というわけではなく、大和絣などにも使われています。しかし、その加工精度となると、おそらく結城にかなう産地はなく、ごく普通のものでこの亀甲が織幅に八〇とか一〇〇、さらにその上になると一二〇、一六〇、そして今では二〇〇のものまで織り出されています。

織幅は、検査基準によって一尺六分（織物の場合はすべて鯨尺、鯨の一尺は約三八センチ、したがって一尺六分は四〇・二八センチ）ですから、一〇〇の場合でひとつの亀甲の幅は四ミリ、二〇〇なら二ミリという精巧さです。

ところで、この亀甲そのものが実に手のこんだ代物です。織物というのは経の糸と緯の糸の組合せで、斜めの糸というのはないからです。糸の一部を防染して染め残し、つまり絣の部分をつくり、経緯の絣を組合せれば十の字が出来る道理ですが、亀甲の上部と下部の斜線はどのようにして出来ているのでしょうか。

よくよく見れば分りますが、これは実際には存存せず、目の錯覚によるものです。すなわち、それぞれ三本の緯糸の絣の位置と幅を変えて、見かけ上の六角形を形づくっているわけです。これにさらに複十字の緯糸二本と経糸一本が加わりますから、結局、ひとつの亀甲に関連する絣糸は、経三本、緯八本、計一一本という、途方もない数にのぼります。

これでは、織る時、柄を合わせるだけでも一苦労です。しかも、以上は理論上のことで、実際にはさらにいろいろな悪条件が重なります。絣糸と絣糸の間には、地糸（じいと）といって無地の糸を入れていくのですが、その本数も臨機応変に加減しなければなりません。絣糸もそうですが地糸も紬糸ですから、絹糸のように一定の太さというわけにはいかないからです。糸をとる人によって太さはまちまちで、太さを示す基準もありません。指でさわってみて太さの見当をつけ、絣糸の間に入れる地糸を何本と予定しておいても、織る時にその通りいくとは限らないのです。

重要無形文化財指定の要件としては、今言った手紬糸の使用の他に、地機（じばた）で織ることと絣は手括り（てくく）によることの二点、計三点をあげていますが、どれもこれも今の時代とは相容れないことばかりです。手紬糸、地機については後にふれる機会もあると思いますので、ここでは手括りのことについてもう少しのべてみることにします。

手括りとは、絣に染め残す箇所を防染する場合、そこを木綿糸などを使って手でいちいちしばる技法で、経緯ともにこの方法によります。

その場合、経糸は経枠（たてわく）という道具を使います。これは経方向には四〇～五〇センチ程度の間隔で同じ柄があることに注目して（同じ向きでなく、左右対称になっていることもあります）、作業をやりやすいようにした台で、左右に間隔が調節できてしかも回転しうる二本の柱よりなっています。この間隔を柄に合せて定め、一反分の経の絣糸を巻きつけます。これに対し緯糸は、長くのばしてやります。縁側など長くのばせる場所がない場合は、二本の柱に滑車をつけ何往復もさせるということもあります。

結城には特殊方眼紙というのがあって、これは八〇、一〇〇、一二〇など亀甲の数によって用紙が違いますが、いずれにしても原寸で、絣柄になる部分が分りやすいように出来ています。図案の描き込まれたこの方眼紙を、セットした絣糸にあてがいながら（あるいはいったん種糸にとって、その種糸にあわせて）、括るべき所に墨で軽く印をつけたうえで、括っていくのですが、手括りといっても、実際には手だけではなく、口も大いに参加しています。

糸巻から出た糸は、いったん口に含まれ、それから右手によって括るべき所に導かれ、絣糸にくるくると数回巻かれ、そして縛る（しば）時、歯で一端をかみしめて固定し、他端を手で引っぱるのです。ゆるければ染めの途中で解けてしまいますから、固ければ固いほどいいといい、こ

絣括り。暫く括っては、フーッと溜息をつく。根をつめた仕事で、遅々として進まない

れを永年やっていると、歯は次第に傷ついて、グラグラになってしまいます。括っている人には入れ歯をした人が多いように見受けられるのは、そのせいでしょう。

もちろん括る強さが一定しなければ、絣の出来に影響します。それにしても、一反のために、何回括ればよいのでしょう。私は、計算してみる気にもなりません。とくに何色も使った絣の場合には、薄い色から段々に、括っては染め、さらに括っては染め、というふうにしていくわけですし、色の系統の違うときには、途中でいったん脱色してさらに括って染める、ということすら行なわれていますから、出来上った状態の絣柄からは想像もつかないような手数と神経が使われているのです。

それはそれは人間業とは思えぬ所業で、括りに半年、織りに半年などというものさえあって、空おそろしい気にすらなります。

私たちの経歴

以上、結城紬の概略を知っていただこうとしたつもりが、ついつい深入りしてしまったようです。

ここで遅まきながら自己紹介をいたしますと、私は昭和一九年の生れ、三三歳、芳子は三つ年下、結婚して七年になります。

結婚する時、芳子が織物を、それも世に名高い結城紬を織るようになるとは思ってもみませんでした。二人とも織物には縁のない環境で生れ育ったわけですし、仕事も出版や広告の仕事で、別段織物に関連する業種というわけでもありませんでした。

　しかし、三年間共かせぎの生活をしていて（といっても私は大して働かず、芳子におぶさっていたのです）、あれこれの無理がたたって芳子が倒れたのがひとつの転機となりました。芳子の場合、それまで勤めていたのが美術本を多く手がけている出版社であったため、例えば装幀に使うクロスや和紙に接する機会があって、それらに対する関心が芽ばえ始めていましたので、退社後静養しながらいろいろ本を読んでいるうちに、ついには自分でやってみようということになったのです。

　といっても、どうやって織るものか、まるで分らないのですから、まず教わる必要があります。今から五、六年前のことですから、織物教室の類もそう多くありませんでした。もちろん探せば見つかったとは思うのですが、結局そういった努力を少しもしなかったのには少々わけがあって、織物といってもいわゆる伝統織物に心惹かれていたからです。布そのものをとって見比べて見た場合、今出来のものにくらべ長い伝統をもつ織物は、さすがにしっかりしていて、魅力を充分に備えていました。

　しかし、そう思い定めてから、実際に結城に行きつくまでには、宮城県栗駒、岩手県岩泉、長野県松本、山梨県富士吉田などを歩き回り、そのたびにそれぞれ違う意味での落胆と失望を味わい、またたく間に一年の歳月が経っていました。

　縁あって結城を紹介され、教えてもらえることになり、東京から栃木県小山市に移り住んだのは、四九年の七月。結城ではなく小山になったのは、私の通勤の便を考えてのことです。水戸線に乗りかえて結城まで行くと、東京に出るのも大変ですが、小山からなら片道二時間、これなら何とかなりそうに思えたのです。

結城には縞屋さん（買継商）が10軒以上ある

　芳子はその年いっぱい、最初紹介のあったお宅で、織りを習いました。そしてさらに、下拵えや染色など、織り以外のことも習得するために、翌年正月より栃木県立紬織物指導所に実習生として入所し、そこで半年間過ごしました。
　その間、不平を言いながらも私は通いつづけ、住めば都で、休みの日などは市内を流れる思川で終日雑魚釣りに熱中したり、東京では思いもかけぬ楽しみにふけっていました。そしてさらに一年半、通勤に疲れて東京に再び舞い戻るまでの合計二年半、小山におりました。
　この二年半の間に、芳子はともかく、私はなにほどのことを学んだかを考えてみると、惜しいことをしたという思いが強くします。傍観者的な意識がなかなか抜け切らず、足しげく通うようになったのも、芳子の代理として、頼んだ織機を早く作ってくれるようにと催促に行ったのがきっかけです。
　結城紬は地機で織られます（結城では居坐機という言い方が一般的ですが、地機で統一することにします。また、織機のことをハタシともいいます）。特殊なものだけに、他の土地では作っているとも思えず、指導所の近

くの大橋さんに作ってもらうことになりました。

大橋さんのお宅は、小山市福良字休。同じ小山市ですが、小山駅から行くには、いったん茨城県の結城駅まで行って、そこからバスに乗らなければなりません。バスに乗って市街地を出外れると右手に城跡がありますが、今は公園になっています。やや行って、急に左右に人家の密集した所を通りすぎると、田川に架かる福良橋。ここを渡るとまた栃木県小山市で、その次のバス停が休です。ここいらから見る筑波山の格好がいちばん美しいと、

福良・大橋堅造さん。美しいだけでなく、紬糸の特性にあった機道具を作る

土地の人は福良富士と言って自慢の種にしています（柳田國男『地名の研究』には、「福良は日本語の膨れると語原を同じくするもので」、「水筋の屈曲していることを表現する語」とあります）。

なかなか名人気質で、磨きあげたような美しい肌の織機や機道具を作ります。そのせいかいつも忙しそうで、織機があと何台、揚げ枠があと何台……などと、たまっている注文を数えあげては、嬉しいような途方に暮れたような顔をするのが常でした。

芳子のように指導所を卒えた者が頼むこともありますが、それより機屋さんが依頼するものの方がずっと多いようです。機屋さんに住み込んで（あるいは通いで）、ある程度やった人が家に帰ったりして賃機を織る場合、その人に織機を貸し与えて織ってもらいます。したがってその分織機が減ることになり、機屋さんでは新しい人を迎えるために、注文を出すわけです。

織機は、現在ではふつう、米栂という、割と目は通っているのですが、少々硬くて重い材を用いて作ります。檜が最良なのですが、良い檜がなかなか手に入らなくなったということで、芳子が檜の織機がぜひ欲しいと言った時も、檜を自分で見つけてくれば作りましょう、という返事でした。何もそこまで凝ることもないと思うのですが、芳子に言わせれば、下手な者ほど良い道具を使わなければならない、ということです。そういいつつも心の中では、何十年と使いつづけていけば米栂と檜の差がどこかで出てくると思っているようで、その意味では贅沢でも凝ったわけでもないのです。

檜はなかなか見つからず、ようやく見つけて大橋さんに持ち込んだところ、四面柾ではないからと突き返されてしまいました。木の目には、筋の通った柾目と波形に出る板目がありますが、持ち込んだものの一面が板目だったのです。長い時間のうちにはそこから狂いが生ずる可能性があるということですが、もうその頃には、たびたび来ては変わったことを言ったり注文したりする私たちは、少々懇意にしていただけるようになっていましたので、大橋さん手持ちの材料を分けてもらえることになり、その年の暮れも押しつまったころ、待望の織機とその付属品一式などが届きました。

織機に関しては、もうひとつ苦労した点があります。それは足曳きという、向う側についている湾曲した棒です。これは、先端に結んだ足曳き縄を引いて、掛糸というものを引き上げ、経糸の間に緯糸を通す隙間をつくる役目をするものですが、今は鉄パイプを曲げて使っています。たしかにそれで用は足りるのですが、いかにも似つかわしくはなく、以前の通りやってみようということになりました。

足曳きは以前は、ころあいの太さのエゴの木の生木を切り、U字型に曲げて両端を固定し、三、四ヵ月放置すると癖がつきますので、半分に切ってJ字型にしたものを使ったものだといいます。これまたあちこち探し歩き、無事織機に取りつけてもらうことができましたが、鉄パイプに比べ弾力性があり、この点が何かの効果を発揮するのではないかと思います。

ちなみに、織機一台は安い紬一反分と昔から相場は決っているそうで、結城ならではの話だと思いました。

「つくし」と「おぼけ」

織機を頼むいっぽう、織機が届いたらすぐに織れるようにと、糸の手配をしました。

結城紬は経糸緯糸ともに手紬糸を使うことは前にのべましたが、その糸のとり方から説明しましょう。

原料となるのは真綿です。それも袋真綿といって、ふつう良く見かける四角い真綿とはちょっと違うものですが、その端をつくしと称する道具にかけて糸をひきだし、おぼけと称する器を膝の間にはさみ、このなかに順次ためていくのです。

つくしというのは、竹の周囲三方に黍殻を取りつけたもので、黍殻のない一方には真綿の端をかける切り込みがあります。そして、この竹全体が力を入れれば回転するようになっていて、いちばん糸が出やすい状態に真綿の出ぐあいを調節することができます。おぼけは直径二〇センチくらいの器なら何でもよく、菓子罐などを使っている人もいます。

糸をつむぐ際、糸を引き出すのは主に左手で、右手は真綿を省いたり補ったりして、極力糸の太さを一定にすることの他に、引き出した糸に撚りをかける役目をはたしています。撚りといってもそれほど強いものではなく、紙撚をよる程度のものですが、その際、指に唾液をつけておいて、撚りを固定させます。唾液の成分には、真綿の繊維を接着させる働きがあるのでしょうが、年齢によってその成分に若干の違いがあるのか、一般に若い人の糸ほど撚りがきつく、年をとるに従って甘くなります。そのせいか、あるいは熟練のせいか、古来、四〇代の婦人のとった糸がよい、とされています。

一枚の真綿を取り終わったとき、あるいは途中で切れたりしたとき、結ぶことはせず、糸の端をつくしから引き出した真綿でくるむようにして、指によく唾液をつけて入念に撚って固定します。これをカツケといいますが、このカツケがよくないと、力がかかるとスルスルと抜けてしまうわけで、始末におえません。あるいは、抜けないまでも、逆方向からしごいてみると、カツケの所が二つに分かれてしまうこともあります。これを称して足が出るといいますが、見た目にはなかなか分らないことです。

真綿ほぼ五〇枚分の糸（重さ二五匁、九四グラム弱）がおぼけにたまったら、取り出して紙でくるみます。これが一ボッチで、取引の単位となっています。ただし、ここで注意しなければならないのは、重さが基準であって長さは不定という点です。したがって、細い糸ほど延長は長く、太い糸ほど短くなるわけで、何ボッチあれば一反分になるかということもいちがいには言えないわけです。一応の基準としては経糸が五ボッチ弱、緯糸が三ボッチ弱といったところかと思いますが、永年やっていても勘が狂って、最後の所になって緯糸が足りなくなったとあわてることも少なくないようです。

ひと口に紬糸といっても、それを糸の段階でみるとじつに多様で、それぞれに個性があって、興味が尽きません。太い細い、撚りのかかり具合、光沢、みんな違っています。同じ人がとっても、季節によって、手がのびのびと動くか、かじかんでいるかでも、太さに違いがあるといいます。

したがって、糸の太さ細さばかりで、糸の品質が決まるわけではないのですが、大体において、太さに斑（むら）のない（このことを「平らな」と形容します）細い糸が良いとされています。これには絣の問題もからんでいて、細かい絣を織り出すためにはより細い糸が必要だということで、糸が次第次第に細くなっていくような傾向があるように思われます。

芳子は、絣はやらない代わりに、昔風の「水も漏らない」部厚い紬を織りたいと思い、太くて平らな糸を探しているのですが、それがなかなか手に入りません。太ければ斑があります。上手な人はどうしても細い糸をとりますから、斑がないという点を中心にして選ぶと、糸の太さが希望より細めになります。

布を陽にかざして裏側から透かしてみると、織りの密度がよくわかりますが、透けないばかりか、水を上から垂らしても漏らないような高密度の布を良しとする風が、今でも結城には残っています。が、糸の面から見る限り、「親子三代もつ」といわれた結城紬の丈夫さも、昔語りになりつつあるようにも思われます。

話がやや逸（そ）れましたが、真綿一枚ひくのに要する時間は、私たちの場合約二時間。慣れた人はもちろんもっと早く、三〇分位ですが、それでも一反物の糸をとるには一か月近くかかることになります。

そういう上手な人は、目でいちいち糸の出具合を見ているわけではなく、要所要所だけ気をつければよいようで、テレビを見ながらでも出来るという人もいます。真綿の、あの縦横無尽の繊維の交差のなかに、まるで糸になるべき一筋の道が定まっているかのように、何の苦もなく次から次へと引き出してくる様は、実に驚きです。

　というと、いかにも華奢な手を思われるかも知れませんが、むしろ武骨ともいうべき手であり、指です。なかには、摩擦で切れた所へ真綿の屑を埋めこんでやっている人もいます。田の草とりをやっていて指を切ったといって、絆創膏を張ってやっている人もいます。水仕事をして手が荒れて、真綿が絡み付くと嘆いている人もいます。年老いて唾液が涸れてしまい、代わりに水を入れた茶碗を側に置いてやっている人もいます。

　織りの華やかさにくらべると、目立つ仕事ではありませんが、実に多くの人たちが黙々と、糸をつむいでいるのです。こうして作られる手紬糸の素晴しさが、結城紬の名声に寄与している面は、いくら強調しても強調しすぎることはないと思います。

繭と真綿

　ところで、紬糸の原料となる真綿ですが、これはいま結城ではほとんど作られていません。

　糸の問題から発展して、真綿の製法の実際を知りたいと思いだいぶ聞き回ったのですが、よく分らず、結局、産地である福島県伊達郡保原に行ってみることにしました。

　福島県は養蚕県でもありますので、製糸には向かない屑繭を利用して、特に冬の間の仕事の少ない時期に真綿加工に精を出し、年産五万キロで全国一の大産地です。なかでも保原町あたりが盛んで、結城紬用の真綿はもちろん、はるか久米島紬の原料もここで生産されています。

　東北本線福島駅下車、そこからバスでいったん保原に行き、さらに乗りかえて二〇分ほどいった新我宜の高橋さんというお宅を訪ねました（ふつうなら福島から別コースで保原に行くバスの途中で降りればよいのですが、折悪しく道路が不通で、迂回したわけです）。

　保原の町を出て、わずかな平野を通り抜けると、すぐ山道になります。バス停で降りてからも道は登りで、高橋さんのお宅に着くまで五分ほど登ったと思うのですが、それでもまだこの上には何十軒と家があると聞かされました。

　前もって連絡してありましたので、台所わきの竈の上の鉄釜には、湯がたぎっていました。その中に薬品（重曹を茶碗一杯半、亜硫酸同八〜九分目）を加え、五キロの繭の入った麻袋をつけ、時おり裏返しつつ煮ること二時間ほど。

　繭は、中の蛹を別にすれば、六〇パーセントのヒブロインと四〇パーセントのセリシンとからなっています。セリシンというのは膠質で、これをある程度取り除かないと、繊維質のヒブロインをひき出すことが出来ず、そのために繭を煮る際に薬品を加えるのです。このことを「練る」といい、今は薬品でやっているわけですが、そ

れ以前は灰汁（結城で聞いたところでは蕎麦の茎、福島では桑の根）でやっていたといいます。この違いも品質に何か影響がありそうですが、確証はありません（それより蚕の品種や桑の肥料の違いを重視する人もいます）。

練りが終わったら、引きあげて、水ですすぎます。水は清冽な「美しい」水でした。真綿づくりには、この水が大切なのでしょう。結城には、ないものだと思いました。

ころあいの量を、微温湯をはった深めの盥（ワタカケバチといいます）に入れ、いよいよ真綿かけの始まり。

真綿というと、おそらく四角いものを思われることでしょうが、紬用のものは袋状になったもので、大きさは四角いものの約半分。四角いもの（角綿、または判綿）は、木枠にかけて成形ができますが、袋状のもの（袋綿）は、もっぱら手によって作るので、「判綿三日、袋三年」という程に、むずかしいものだそうです。

福島県保原の真綿かけ。紬の原料となる袋綿は「袋三年」といわれるほどに難しい。これまた手の感触だけが頼りの仕事である

ワタカケバチの中に浮いている繭を拾い、すばやく剥きやすい箇所を探し出し、指を差し込み、くるっと裏返し、なかの蛹を捨て、左手指にかけることをくりかえし、五、六個分を重ねていきます。つまり、一枚の真綿は五、六個分の繭から出来ているわけです。その中に必ず玉繭（二頭の繭が一緒になって一つの繭を作ったもの）を一つ入れます。

一枚分を左手指にかけ終わったら、右手指も差し込み、湯のなかで徐々に広げます。広げる時、キュッキュッと快い音がし、次第に形がととのい、最終的には掌のすっぽり入る位の深さ、幅三〇センチ強にひきのばすのです。こうして作られた真綿は、乾燥させた後、四五〜五〇枚（二五匁、九四グラム弱）を一把として取引きされます。

試しに私たちもやらせてもらったのですが、均等に広がるどころのはなしではなく、底辺と縁に繊維の大半が寄ってしまい、穴だらけの袋しか出来ません。これではもちろん、使いものにはなりません。

なぜ、こんな難しいものが必要とされているのかといえば、真綿の縁のところからは糸を引き出しづらいからです。仮に糸にしてみても張りのない太めの糸にしかならず、結局無駄になってしまうことも少なくありません。その点、袋綿の縁の延長は角綿の縁の延長の半分しかな

く、好都合なのです。

なお、この時は、中の蛹がまだ生きている繭を使って真綿をつくる所を見たのですが、これは「生ガケ」と言って、真綿の中でも最上級に格付されるものです。色白く柔らかく、光沢にも言い様のない美しさがあり、申し分ないのですが、残念ながら出来る期間が限られているため、数量はそう多くありません。次に格付されるのがその下の「準生ガケ」で、これは殺虫保存した繭を使ったもの、「特太陽」は乾燥保存した繭と雑繭を混合使用したもので、出来たものには繊維の固まりや黄ばみがあったりもしますが、ともかくこうしておけば冬の間、雪が降っても仕事をすることができます。

生ガケ、準生ガケについては、春蚕、初秋蚕、晩秋蚕などと、蚕期を明記して売買されます。これは、蚕期によって品質に微妙な差があるためで、生糸の場合は春蚕が良いとされるのに対し、真綿は秋、それも晩秋とか晩々秋とかが良いとされています。

糸車と揚げ枠

布を織るだけなら、織機と付属品少々があればこと足りるのですが、下拵えまでやろうとすると、他にさまざまの道具が必要になってきます。

下拵えというのは、ボッチの紬糸をまず輪状にして染め、それを解いて経糸になる分の長さ・幅をそろえ、織機にのせるまでの一連の作業を言いますが、そのために必要な道具としては、糸車、揚げ枠、トンボ、延べ台などがあります。

糸車は、わけあって、私が作りました。結城でふつうに使われている糸車とは形態の違うものを見かけて、それが是非欲しいと、芳子が言ったからです。

結城でふつうに使っている糸車は、半径三〇センチ程、幅七～八センチの竹の輪（これをタイコといいますが、最近では自転車のリムを使う場合が多くなっています）を回し、調べ糸によって錘を回転させる、という式のものです。錘は鉄製、先がやや細くなっており、ここに中空の管を押し込んで固定します。

作ったものは、この仕組みにさらに歯車を組み込んだもので、把手一回転につき輪が三回転するようになっていて、より高速で錘が回るほか、歯車を入れることによって腕の回し方がふつうとは逆の時計回しになり、力の入れ方としてこちらの方が自然に思えました。

木工の知識もなく手先も不器用な私ですが、必死になって取り組みました。しかし、第一号機は、材料の樫が半乾きのときにあせって歯車を作ったため、次第に楕円形に変形して、ついには一部が空回りしたり、全体の工作精度が雑であったため、大汗かきながら回さなければならないといった、さながら園山俊二の「ギャートルズ」にでも出てきそうな奇怪な代物。

作り直した二号機は、失敗にこりて慎重にやりましたので、まあまあ。軽快に回りますので、今度は錘がぶれるという欠点が出てきて、軸受にベアリングを組み込んだというデラックス版。ふつうの場合、錘はこれほど高速では回りませんから、鉄より弱い銅（でないと、錘がいかれてしまいます）の針金で、支柱に簡単に固定する程度で支障ないのです。

第二作にしてほぼ満足できる糸車が作れたと思ったら、芳子は最近また、やっぱり結城のもののほうがいいと言い出して、私はがっかり。

わが家の道具各種。左よりトンボ、糸車、つくし（以上登 勝昭作）、おぼけ、揚げ枠

速ければ能率もあがるだろうと考えたのは、あさはかな素人考えで、実際には、遅ければ遅いほど良いのです。地機と同様、結城の人たちは、意味もなく古く不便なものにこだわっているわけではないのです。

その理由は、ひとえに紬糸の性状にかかっています。結城の紬糸が、いかに熟練した人たちによってとられる平らな糸だとしても、絹糸のような具合にはいきません。撚りもたいしてかかっていませんから弱く、細すぎて切れそうな所もありますし、カツケの悪い所もあります。それを糸車を使って管に巻きとりながらいちいち点検し、悪い所は除く必要があるわけで、余り速すぎると気付かずに通りすごしてしまう危険性があるのです。そうすると後で、染めている時や織っている時になって切れ、かえって面倒なことになってしまいます。

この作業を糸揚げと称し、下拵えの第一歩ですが、これがまたなかなか根気のいる仕事です。ボッチの糸は、糸とりの所で説明しましたように、おぼけのなかに上へ上へと積み上げたものを取り出して紙にくるんだものですから、糸巻に巻かれた糸とはわけが違います。ましてケバがありますから、ケバとケバがからみあったり、糸の上下が入り乱れたりもしています。なかなかすんなりとはいきません。

そこで、ボッチの糸をお盆のようなものに置き、そのうえにおはじきをばらまいて重しとし、余分な糸がからまって出ないようにしたうえで、糸をいったん鴨居（かもい）などの高い所に導き、そこから再び下降させて管に巻きとる、というやり方をします。それでも、おはじきを撥ね飛ばして、ガバッと糸がもちあがってしまうことがあります。こんな時はかなり複雑に糸が絡みあっている時で、それを解くために絡み目をひろげていくと、二畳分にも三畳分にもなって、収拾がつかなくなってしまいます。余り面倒だったら切って捨てればいいのですが、もったいないという気があって、あれこれいじっているうちに、元の真綿に戻ってしまい結局使いものにならない、などということもあります。

こうして管に巻いた糸を輪状（綛(かせ)または繰(くり)といいます）にするための道具が揚げ枠です。

最初は桐生(きりゅう)から取り寄せました。桐生のものは、基本構造は同じですが、さらに回転計がついていて、たいへん興味深いものでした。写真に撮っておかなかったのは返す返すも残念ですが、一〇センチ四方ぐらいの回転計の箱の中には各種の歯車（ラワン製）がいっぱいあって、外側には針があり、枠が回転するに従って針が動く、という仕組みになっていました。

この種の揚げ枠は、以前には結城にもあって、なかにはヒャクマワリといって、百回回るとチンと鈴が鳴るものもあったといいます。回転数が分かれば、計算で糸の総延長が分かり、余分に糸を染めたりすることもなく、特に縞などの場合は便利なのです。絣の場合は、別のはかり方をしますので、なくてもよく、ために今は余り見かけないのでしょう。

しかし、この回転計のために、これを作った職人さんは多くの情熱を注ぎすぎたためか、本体は残念ながらお粗末で、回転も重く、これも結局大橋さんに頼み込んで作ってもらうことになりました。

作業の都合上、揚げ枠は早く欲しかったので、たびたび催促に行って、おしゃべりしているなかからいろいろなことを学びました。そのなかで、興味深かったのは、揚げ枠の歯車の比が重要な意味を持っているということです。

歯車は、六角形の枠の回転を速めると同時に、枠が回転しつつ糸を巻きとる時に、糸が同じ箇所ばかりから出ないように、左右に五、六センチ出所を規則的に変えるためにも機能しています。そのために、枠の軸に小さい歯車がついていて、把手につながる大きい歯車には直径一〇センチ、幅七センチ程の丸太が連結されています。これもタイコというそうですが、このタイコには一回転につき右から左へ行ってまた右に戻る溝がほってあります。この溝をヤマミチといい、このヤマミチにさしこまれた樫の細棒が、ころあいの所に設けられた支点を中心に、タイコの動きにつれて左右に動きます。そして、この樫の棒の動きにつれて、揚げ枠上部の金具も左右に移動するようになっていて、糸が左右にふられながら巻きとられていく、というわけです。

これを左右にふらず、上へ上へと巻きとっていったものは「棒綾(ぼうあや)」といって、あとでほぐす時、上下が入り乱れて、たいへん苦労します。綾があっても適当でないと、やはりスムースにほぐれません。

綾の具合は、歯車の比によって決まります。そのために大橋さんは何種類もの揚げ枠を実際に使ってみて、最良の結果の出た組合せを採用したのだと言っていました。

仕事場の壁に、いろいろな道具や他の型とまじって、その歯車の型も大事そうに掛けられていました。

藍と茜

古い技法を伝えている結城紬は、染めも古いやり方（本藍染やいわゆる植物染）で行なわれていると、おそらく多くの人は思っていることと思います。が、実際にはほとんどが化学染料による染めで、本藍染などは例外中の例外です。

もちろんかつてはそうでした。「結城紬と親の意見は渋いところが良い」といわれた程で、その昔、男物中心でやっていた時代には、限られた色でよかったのです。不用意に化学染料を使用しては、褪色や変色のクレームをつけられ、評判を落とした産地が少なからずあったなかで、結城紬はこの点が幸いして、藍染・植物染の時代は遅くまで続いていたといってよいでしょう。

茜はなぜか水辺に多い。写真ではよく見えないが、茎が四角く、細かい棘があるのも特徴

それが主に二つの理由から、化学染料にとってかわられることになります。ひとつは絣が細かくなって、何回も何回も回数を重ねる藍染では絣柄がよく出なくなったこと、もうひとつは女物をやるようになって、それまでの色気では物足りなくなったこと。大体の目安を言えば、化学染料への転換は、戦中から戦後にかけて本格化したように思われます。

充分に研究したうえでのことですから、失敗して評判を落すような事もなく、無事に転換がなされ今日に至っているわけですが、化学染料なら染めの日数もかかりませんし（極端に言えば、持っていったその場で染め上がります）、色も注文通りの色にあがります。これらの点は、藍染・草木染にはない長所で、次第に化学染料の普及するのも無理からぬことですが、そのために色が平板になったのも否めないことと思います。

化学染料に比べ藍や各種草木は、主要な色素の他にいろいろな夾雑物（きょうざつぶつ）を含んでいると思われます。言いかえれば、純粋な色ではなく、複雑な色とも言えましょう。この点が色に味や深みを与えているようで、たいへん魅力的です。

いま結城で、年間を通して本藍染をやっているのは、おそらく南河内町仁良川（にらがわ）の坂本さんだけでしょう。

仁良川に行くには、結城の駅からではなく、東北線小金井駅からバスに乗ります。去年からこのバスが日に三便になってしまい、それも平日は早朝と昼と夕方で、東京から行くと上手く連絡がつかず、現在では歩く他にありません。

一時間程かかりますが、ピクニックのつもりで周囲を眺めながらわずかに起伏のある道を行くと、新四号国道の建設現場を過ぎて、やがて仁良川十字路に至ります。ここから南へ行けば結城の町、北へ行けば、東大寺・観世音寺と並んで三戒壇の一つに数えられた薬師寺のあった薬師寺の集落になります。ただし、薬師寺は今は荒れはてています。

藍染については本誌一一七号『阿波藍小話』〔本巻八～三六頁〕に詳しいので省略しますが、坂本さんのお宅を見て気がつくのは、甕場と日常の居住スペースが同じ屋根の下にあることです。陶器で有名な益子の日下田さんという紺屋さんのところも、やはりそうでした。「私には分りませんが」と謙虚に前置きして坂本さんの言うには、お父さんは居間にいて、職人さんが甕をかきまぜる音を聞いて、藍の機嫌（醗酵の具合）を判断することができたそうです。一つ屋根の下に同居していればこそ、それも可能だったわけですし、藍は生き物ですから、夜中でも気を配らなければならなかったわけです。

藍甕は二石入り、口の内径七〇センチ、深さ八〇センチ程。四本を一坪と称し、その中央に火床があり、藍を建てる時や冬期はここに籾殻を入れ、加温または保温をします。冬、静かな中に時計の音だけが響き、くすぶる煙が一筋二筋ゆらゆら立ち昇っていくのをぼんやり眺めていた時の、自分でもびっくりするくらい落着いた気分は、今でも忘れがたい経験です。

芳子は、坂本さんに藍染をお願いして、それをベースにした縞を何反か織りました。縞を構成する他の色糸（具彩といいます）は、自分で染めました。実際に使用したものは、藍と刈安を交互に染めた緑、蘇芳と渋木の錆朱、蓬の薄茶、出涸しの紅茶の茶といったところですが、実験的にはその他いろいろとやっています。

茜もそのひとつです。植物染によって得られる色には偏りがあって、茶系統・黄系統が多く、赤系統の染料としては蘇芳と茜、紅花くらいしかありません。このうち、蘇芳は煎じて染めるという一般的方法によればよいのですが、茜も紅花も、藍、紫根とならんで例外的方法によらなければならないもののなかに数えられています。

しかも紅花は、山形の特産品で高価で、気楽に実験するというわけにはいきません。けれども、偶然の機会に、思川の岸辺で茜を見つけて以来、この難しい茜染に挑戦する夢を抱き、釣りをやめて茜探しに歩き回ることになりました。

やはり人の余り立ち入らない所に多く残っているようで、薮の中とか雑木林の中とかに分け入り、その特色ある形の葉を目安に探し、見つかったら茎をたどっていきます。茎は夏過ぎには長く、二、三メートル位になることもあります。そして、根にたどりついたら、それを掘り出すのですが、鉛筆くらいの太さのあるものは上等の部で、普通は割箸くらいです。割箸くらいの太さになるのに三年ぐらいはかかっているようです。

根は蛸足状に四方八方に広がり、しかも下方に向かっていますから、ていねいに土を掘り起し、そっと取り出します。薮の中にある時などは、竹の根の下にもぐり込んでいて、掘りかけても途中であきらめざるをえないこともたびたびありました。

　収穫量は、一日はいずりまわって五〇〜六〇グラムくらいだったでしょうか。それを乾燥させると五グラムくらいになってしまって、何とも馬鹿げた話ですが、根の伸び盛りの部分のうっすらと赤味がかった色は何とも魅力的でした。

　こうして少しずつ貯めた茜で染めるに当っては、前田雨城『日本古代の色彩と染』という本にやり方が載っていましたので、ほぼその通りやってみることにしました。それは『延喜式』に記載されているものだそうですが、①使用する前日、根を太い細いに拘らず一センチ程に切る、②冬は一〇日、夏は五日間水に漬けて、毎日水をとりかえる、③沸騰した水に茜を入れ二時間煮沸するが、その際茜三キロに対し米一〇〇グラムを入れる、④蓋をして一日放置、⑤翌日再び約二時間煮沸、⑥そのまま三日間ほど放置し、酢のにおいがするようになったら再び煮沸して後、中の茜を取り除く、といった具合にして染液をつくるというものです。

　茜三キロはとても掘り出せませんでしたから、比率でいって茜の三〇分の一の重量のお米を入れてやったのですが、どうもうまくいきません。とくに⑥の「酢のにおいがするようになったら」というところが、いつまで待っても酢のにおいがしてこないのです。適当なところで切りあげて染めたら、ほんのりとピンク色、第一回目としてはまあまあの色。また①から始めて液を作っては染め、ということを、我ながらよくやったものですが、さらに四回くり返しましたが、いずれも酢のにおいは大してせず、最後の時は思い余って米酢を数滴たらしてみました。そうしたら、それまで緋色だった液が、一瞬にしてわずかに黄味がかった色に急変し、赤味は全くなくなってしまったのです。

　その時の驚きと落胆。

　同書には、古代より伝わる「染色の口伝」というものが紹介されていて、木・火・土（植物の生えている土地）・金（鉄気は大敵、したがって鉄釜は不可）・水の五つが大切である点が書かれていますが、何が悪かったのでしょうか。水道の消毒された水が、醗酵菌の活動をさまたげたのでしょうか。

　いや、それ以前の問題として、同書は、染色にたずさわる者の基本的な心構えとして「祈り」をあげています。祈り、すなわち草木に宿る霊（木霊）に呼びかけることです。この祈りが私には足りなかった、と思わざるをえません。

地機と高機

　ほぼ工程にそって、糸とり、糸揚げ、綛にして染めるところまできました。この後は下拵えというのをやって織りになるわけですが、その前に地機の構造と機能を高機と比べながら説明しておきましょう。

　高機では、経糸を巻きつけた男巻と織りあがった布を巻きとる布巻が、ともに機の本体に固定されて、ギヤなどの働きで一定の張力が与えられています。そして経糸はこの中間で綜絖子（長さ三〇センチ程の針金の中間に穴をあけたもの）に一本ずつ通されていて、踏木を踏むことによって紐で結ばれた綜絖（多数の綜絖子を枠にはめたもの）が上下し、経糸の口が開き、そこに緯糸を通す、ということになります。

平織の場合、綜絖は二枚あればよく、経糸を一本おきに一つの綜絖に通し、残りの経糸（これももちろん一本おき）を他の綜絖に通します。この二枚の綜絖は吊紐で連結され、吊紐は轆轤という回転棒に架けられていますので、一が下がれば他は上がるという具合になっています（ちょっとややこしいかも知れませんが、これを両口開口といい、地機との比較において重要な点です）。

ところが地機では、まず、経糸の両端が機に固定されているわけではありません。織りあがった布を巻きとる前絡みを織手が腰で吊って、張力を与えるのです。腰の引き方ひとつで張りは強くも弱くもなります。次にのべる足曳きをひいた時とひかない時でも腰の位置が変わり、糸の張りに変化ができます。これが第一の相違点。

次に開口の仕方が違います。綜絖にあたるものは、しいて言えば掛糸ですが、掛糸は経糸を一本おきに吊っているだけで、いわば綜絖が一枚しかないことになります。その分は足曳き縄を引けば上にもちあがりますが、残余の経糸には何の仕掛けもなく、単純にいえば、掛糸によって吊られた糸（下糸）がそうでない糸（上糸）の上になり下になり、といった具合に開口しているのです。実際には、上糸と下糸を隔てている中筒全体も、足を引いた時と引かない時とでは位置が変わり、複雑な様相を呈するのですが、今は略します。

そして、もうひとつ違いをあげるとすれば、杼のかたちや働きが違います。杼は緯糸を通す道具で、その点は両者ともに共通しているのですが、地機の杼にはさらに通した緯糸を打ち込むという働きがあるのです。このために地機の杼は織幅より左右にこぶし一つ分くらい長く、ここを握って手前に強く打ちつけ、緯糸をきつくしめつけるようにします。全体にどことなく刀の形のようでもありますので刀杼と呼ばれることもあり、これに対し高機の杼は投杼と言います。投杼は二〇～二五センチくらいのもので、すばやく経糸の間をかいくぐることができるように底に滑車のついているのが普通です。これには、緯糸を打ち込む働きはありません。

高機では、緯糸を打ち込むのは、もっぱら筬の役目です。筬とは、ごくごく狭い間隔で竹や金属の切片が並んでいて、その間に決められた数の経糸が通されているもので、経糸が曲ったり間隔が不揃いになったりすることのないようにするための道具ですが、あわせて緯糸を打ち込むことにも使われています。トンカラトンカラなどと機織りの音を書き表すこともありますが、このトンが筬で緯糸を打ち込んでいる音で、カラというのは杼が底の滑車を回転させながら緯糸の上糸と下糸の間を走り抜ける音です。

筬は地機にもあり、高機と同じく、緯糸の打ち込みに使われます。したがって地機では、筬で打ち込んでさらに杼で打ち込むということになり、単純にいっても高機の二倍、緯糸を強くしめつけていることになります。

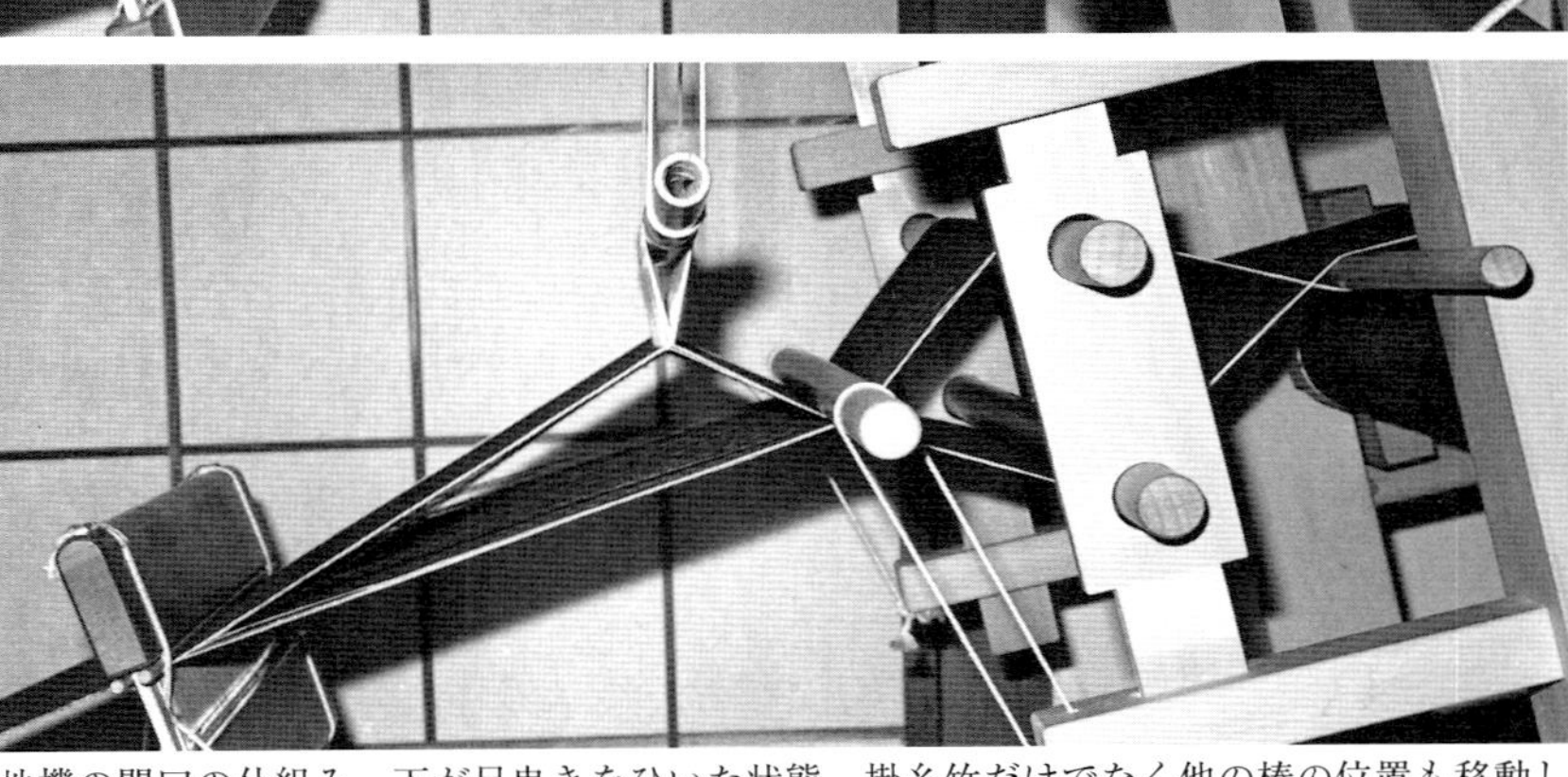
地機の開口の仕組み。下が足曳きをひいた状態。掛糸竹だけでなく他の棒の位置も移動している

筬自体は、高機用と地機用とで、それほど大きな差はありません。ただ、細い竹の切片（筬羽といいます）を上下で固定している芯竹の太さが、高機のものは太く地機のものは細い、というところが違いといえば違いです。そして、筬柄といって、筬の上下にはめて筬を保持する木の枠が、地機ではこの芯竹の部分まですっぽりかぶさるようになっているのに対し、高機では芯竹ははみ出し、筬羽の飛び出した部分（耳）のみが筬柄に収められるようになっています。この点も、打ち込みの衝撃に対して、地機用の筬の構造のほうが強いであろうと思わせます。

芳賀郡二宮町長沼には関原さんといって、結城でただひとり、今も筬をつくっている人がいます（ここもまた交通の便に恵まれないところで、買物などは下館へバスで出ますが、東京から行く場合は、仁良川に行くのと同じバスに乗り終点の吉田下車、徒歩一時間。ダンプの行き交う道を歩き、大道泉橋を渡った対岸の集落です）。

今は関原さんのつくるものはほとんどが紬用のものですが、以前はいろいろなものを作ったということで、目のごく粗いものから細かいものまで、また幅の狭いものから広いものまで、数多くの筬を見せてくださいました。目の粗さを示す基準は算といい、一算は四〇羽で、一〇算くらいのは手でひいた木綿糸、一三算くらいのは買った木綿糸、一五算くらいのは絹糸を織るときに使ったものだそうです。この間隔は、芯竹に筬羽を固定する時に用いる糸の太さによって調節します。

現在の結城紬では一七算の筬を使います。すなわち一七×四〇で六八〇羽あることになりますが、これを一尺八分の決められた幅のなかにピシッと入れるのが大変で、筬羽を芯竹に一応取り付けた後に調整することのほうにむしろ時間がかかるということでした。ざっと計算してみても、筬羽自体の厚みも含め〇・六ミリ間隔にきちんと並ばせなければならないのですから、並大抵のことではありません。このわずかな差を見極める関原さんの目は鋭く澄んでいて、実に印象的でした。

話がやや横道にそれましたが、経糸の張り方、開口の結城紬は、彪大な量の手仕事の集積されたものです。蚕が糸を吐いてから反物に織りあがるまでの間には、気の遠くなるような長い道のりが横たわっています。それを思えば一反何十万、何百万という値も、あながち高いとはいえません。人はなぜ、その値に驚くばかりで、裏に秘められた苦労を考えてみようとはしないのでしょう。苦労の跡は、見えないように表われないように丹念に消され、人の手を感じさせないものほど上等とされるのですから、それも無理からぬことですが……。

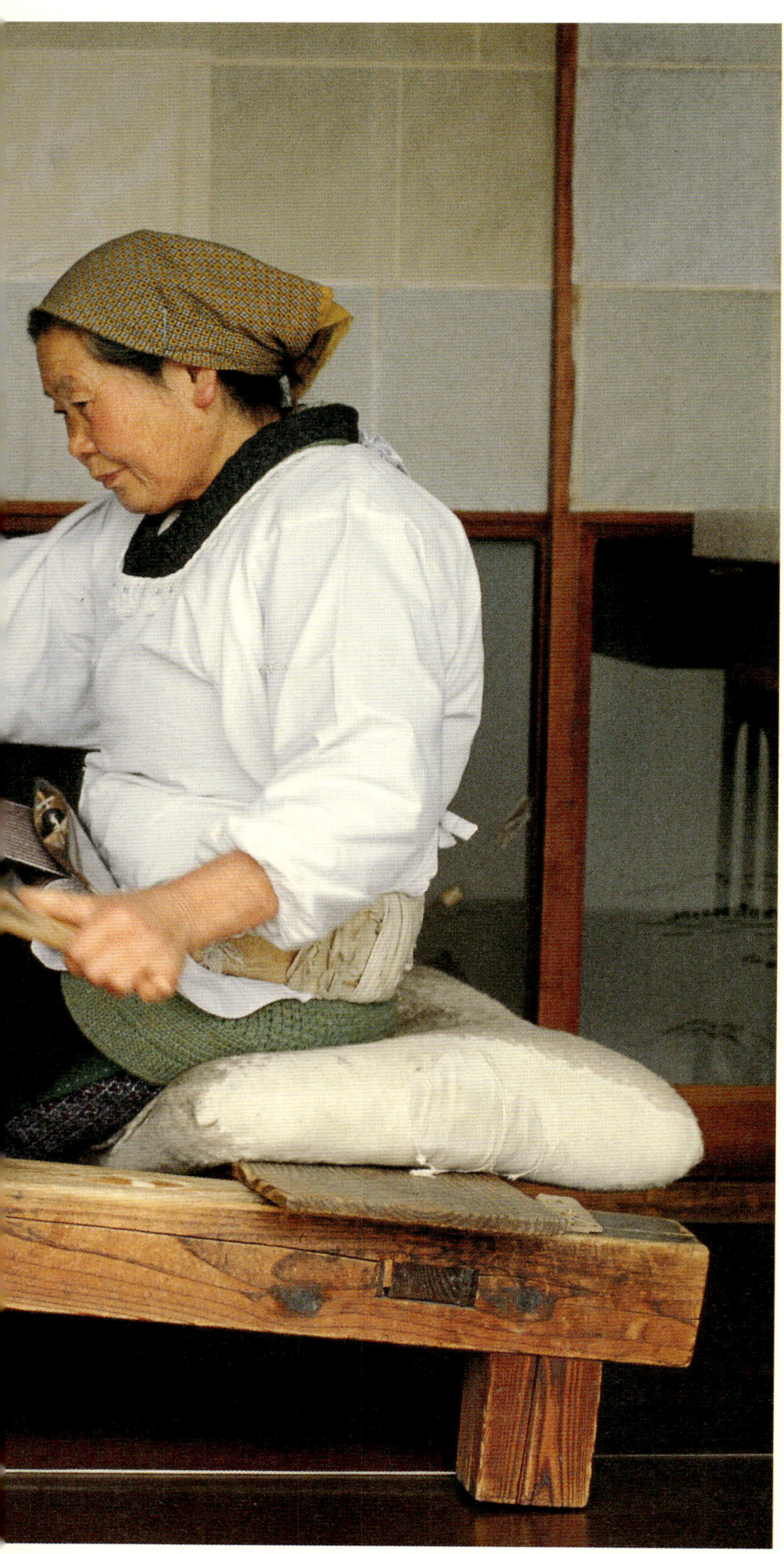

仁良川・増田かねさん。織り

仕組み、打ち込みの三つの違いが、地機で織る織物が目のつんだ、それこそ「水も漏らない」ものになる要因となっています。便利さという点から考えれば、高機のほうが便利であることは言うまでもないのですが、結城の人びとがあえてこの地機に固執しているのは、ひとえに出来上った布の丈夫さ、あるいは風合などを知っていて、大切にしているからに他なりません。同じ手紬糸を使って織っても、高機では打ち込みが利きません。

この地機と高機がどういう関係にあるのか、詳しく知りたいものだと思います。江戸時代に書かれたある書物をみますと、地機を「木綿機」、高機を「絹機」と区別していますが、これとて絶対的なものではなく、地機で絹物を織ることもあったでしょう。あるいは新潟県小千谷に今も残っているように、地機（といっても形は少し結城のものとは違いますが）で麻を織ることもあったでしょう。木綿機、絹機は便宜的な呼び分けで、織る素材によって機を使いわけたわけではないと思います。

地機の起源は不明ですが、その前身はアイヌのアッシ織や八丈島のカッペタ織のようなものであったろうと考えられています。つまり、経糸の一端を適当な柱や立木に結びつけるやり方で、それとの違いは極端に言えば経糸を男巻に巻きとって織機にかけるか否かの違いだけだとも言えます。これに対し高機は、五世紀後半に日本に導入されたもので、最初は主に朝廷や地方豪族の専用工場で使用されたといわれます。さしずめ、舶来の高性能機械といったところでしょう。

したがって、地機が改良されて高機になったわけではなく、両者は別の系統に属すると考えるべきです。そして、高性能の高機が導入された後も一五〇〇年間も、駆逐されることもなく生き永らえてきた地機の息の永さに、今さらながら驚かされます。その理由を考えてみれば、おそらくその最大のものは、着機として自家用のものを織って使うという条件下で、見かけはともかくその丈夫さ、温かさが高機にくらべて優っていたと考えたら、こじつけに過ぎるでしょうか。決してそうではない、と私は思います。

整経と糊付け

綛糸が染めあがったら織機にかける準備をしますが、このところは大変にこみいっています。そこで、要点だけを取り上げることにしますが、それでも整経、糊付け、筬通し、機巻き、掛糸かけの五点があります。

まず整経ですが、これは必要な長さの経糸を必要な本数分そろえ、上糸と下糸との区別をつけておくこと（このことを綾をとるといいます）です。結城紬の場合は織り上りの長さ三丈三尺（一丈は一〇尺、したがって三丈三尺は一二メートル五〇）ですが、織り縮みやキリスネといって最後の織れない部分などを見込んで、三丈六尺（一三メートル六二）の長さに、一三四〇本の糸をそろえます。ただし、このうち左右に二四本ずつ計四八本は、耳糸というやや太目の白糸を配し、織る時にここに伸子を張ります。

このために用いる道具が延べ台で、これは、間隔が自

本糊付け。下拵えをする者と織る者の心が一つになった時、初めて良いハタが出来上る

由に調節できる左右の台とその間を固定する支え棒よりなり、台の上には糸をかける棒が多いものでは一〇本以上もあります。

いま仮に左右の台の間を六尺と定め、左→右→左→右→左→右→左と順次柱を移して糸を六渡りさせれば、最初の柱から最後の柱までの糸の長さは三丈六尺になる計算です。そしてここで折り返して、来たのと同じ道を逆に戻れば、出発点に帰り着いた時には二本の経糸が揃ったことになります。この際、折り返し点の近くで、行きは上糸、帰りは下糸といった具合に、綾をとっておきます。

こうして一三四〇本揃えるのですが、一本ずつやっていては大変ですから、実際には一〇〜二〇本程度いっぺんに引き揃えることが多いようです（この場合でも、綾は一本ずつとらなければなりません）。

このために、整経に先だって、染めあがった経糸をすべて管にとっておきます。トンボといって、ほぼ綛の大きさでクルクル回るものに綛をかけて、糸車を使って管に巻いたものをガラミキに引き揃える本数分並べ、引き出し終ったら新しい管につなぎかえていくわけです。

整経が終ったら、始めと終りをしっかり結んでずれないようにして、綾もまた乱れないようにして、延べ台からはずし、糊付けをします。

糊はうどん粉をお湯でといたもので、紬糸のケバをおさえ織りやすくするためのものです。まんべんなく糊を付けたらよくしぼり、三丈六尺にのばして両端を固定し、真中辺に下から支柱を入れ糸をピンと張って乾燥させま

す。

糊は実は二段階に分けてつけています。第一回目は染めあがった後、トンボにかける前に綛の状態でつける下糊（タガ糊ともいいます）、そして第二回目がこの本糊付け。こうして二回にわたって糊をつけると、糸の表面だけでなく芯までよく糊が利き、織りやすくなるというわけなのですが、なかなか計算通りにはいきません。甘いとケバがたちやすく、ケバとケバがからんで開口がうまくいかず、逆に利きすぎれば糸が切れやすく、そのたびに結ぶ手間が大変です。

糊の濃度は、季節、湿度、糸の色などによっても微妙に違い、一般的にいって夏は濃目、冬は薄目ですが、一律にそうするわけではなく、織り始めてから織り終りまでの天候を予想し、その予想に合わせて加減するのです。当ることは少なく、外れて苦労することの方が多いといえます。

また、糊付けをする日の天気も問題です。乾燥させるには天気の良い日のほうが好都合と思われるかも知れませんが、余り良いと乾燥が速すぎて芯まで利かないでバリバリになってしまうため、「降らず照らず」をもって理想の日和（ひより）とします。

糊付けが済んだら筬通しですが、それに先だって経糸の一端一メートル程を一本一本にばらしておきます。これを束分け（たばわ）といいますが、こうして分けられた一本一本を順序を間違えずに筬羽と筬羽の間（筬目）に入れていくのです。ここでご注意いただきたいのは糸の端は切り離されているわけではなく、延べ台の柱にかけたままのU字形ですから、そこを矢筈（やはず）で押し込んでやれば、いっぺんに二本の糸が入ったことになります。すなわち経糸本数一三四〇本の半分の六七〇回、この作業を繰り返すわけで、筬目は六八〇ですから左右にわずかずつ余ることになります。

それが終ったら機巻き。一反分をのばし、筬通しをした方と逆の端を柱などに固定し、筬通しをした側の端に男巻付け棒を通し、男巻の出っぱりにひっかけ、順次巻きとっていきます。が、束分けした以外の所はまだ糊で糸と糸が着いていますから、櫛（くし）でとかし、その分だけ筬を進め、男巻に巻きとるといった具合で、尺取り虫の進む様を連想させます。

そして最後まで巻きとったら、糸の端をいったん切って、入り組んでいる糸の並びを整え、端から二〇本位ずつに分けそれぞれを結びます（これを前結びといいます）。

そして次に掛糸かけ。これは下糸に掛糸をかける作業ですが、前結びした糸の端に棒を通して筬から抜けないようにしたうえで、織る時に使う腰当てを男巻に巻きつけ、筬を両足で押す、という苦しい姿勢で行ないます。掛糸竹は一端を二つ割りにして、そこに割箸などを入れると口が開くようにしたもので、その上にさらに掛糸ヒゴという細い竹棒を添えます。そして、8の字状に糸をかけるのですが、上の輪は小さくここにはヒゴを入れ、下の輪は大きく、ここには五センチ程に開いた掛糸竹と経糸一本を入れます。これを端から端まで次々に連続して行なったのち割箸を取り外すと、一定の長さの掛糸の

機屋さんの内部。ラジオの歌が流れるなかで、みな一心に仕事に取り組んでいた

なかに経糸が一本ずつ入っていることになります。

掛糸が右から左まで連続した一本の糸よりなっていることは、織っている時に左右に強く張った経糸があれば自然にそこの掛糸が長くなり、ある程度経糸の張りを調整することができるわけで、素晴しい知恵だと思います。

また、かけ終ったのちに綾返しといって上糸と下糸を入れかえますので、掛糸かけの作業は、作業している時に上になっている経糸を吊っていけばよく、これまた誰が思いついたものか実に素晴しい工夫だと感心せざるをえません。

ごくごく大要ですが、以上のような手順で、ようやく織機にのせられるようになるわけです。けれども下拵えは、いわば織物の土台づくりで、面倒だからといって雑にやっては良い織物は望めません。

織りと環境

織る時の姿勢は、もう改めて言わなくてもお分りかとも思いますが、織機の上に腰かけたら、両足を前に投げ出し、腰の後ろに腰当てをあてがい、腰当ての両端に付いている輪状の紐を前絡み(まえがら)の端にかけます。前絡みの端には鼎(かなえ)の脚状に三つの突起がありますので、腰当ての紐を前絡みに数回巻きつけたうえで適当な位置にある突起にかければよく、これによって長さや張りの調節もできるわけです。

そして、織機の向う側の脚の手前に渡されたフンバリ棒に足の裏を当て、右足首に足曳き縄の先の輪をかけます。

伸子は両耳のところに下から張ります。そして、原則として、杼を左から入れ杼打ち筬打ち、足をひいて下糸を上に引きあげて、杼を右から入れて杼打ち筬打ち――この無限の繰り返しです。

織り進むにしたがって、織幅の狭くなるのを防ぐために伸子を移動させ、経糸を男巻から繰り出す時は、杼を使って男巻の下端を押しながら糸を引くと、男巻が一八〇度回り、その分だけ糸が出てきます。

ただ、最初の部分だけは、少し様子が違います。

下拵えの終ったものを織機にのせたら、まずふつうに一分ほど織ります。これは準備段階で、この間にたるんでいる糸や吊っている糸を正し、また掛糸のかけ違いなどがあれば正し、調子をととのえます。そして次に、すっぽり真綿でくるんだ藁(わら)を入れ、ひとつ返り織って、カシャゲと称する部分を織ります。

これは一寸あって、後に証書等を貼る箇所ですが、浮糸(うきいと)という白紬糸六本分ほどをひきあわせた太い糸と織糸の二種を使って、特殊な織り方をします。

杼は無地なら一挺(ちょう)で足りますが、二挺使う場合もあります。このカシャゲを織る時もそうですが、その他、太い緯糸と細い緯糸のある場合、あるいは綛によって染色に差のある場合など、そのまま織ってしまうと、緯糸密度の粗密や色斑が目だちますから、それを避けるために二挺の杼を用意し、一の杼でひとつ返り織ったら別の杼でひとつ返りという風にして、平均化させるのです。

絣織は、絣糸と地糸、格子や緯縞では、柄によっては三挺も四挺も使います。

緯糸は、染め終ったら糊を付けず、トンボにかけて小管に巻きとり、杼の中に入れて使用します。

織りの基本点は、以上でほとんどです。その意味では、もっとも単純な機械的作業といえましょうが、実際にはまるで違います。地機は、何度も言いましたように、織機と織手が一体となって織るもので、そこからさまざまの問題が出てくるのです。

結城では、誰もが「一生勉強です」と言います。この道何十年という大ベテランの織手ですら、謙虚にそう言います。蚕、真綿かけ、糸とり、染め、下拵え、今までにみてきたこういった、天候によっても人によっても出来の違うもろもろの要素が、織りの段階になって集約的に表われてくるのです。そう考えれば、「一反として同じハタはない」という意味もよくわかります。高機と違って、経糸の端を腰で吊っているだけに、かえって一反一反の違いがよくわかり、それに合わせて織るにはどうしたらいちばん良いかと苦労するわけです。

しかしそれは、頭で考えて解決のつく問題ではありません。芳子は、指導所を卒えたあと、仁良川の増田(ました)さんという織りの名人の所へしばらく日参して、その人の織る様子を側で見ていました。まだ織機の届く前のことで、無為に時を過ごすよりはということだったのでしょうが、最後にその人は「いつまで見ていても上手くはならないよ」と言ったそうです。ともかく数織ること、ハタになじむこと。「機百反一人前」ともいうように、身体で覚えなければならないのです。

縞屋さん（買継商）の店先。ここで買い付けられた紬は、京阪神はじめ全国に卸される

具体的な問題としては、杼（ひ）アイといって、左右どちらかに緯糸密度の粗い部分が出来ることがあります。経糸と緯糸は常に直角に交っているのが理想ですが、筬や杼の打ち込みに際して定規を用いているわけではありませんから、厳密にいえばわずかに曲っています。その曲りを修正しつつ織り進んでいくことになりますが、その注意をおこたると修整可能の範囲をこえ杼アイが出来てしまうわけで、まっすぐに織ることとすら経験によってのみ身につくことなのでしょう。

また、緯糸が平らに入らず、波打ったように凸凹に織りあがってしまうこともあります。これはヨコマクラといって、それなりに原因は考えられますが、頭で分っていて注意しても、身体がその通り動いてくれないことにはどうしようもありません。

その点、五〇、六〇代のお婆さんが織っているところは、さすがに安心して見ていられるような気がします。足を引くと、経糸の間に杼が吸い込まれ、ドンドンと杼打ち。さっと杼を左に抜いたかと思うと、右手が筬をつかんで、チャンチャンと筬打ち。動きのどこにも無駄がなく、かつリズミカルです。これは無地や縞織の場合で、絣だとどうしてもこうはいきません。絣柄を合わせる必要があるからで、むしろそちらにかかっている時間の方が多いくらいです。杼打ち、筬打ちも、柄をくずさないようにといく分軽めで、音も心なしか頼りなげに聞こえます。

勝手な言い種（ぐさ）ですが、私は、無地や縞を織るあの連続した動作とリズミカルな響きが好きです。

そういえば、東京に移ってからの話ですが、「周りのリズムと織りのリズムが合わない」と、芳子は悩んでいます。下町の台東区にいますので、町工場などが近くにあり、プレス機械でしょうか、ガチャンガチャンと音をたてています。音そのものはそれ程大きくはないのですが、そのリズムにまどわされるというのです。私は織ったことはないので黙って聞いていますが、そんなものかも知れません。

また、新聞などの勧誘も困りものです。織っている時は、いわば織機に身体をしばりつけているのですから、すぐに立つわけにもいきません。ブザーが鳴ってドアを開けるためにいったん織機から降りれば、そこで糸の調子も変わってしまいますし、リズムを取り戻すまでに時間もかかります。

しかし、それより何よりも、結城に遠いというそこはかとない孤立感こそ、むしろいちばんの問題です。まだまだ学ばなければならないことがたくさんあるのです。

ちなみに結城には、老若男女（といってもさすがに男は少なく二人）合わせて二五六三人もの織手がいます。

東のハタと北のハタ

大正が昭和にあらたまって間もなくのころ、この地を見学に訪れた秦秀雄氏は、その著『結城紬』のなかに、「東のハタ」ということを書き残しています。

結城紬は東のハタといつて、結城から東方鬼怒川沿岸が昔から美しいと定評を持つて居る。何故か。それは結城紬の製作者売買人にすらわからない。只この地方で織れば美しく上るのである。

そして、この例として、東京銀座で実演織りをした折のことが紹介されています。

かつてここのいい織手を銀座ゆふき屋につれて来たのは、ゆふき屋が小川町から銀座に店を持つた時であつた。同じ鬼怒川沿岸の糸を、同じ職人が染め、同じ織手が織つて行つた。只違ふ所は鬼怒川辺で織るか、銀座で織るかの違ひしか無かつた。それでゐて出来上りは片方が美しくてりを持つのに反して、片方は艶がなく色は沈み比べものにならなかつたのだといふ。

おおいにありそうな話だと思います。私たちの経験からしても、アスファルトとコンクリートの市街地では、慢性的に湿気が不足しているようで、その点ひとつとっても、鬼怒川の存在は無視できないと思われます。

そればかりでなく、結城の織物の何千年という歴史をふり返ってみれば、太古に「下総の沃野」に楮、麻がうえられ、織物がおこったのも、鬼怒川があったればこそ。そもそも結城という地名は、ユウノキ（すなわち楮）にちなんでつけられた地名なのです。また、蚕が渡来し、桑が植えられるようになったのも、鬼怒川の広い河原があったればこそ。しかして、かつては絹川と書かれたその川は、たびたび氾濫を起し、土地の人々を苦しめ、洪水によって被害を受けやすい農作物以外の収入源として織物の業を伝えさせ、精出させ、名声が高まる、といった経過をたどって、今日に至っているのです。

東のハタは、今も健在です。小塙（こばな）、小森といったあたりはほとんどの家で紬をやっているといっても過言ではありませんし、しかもそこで生産される紬は極めて手のこんだ精緻なものばかりです。

道路をはさんで家の立てこんだこの辺を歩くとき、私は緊張して、身の引き締まる思いがします。懇意にしてもらっている人がいないという心理的な理由も働いているのかも知れませんが、それ以上に、精根こめて細かい複雑な絣に取り組んでいる様が想像され、気安く声をかけることがはばかられるのです。仕事場は多く二階につくられていて、これも人に仕事をのぞかせないためだと聞けば、なおさら声もかけづらく、虚しく通りすぎるばかりです。

鬼怒川流域の桑苗畑。遠くに筑波山がかすむ

微視的にみれば、鬼怒川に沿う地域は、昔も今も先進地帯、本場のなかの本場に違いありません。しかしその一方で、私たちはまた「北のハタ」ということばも耳にしました。「東のハタ」と同じく称揚する意味合いで、しかもそれが「東のハタ」を織っている人の口から発せられた時、少々びっくりすると同時に、心を強くしました。

北とは、具体的にいえば仁良川あたりを指しています。結城の街の近辺にくらべれば、仁良川の周辺はまだ農村然としています。新幹線工事や自治医大の建設などのことがあって、お城そっくりの家が出現したりして、変わりつつありますが、それでも長屋門を構えた家がまだいくつも並んでいる、といったような土地柄です。

以下は私の推論ですが、この東と北の違いを、耕地や経営規模の違いから解き明かすことがある程度できるのではないかと思います。すなわち、東は、水田と鬼怒川沿いの桑苗生産ですが、規模的には小さく、いきおい紬に頼る率が高くなるのに対し、北は水田と畑で、しかも規模的には東より大きいといえます。この畑地では乾瓢(かんぴょう)などの換金作物が盛んに生産されています。

例の減反政策の折、東では、新しい機屋さんがいくつか出来ました。しばらくの間は紬で稼げばいいと、転作にも真剣に取り組まず、折も折「鳩子の海」で景気もよく、そのまま紬専業に転向してしまったという次第です。

しかし、紬は、本来は、家族を一単位として織られたものです。いわば農家の農閑期の副業として、おじいさんや息子さんが下拵えをして、お婆さんやお嫁さんが織るといった具合であったと考えてよいでしょう。仁良川あたりでは多分にその様子を今に残しています。北では、減反が契機となり機屋さんに転向する例は私の知っている範囲ではありません。

私たちが足しげく通っていたころ、たまたまこのような印象的な出来事があったから思うわけではありませんが、こうした傾向は別段いまに始まったことではなく、以前から徐々に、しかし確実にあったことのように思われます。低地部のどちらかといえば土地に恵まれないところでは、紬の収入が重きをなしていて、より付加価値を高める工夫がなされたことでしょう。それが絣であり、今はすっかり影をひそめてしまいましたが縮であったわけです。

縮は緯糸に強撚糸を使い、織り終った後に湯通しをして、シボを出すもので、現在では一〇〇〇反弱しか織られていませんが、ひところは縮でなければ売れないほどで、平織など見向きもされなかったそうです。それが昭和三一年三月、重要無形文化財の指定を受けたとき、対象となったのは平織で縮織ではなかったため、以後次第に生産が減ってしまったといういきさつがあります。

絣にしても、昔のものは今とは比較にならないほど大まかなもので、それが年を追うごとに細かく、手のこんだものになってきたのも、やはり同じく、より付加価値を高めるということの結果と考えて間違いないと思います。

機織りをするなら絣を織らなければ駄目だと、芳子はほうぼうでいわれたそうです。このことばは、技術についていったとも経済性についていったとも、二通りに受け取ることができます。経済性の点についてはその通りで、無地や縞で採算をとることは今日ではかなり困難ですが、技術の点についていえば、拙い腕で無理をして絣を織って出来上りの地や風合を損なうよりは、余計な神経を使わずにただひたすら打ち込みを心がけて、目のつんだハタを織りたい、という考え方です。さらに言えば、すべてを自分でやってみたい、無地や縞ならそれが出来る、ということもあります。

せっかくのすすめを断って、絣の勉強に時間を割かず、真綿のかけ方とか糸のとり方とか方向違いのことを聞き歩いたのも、じつはそういう考えがあったからに他なりません。

その意味で、私たちは東より北に親近感を抱き、北のハタこそ結城紬のいわば原点とすら思っています。

誠にささやかな発見であり、誠に心もとない抱負ですが、「糸の道」すら知らなかった芳子と私をともかくここまで導いて下さった皆様に感謝しつつ筆を擱くことにします。

温もりのある布

登 芳子
写真 登 勝昭・芳子

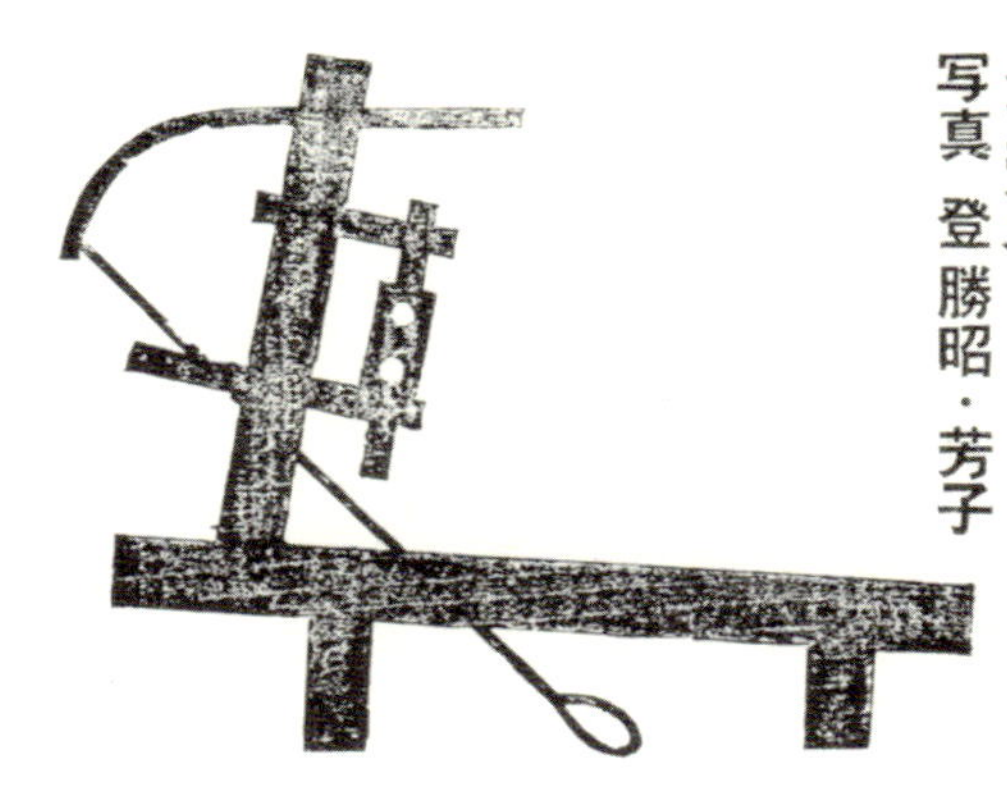

絹にはなり得なかった残りものの繭から、絹ほど上等ではないけれど、手の温もりを感じさせる素朴な布が生まれます。真綿がきゅっきゅっと音をたてて糸に変わる瞬間は目を見張ります。この糸を巻いたり解したりを繰り返して、やがて染めて、最後にようやく織りに辿りつきます。結城紬の真綿から布になるまでを、作業の順を追って辿ります。限られたスペースですし、道具の説明もありませんので分かりにくいかと思いますが、想像を逞しくして、補っていただければばと思います。

1 真綿かけ

紬糸の原料になる真綿は、生糸にならない出殻繭、屑繭、玉繭等から作られる。形により角真綿と袋真綿に分けられるが、紬糸をとるには袋真綿が適している。水を張った盥に煮た繭を浮かべ、一粒ずつ左手にかけてむき、五、六粒むいたら、それを両手で袋状に拡げる。更に綺麗な水の中で手のひらを使って規格の寸法に仕上げて干す。四五～五〇枚の真綿を束ねて一把とする。今は福島県保原産の真綿を使っているが、昭和の初めまでは地綿を使っていた。

2 糸とり

つくしに袋真綿を巻き付け、両手の親指、人差指、中指を使って、端から糸を引き出す。指に唾をつけ、左手で糸を引いては、右手で左に撚る。慣れてくると、次から次へと引きながら撚れるので、速くとれる。紬糸は唾液で固めてあるだけで、ほとんど縒りはかかっていないので扱いが難しい。紬のふっくらとした風合は、この糸によって生まれるものである。一把の真綿を糸にしたものを一ボッチといい、一反の布を織るには六～八ボッチの糸を必要とする。

3 管巻き

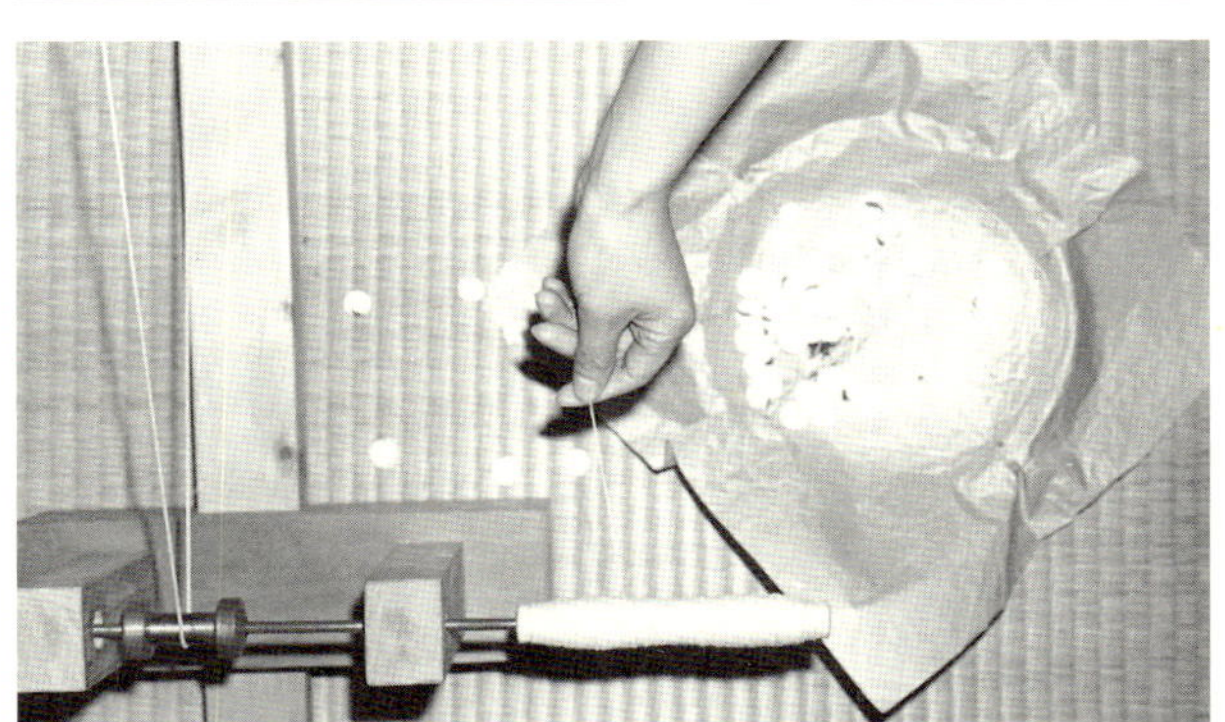

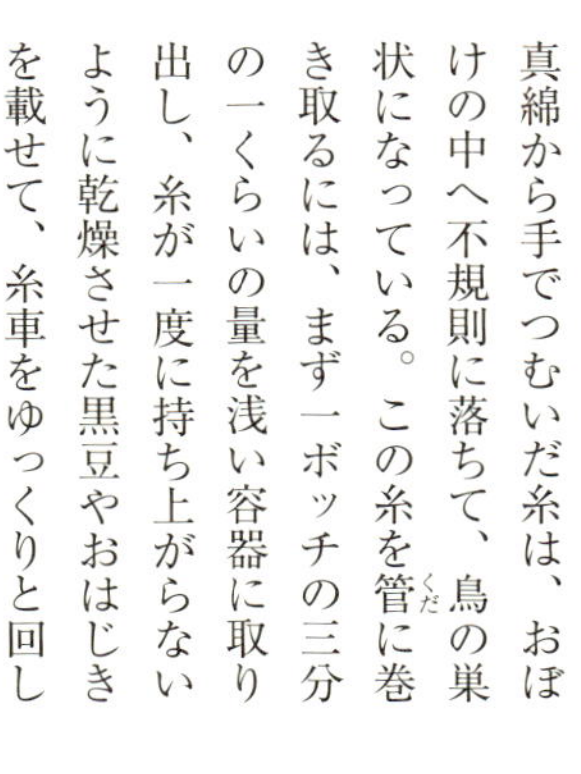

真綿から手でつむいだ糸は、おぼけの中へ不規則に落ちて、鳥の巣状になっている。この糸を管に巻き取るには、まず一ボッチの三分の一くらいの量を浅い容器に取り出し、糸が一度に持ち上がらないように乾燥させた黒豆やおはじきを載せて、糸車をゆっくりと回して大管に巻いていく。勢いよく回すと、糸がもつれてしまって解くのに苦労する。細い所や節のある所は切り取って、機結びで繋いでおく。この作業を面倒がらずにやると織り易く、良い機ができる。

4 糸揚げ

管に巻いた糸は揚枠で揚げて綛にする。これは単純な作業であるが、枠を一定の速度で回すよう心がける。速く回すと糸がつれ、ゆっくり回すと弛みが出て、染める時に糸切れが生じる。枠の周囲は約一三〇センチあるので、回転計を付けて必要な回数を回せば、糸が無駄にならずに済む。ただし、染めると少し縮むのでその分を計算に入れる。糸は綛にすると染め易く、糸の内側まで良く染まり、色むらにもなりにくい。綛にしないで整経の後に染める方法もある。

5 染色

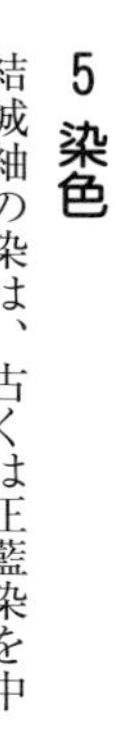

結城紬の染は、古くは正藍染を中心に植物染を併用して、紺、浅黄、茶、鼠を基調色として行われていた。正藍染は藍建した液に糸を浸けて染め、植物染は煎じた液で煮染めにした。爽やかな香りと深みのある色合は、藍ならではであるが、摩擦には弱い。現在では正藍染のものは滅多に見られず、化学染のものが九九パーセント以上を占めている。化学染は細かく縛った絣糸の染めに適し、高い堅牢度と色ものを容易に染める事が出来るため、利用が高まっている。

6 下糊付け

紬糸にはほとんど縒りがかかっていないので、素のままでは織ることができない。経糸に糊を付け、筬の摩擦に耐えられるように補強する。糊はうどん粉で作り、糸にむら無く糊が付いたらよく搾る。染めた時にからみついたケバをよく捌いて、一綛ごと網素を拡げて乾燥させる。うどん粉の量は、乾燥期には糊がきくので少なめにし、雨期にはきかないので多めにする。又、糸の重さや太さ、色合によっても、うどん粉の量を加減し、適量を付けることが大切だ。

7 経糸ほぐし　緯糸ほぐし

経糸にする綛は軽く揉んでほぐし易くし、次の工程（整経）のために大管に巻く。管に巻くのは意外と難しく、疎かに巻くと糸が崩れるので慎重に巻く。初めは管の中央部に巻き、次第に両端に山を作るように巻いていく。最初は鼓形で真中がくびれているが、山が少しずつ内側に移動するように巻いて、最終的には紡錘形にする。緯糸も同じ要領で小さめの織管に巻く。織る時の緯糸の出具合は布の良し悪しにも影響するので、出来れば織る人が巻く方がよい。

8 整経

経糸の長さと本数を揃え、綾をとり、糸の順番を決めることを整経という。整経台の左右の幅を決め、大管に巻いた経糸を木枠に取り付ける。最初は奥の棒に糸の端を2、3回絡めて延べ初め、幾渡りか糸を延べて目的の長さになったら左手で綾をとり、綾は棒にかけて確保する。ここで糸の向きは反対になり、最初に糸をかけた所まで戻る。一度に十数本の管を用いて行えば、速く糸を揃える事ができ、繰り返し行うことによって必要な本数を揃えることができる。

9 本糊付け

整経の済んだ糸は一尋位の輪に束ねて糊を付ける。下糊の付き具合によりうどん粉の量を加減する。むら無く糊が付いたらよく搾って両端を吊り、一反分の長さに伸ばす。糸が一緒に固まらないよう、大まかに分ける。糸の中央に棒を立て、糸に張力をかけて乾燥させる。乾いたら耳糸にスミ印を付けて織る時の目印にする。糊のきき具合は天気や湿度、糸の太さや色合によっても左右されるので大変難しい。付け過ぎても付け足りなくても糸が切れて織れなくなる。

10 筬通し

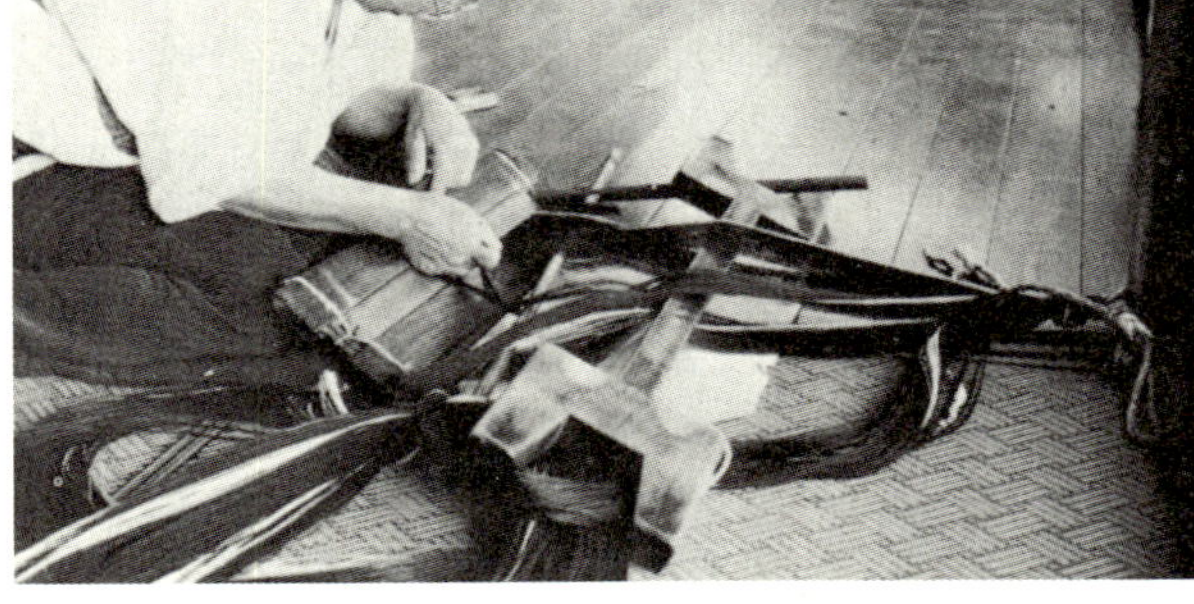

本糊付けの済んだ糸は何本もの糸が糊で固まっているため、綾のある方を筬通しに必要な長さだけ一本ずつ解す。筬は十七算を使用し、筬の中央に糸が通るよう端のあきを割り出す。筬を固定し、糸は綾の順番に、左から一目に二本分ずつ矢筈で糸を押し込んでいく。四〇センチの間に一三四〇本もの糸を通すので時には間違う事もある。部分的な直しで済む事もあるし、間違った所から通し直す事もある。筬は布の幅を揃えて緯糸を打ち込むための道具である。

11 機巻き

筬通しが終わった糸は織機に取り付けるために、男巻に巻き付ける。一反分の長さを伸ばせる広い場所が必要だが、狭い時は二回に分けて巻く。筬が付いていない方を柱に縛り付け、筬の方から巻き始める。機巻きは二人でやるのが望ましく、一人は先分けと言って糊で固まった糸を手で分けたり、櫛でとかす作業をし、もう一人は男巻に糸を巻き付ける作業をする。始めの三メートル位は木の機草を入れて楕円形に巻き、残りは紙の機草を入れてきっちりと巻く。

12 掛糸かけ

居坐機は片口開口なので、下糸の上下運動によって緯糸の道が開けられる。下糸を引き上げるために下糸に木綿の掛糸をかける。掛糸竹の一方には切り込みが入れてあり、そこに五センチ位の棒を挟んで、その長さを利用して掛糸をかけていく。その掛糸竹の上にひごを添えて、8の字を書くように掛糸を回して掛糸を固定する。掛糸竹は招木に吊り下げられており、招木は足曳きに繋がっている。足曳きを引くと、招木が上がって下糸が引き上げられる仕組みだ。

13 織り

居坐機は簡単な構造で、身体が織機の一部を担っている。腰は経糸の一端を吊り、足はふんばり棒に当て、腰を引いて経糸を張る。右手に緯糸の入った大きな杼を持ち、右足は足引きを引いて下糸を引き上げる。右側から杼を入れ、杼の両端を持って杼打ちを二回して左手で抜き取り、右足を戻して、素早く右手で筬打ちを二回する。次は両足を突っ張った状態で、左から杼を入れて杼打ちをし、右手で抜き取り、左手で筬打ちをする。これをリズミカルに繰り返す。

14 検査

織り上った布は、きちんと畳んで結城紬検査協会の検査を受ける。古来の技法を維持し、品質の向上をはかる為、検査標準規格が設けられている。〔品名〕本場結城紬平織、〔原料〕経糸、緯糸共に手紬糸、〔密度〕経糸一三四〇本以上、緯糸三・七センチ間に九〇本以上、〔長さ〕一二メートル三〇センチ以上、〔幅〕耳間三五・五センチ以上。これらの検査に合格した製品には合格証紙が貼付される。これは類似品と区別するための重要な役割も果たしている。

15 糊抜き

結城紬は織上りのまま商品になるので、仕立てる時には必ず温湯で糊抜きをする。完全に糊を抜いてしまうと腰が無くなり、丈夫さも半減するので、最初に糊を抜く場合は糸の芯に多少糊を残す程度に抜く。糊抜きの技術は難しく、紬の風合を損なわないためにも専門家に依頼した方がよい。何度か湯通しを重ねるうちに紬本来の柔らかでふっくらとした風合になってくる。昔は親子三代着飽かしたなどと言われるが、着物は貴重な物だったので、大切に扱われた。

木の布・草の布

文・写真　竹内淳子
写真　須藤　功　登　勝昭　宮本千晴　伊藤幸司

オヒョウの木の皮をはぐ。アイヌの伝統衣服のアツシはオヒョウの木の皮の繊維で織られた（北海道平取町二風谷）　撮影・須藤　功

シナ皮×6倍

コウゾ皮×6倍

フヨウ糸×12倍

シナ糸×12倍

コウゾ糸×12倍

クズ糸×12倍

木の皮と糸と布をクローズアップしてみると……
撮影・宮本千晴・伊藤幸司
(75、76頁写真も同様)

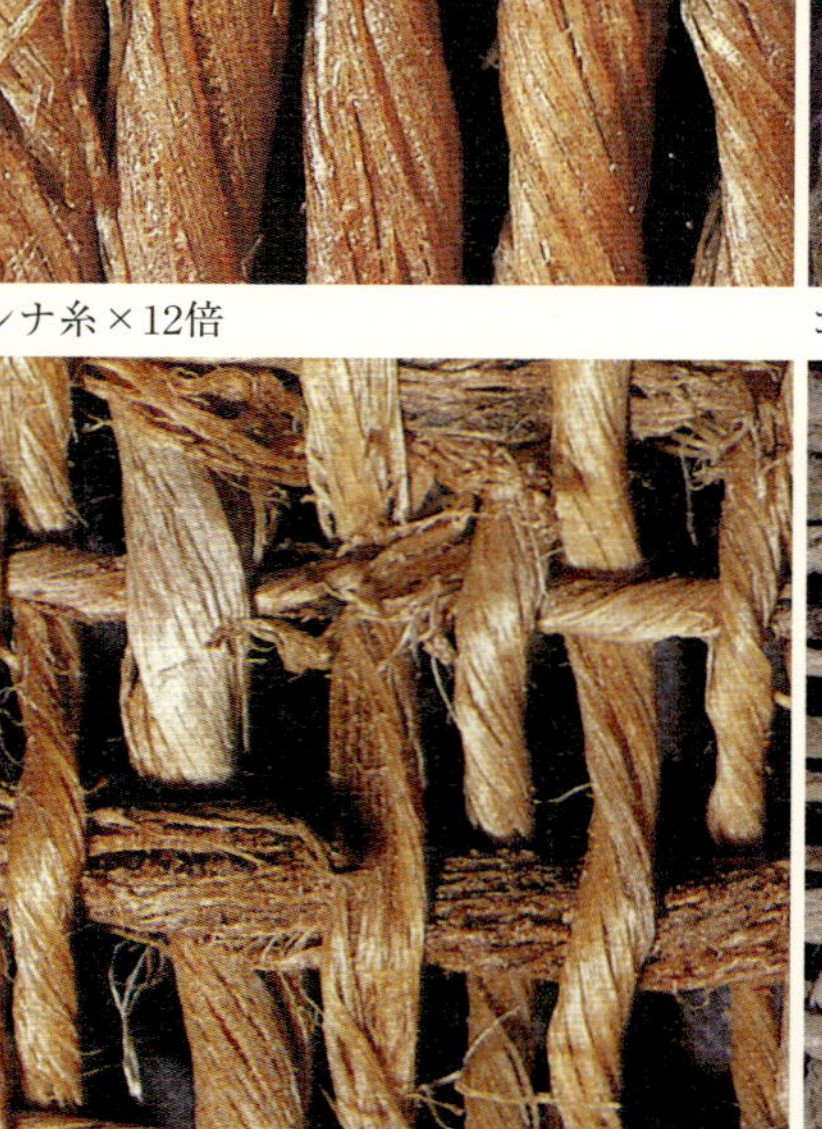

シナ布×6倍

太布×6倍

*

現在、私たちは流行やデザインにとらわれさえしなければ、衣服を手に入れるのにほとんど苦労しないようになった。しかも、それらの素材は化学繊維あり、絹や羊毛、モメンなどの動物、植物繊維ありと、実に豊富である。ところが、そうした豊かさはほんの最近になって、ようやく実現されたことは案外忘れられがちである。

近世以後になってモメンが普及してくるまで、日本の庶民はいったい何を着ていたのであろうか。柳田國男の「木綿以前の事」（筑摩書房刊『定本柳田國男集』十四巻所収）をひくまでもなく、それはアサであった。確かにアサ類は、古代から庶民の衣生活を支えてきた大切な植物であった。しかし、それはあくまで大半であって、すべてではなかったはずである。生育するのに土地を選ぶアサ類が、うまく育たない地方もあったし、アサ類を植えるための余分な耕地のない地方もあったからである。そのため自給自足で生きなければならなかった人々は、生活の周囲のあらゆる木や草から繊維を得ようとし、衣料として利用できる方法をさまざまに工夫してきたのである。

燎原の火のようなモメンの普及は、それまで庶民の衣料の主役であったアサを、その地位からひきずりおろしてしまった。当然のことながら、脇役でしかなかったアサ以外の植物繊維も、その多くは観客の気づかぬままに消えていってしまった。それほど遠い昔のことではなかったのに、まさしくあっという間の消えようであった。おそらく、それらの繊維がふたたび脚光を浴びることはないであろう。けれど、幸いなことにそれらの繊維を布に織った技術や、それを使った生活の記憶はまだ完全に消えてしまったわけではない。ここでは、わずかに残されている記録をたどったり、技術の復元を試みている村を訪ねたりしながら、モメン以前の庶民の衣生活を充足させてきた、いわば古代繊維の活躍の一端にふれてみたい。

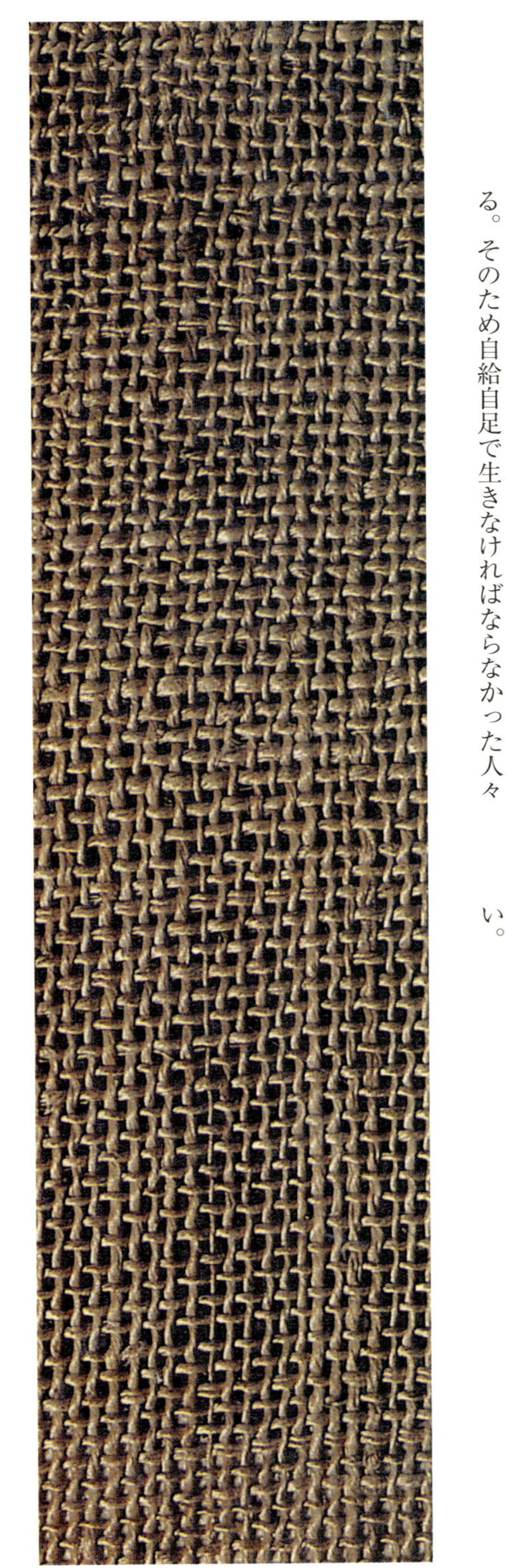

藤布

太布という布

たふという言葉がある。谷川士清（一七〇九〜一七七六）の著した、江戸時代の国語辞典、『和訓栞』に、「たふ　太布の音也。たふというのは重言なりといへり。されど、信濃国伊奈山中にいふたふぬのは、こうぞの皮もて織りて服とす（ルビ・傍点筆者）」とある。

また、本居宣長（一七三〇〜一八〇一）は『玉勝間』に、「いにしへ木綿といひし物は、穀の木の皮にて、そを布に織りたりし事、古はあまねく常の事なりしを、中むかしよりこなたには、紙にのみ造りて、布におることは、絶たりとおぼえたりしに、今の世にも、阿波ノ国に、太布といひて、穀の木の皮を糸にして織れる布有、色白くいとつよし」と記している。

徳島の学者、野口年長（一七八〇〜一八五八）の『粟の落穂』には「翁（本居宣長）の説の如く、この太布は穀の皮もて織れるものにて、麻布にはあらず。麻植郡の山々、また美馬郡の一宇山、三好郡の三名・山城谷・那賀郡木頭山（いずれも徳島県）などより織り出し、また土佐ノ国よりも多く織り出せり。（中略）さて太布といふ字音はフトヌノとなりと、人みなこともなく思ふべけれど、タフといふは原はタへといひし言の、へとフの音の近きより転じたるにて、太布の字は仮字書きなりしを…（註・ルビ・傍点筆者）」とあ

アサ布×10倍

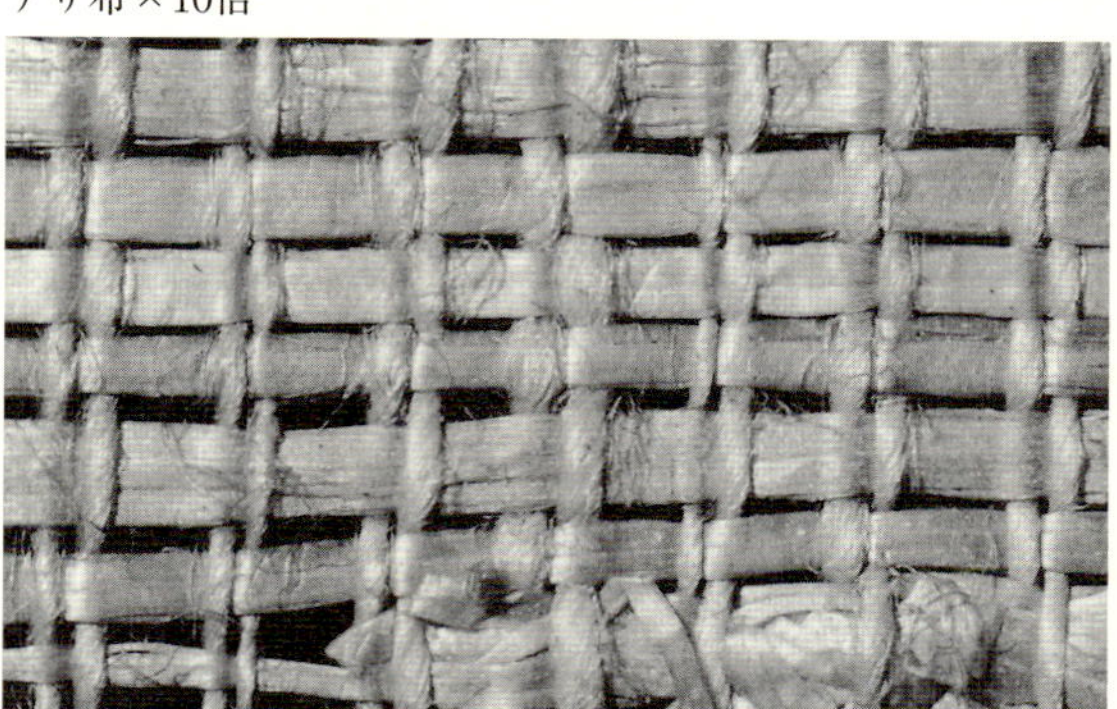

クズ布×10倍

アツシ布×10倍

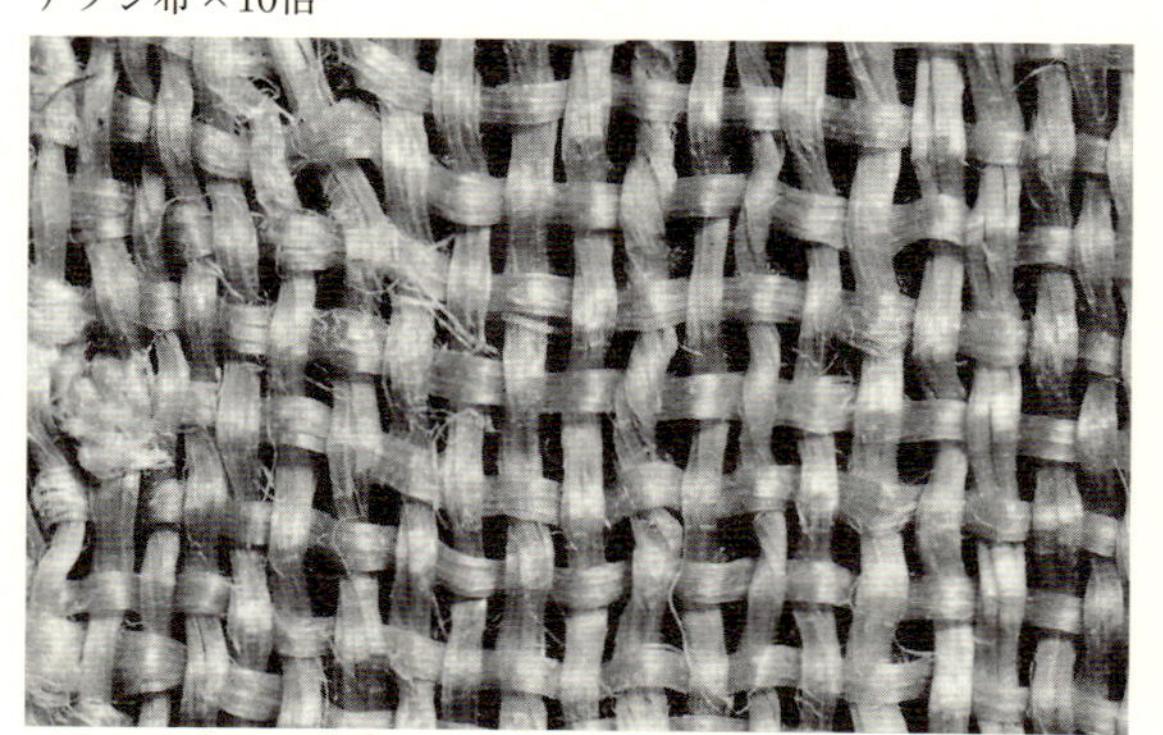

バショウ布×10倍

る。

　最初から、いささか長い引用であるが、これらをみると、たふは太布の字をあて、コウゾやカジの木の皮からとった繊維から織った布であることがわかる。

　ところで、樹木の皮といってもその外皮はごつごつと固くてもろく、とても衣服の材料とするわけにはいかない。繊維として利用されるのは、靭皮といって外皮の下にある柔らかな内皮の部分である。同じ植物繊維であっても、モメンは綿をつむいで糸にするが、これらは靭皮をできるだけ細く裂いて糸にする。このように、植物の靭皮を利用するものを靭皮繊維というが、これにはアサ類も含まれている。

万葉人が着た衣

　本居宣長は、古はカジの木の皮で布を織るのが常であったとしているが、その古の時代、『万葉集』巻五に、山上憶良（六六〇～七三二）の「貧窮問答歌」があり、
「風雑り　雨降る夜の　風雑り　雪降る夜は　術もなく
寒くしあれば（中略）　麻衾　引き被ふり　布肩衣　有
のことごと　服襲へども　寒き夜すらを　我よりも　貧
しき人の　父母は饑ゑ寒からむ　（中略）　綿も無き
布肩衣の　海松の如　わわけさがれる　襤褸のみ　肩に
打ち懸け（後略）」とある。
　代表的な万葉歌人のひとりである憶良は、遣唐使として唐に渡り、新しい思想の影響をうけて帰朝したが、下級貴族の出身であったために栄達は望めず、その関心は庶民の生活にむけられたので、この歌は当時の庶民生活の実態に近いものを表現しているといえるだろう。
　この歌から万葉の人々が着ていた衣服の素材について具体的に知ることはできないが、麻衾という言葉が使われているところからすれば、当時の夜具や衣服にはアサの類が多く使われていたと思われる。ところがアサといっても、繊維として利用される種類は多く、代表的なものではアサ（大麻）だが、その他にカラムシ（苧麻）があり、野生のイラクサ（蕁麻）がある。
　衣料としてのアサの歴史はとても古く、織物としては世界最古の遺品とされているのもアサで織った小片で、これは紀元前四四〇〇年ころと推定されるエジプトの遺跡から発見されたものである。
　日本では、縄文土器につけられている縄文や布目の圧痕から、このころすでに縄がなわれ、織物が織られていたことがわかる。しかし、その繊維が何であったかについては、アサやカラムシの他に、コウゾやカジ、さらにはシナノキ、フジ、クズなどの靭皮繊維も当然考えられるので、必ずしもアサが最も古かったとは断定できない。ただ、縄文晩期の遺跡からアサの種子が発見されたり、弥生時代の遺跡からカラムシの平織りの布片が発見されたりしていることからすれば、古くからアサ類の織物が作られていたことは容易に想像できる。また、『万葉集』巻七にも、
　麻衣着ればなつかし紀の国の　妹背の山に麻まく吾妹
とあって、アサ類が栽培されていたことを語っている。

オヒョウの皮で績んだ糸の整経（織機にかけられるように縦糸を整える）作業（北海道平取町二風谷）撮影・須藤 功

上　からむしの刈り取り

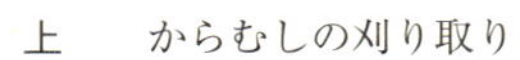

左下　刈り取ったからむしは、できるだけ早く冷たい水に浸ける

右下　からむしの繊維を陰干しにする。繊維は光沢があって美しい

（いづれも福島県昭和村）

おそらく、アサやカラムシは他の靱皮繊維にくらべて肌に柔らかく、着心地がよかったために、わざわざ手間をかけて栽培されたのであろう。

とはいえ、当時の人々が自家用にしていた麻布は、織りの技術もまだ稚拙で、粗末な布ではなかったろうか。織りの技術が向上してくるのは、大宝律令（七〇一年制定）で、麻糸や麻布が絹とともに現物租税である庸・調のひとつとして定められたことによるのではないかと思われる。

『万葉集』に見る靭皮繊維

『万葉集』に現われる繊維はアサ類ばかりかというと、そうではない。

つのさはふ磐余の山に白栲に　かかれる雲はわが大君かも　（巻十三）

白栲の吾が下衣失はず　持てれ我が背子直に逢ふまでに　（巻十五）

とある白栲。この栲はコウゾを示す国字で、現在では栲の字が使われることが多い。

ただし栲はもともとヌルデを意味し、ヌルデから繊維をとることはなかった。白栲とはコウゾの靱皮繊維で織った布のことで、これは水にさらすと白く美しくなった。そのために、白妙、白細布などとも書き表し、さらに「しろたえ」は雪、雲、波、羽などの枕詞として、多くの歌に使われることになった。

コウゾ以外のカジ、シナノキ、フジ、クズの繊維で織ったものは、さらしてもコウゾの布ほど白くはならず、褐色で、織り目も粗であった。そこでこちらは「あらたえ」とよばれ、荒栲、粗栲、荒妙などとあてられた。後になって、カラムシやイラクサで織った粗い布をも「あらたえ」というようになり、広い意味で庶民の粗末な衣料をもさすようになる。

また、「あらたえ」に対しては、「にきたえ」という言葉がある。和細布、和栲などをあてるが、この布は織り目が密であるうえに、砧で打って柔らかくし、さらして白くしたものである。

このようにみてくると、「しろたえ」「あらたえ」「にきたえ」は、いずれもコウゾ=栲、もしくはそれに類する植物の靱皮繊維で織った布で、栲布といえるものである。このたえふがたふとなり、太布という字をあてるようになったというのが、前に引いた野口年長の説である。現に、徳島県の祖谷地方や木頭村ではコウゾやカジはも

カナゴという刃物を使って、からむしの外皮をとる（福島県昭和村）　撮影・登　勝昭

ちろん、カラムシで作った布をも太布といっていることなどから、私も野口説に従いたい。

しかし、太布の語源については他にも諸説がある。例えば、日本ではかつて粗製の織物を太物（ふともの）といったので、粗製の靭皮布に太の字をあてたとする説。また、ポリネシア、ミクロネシアなどの太平洋の島々、アフリカ、インドネシア、南アメリカなどの赤道地帯では、樹皮を叩いて作る不織布があり、タパと総称されている。これはコウゾやカジと同類の植物から作り、衣料とする他にカーテン風に使ったり、織物と同じ目的に使われる。太布すなわち栲布も古くは織物ではなく、タパと同じ不織布ではなかったか、とする説もある。また、中国では厚手の織物を大布（たいふ）または荅布（とうふ）というところからきたとする説。それに関して、タフはイラン語起源の外来語で、日本へは中国を経て伝わってきた。中国で搨布（とうふ）や荅布というのはコウゾやアサの繊維を布にしたもので、それは日本の太布と同じである。タフの語は西へも伝わり、タペストリー（壁かけ）のＴａｐの音になったという説もある。

いずれにしても、古代の太布の実物が伝世していないために、織物としての実体については不明なことが多い。しかし、実体は消えても、残ったたふという言葉を通じて、世界中のあちこちで、同じような素材から同じような方法で衣料を求め、作りだそうとしてきた人々の努力が、見えない糸で結びあわされているようなロマンを感ずるのである。

太布が甦る村＝徳島県木頭村

木頭は奥深い山の中の村

役場の佐々木さんから、「まだ幼い鶯の声が春を告げる山里に、ほんの時折、機を織る音が、那賀川のほとりの創芸館からきこえてきます」という書き出しの、達筆の手紙を受けとった。事務的なことをお願いした私への返信なのだが、この手紙を見ているうちに、今年（一九八二年）の一月初旬の何日かを木頭村で過したことが想い出されてきた。

木頭村は四国第二の高峰、剣山（つるぎさん）の南麓にあって、交通の便はバスのみである。国鉄徳島駅前を出たバスは、那賀川の渓谷をさかのぼり、三時間半余りかかって村の中心の出原（いずはら）に着く。ここから村はずれの日和田（ひわた）へは、さらに二〇キロ。日和田の一千メートルもある峠を越えると高知県である。木頭村の西北に隣接する村は東祖谷山（いややま）村で、平家伝説にいろどられた秘境の地として知られる。

こうした山地の木頭村は、全国でも有数の林業地帯で、それだけに農地は非常に少なく、村の総面積（二三二・〇八平方キロ）のわずか〇・七パーセントにすぎない。昭和五七年一月一日現在の戸数は八〇五戸、人口は二、〇五四人である。開村の歴史はわかっていないが、年代のはっきりしている最も古いものは、和無田（わむだ）八幡宮の応永八（一四〇一）年の棟札（むなふだ）だそうである。

今でこそ林業地帯といわれているが、江戸時代の山地は、切畑（きりはた）という村民の焼畑開墾地の他は、ほとんど全部が徳島藩の御林として領有されていたので、村民の貧しさはひどいものであった。当時の上山村（現在は木頭村に合併）の総人口三〇〇〇人の頼っていた耕地六五町歩の生産力を、仮に現在の二分の一以下、しかも実質年貢を六割とすると、耕地から得られる一人当りの食料はまことに貧しいものであったろうと想像できる。

『木頭村誌』（昭和三六年刊）に引用されているその当時の報告書に、「木頭上山村之義田畑無数伐畑作ヲ以渡世相凌居申村柄ニテ……」とある。その切畑を行なう村民の所有林さえも、順次藩の御林に編入されて、実質上の所有権を失っていった。そのため、土地を持たない名子、下人の数が非常に多く、村によっては名子の数が六割に達していたという。また、人口構成をみても子供の数が比較的少なく、貧しさによる幼児の死亡や、間引きすらも行なわれていたと思われる。

当時、衣服はもっぱら太布が用いられていた。ところが太布の原料となるコウゾは、また和紙の原料でもあったから、小物成（雑種税）として藩に納めなければならなかった。『木頭村誌』によれば年代は不明であるが、年貢用としてコウゾを増株せよという命令が出されたことがあったという。それに対して村では、土地に限界があってこれ以上の増株は無理である。強いてとあれば太布用のコウゾをまわさねばならないが、そうなると自分たちの衣服が不足してしまう。「山分之者共ハ太布着不仕候而ハ山働ハ勿論畠作業も一向相調不申候…」と、太布がなければ仕事もできないとし、また、コウゾを績（う）んで糸にするのが老人や婦女子にとって、夫役銀や上納な

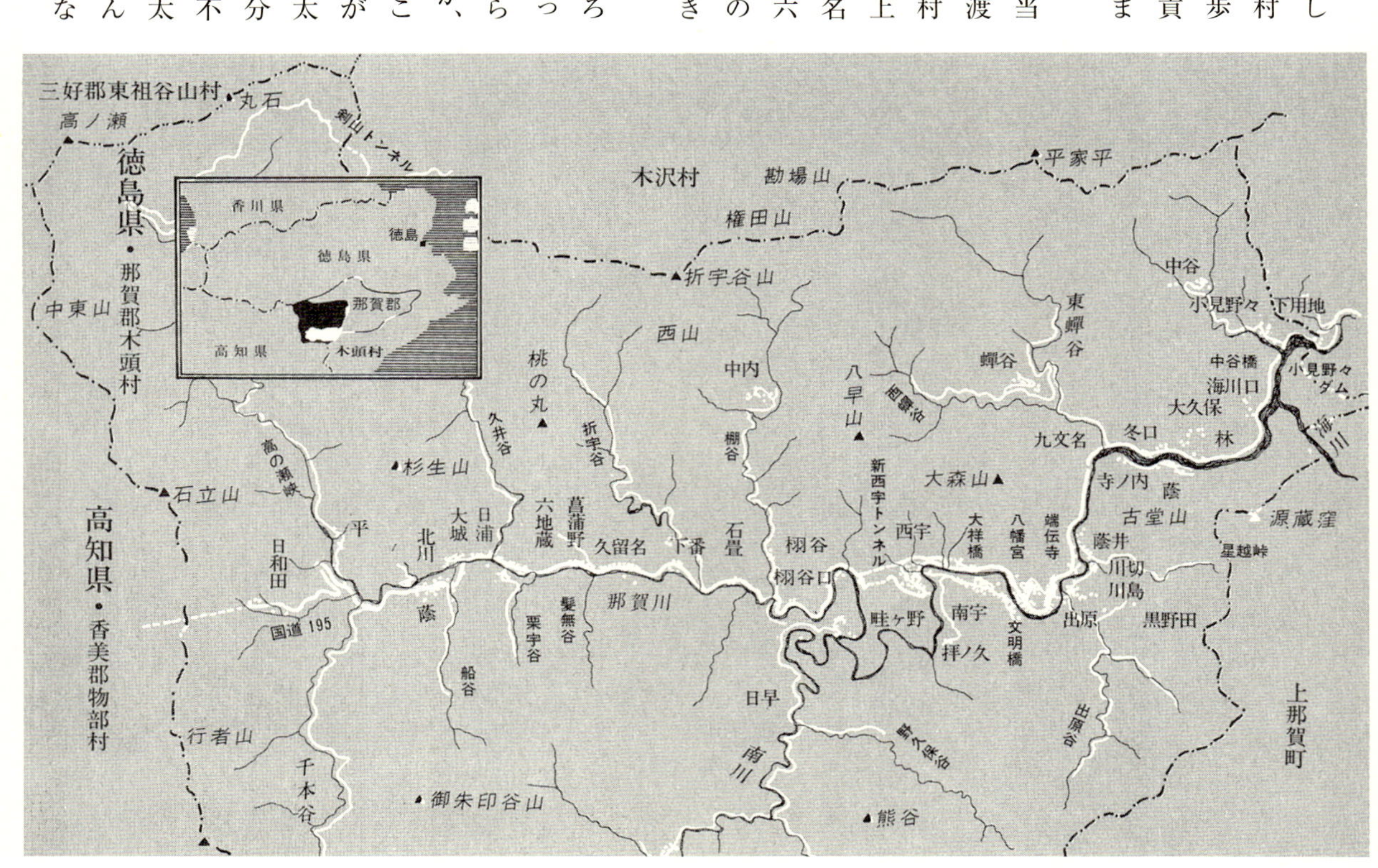

四国第2位の高峰剣山（1955m）の懐に抱かれた徳島県木頭村の中心地出原の集落

どの現金を稼ぎだす重要な仕事であるから、「太布無御座候様相成候てハ老人子供之儀ハうへ仕より外無御座候」と、激しく訴え、抵抗している。

その木頭村が現在のような林業地となったのは、明治維新に際して藩の御林が国有林に編入される前に民間に払い下げられ、それがそのまま村の共有入会地となり、明治二〇年ころになって個人有に分割された。その土地に、明治三〇年ころから杉を植えることが流行したことによる。食料事情が悪かったころを知る老人たちの反対はあったが、当時の若い世代の積極的な山地経営法が実ったのである。

明治二〇年の上山村の村長、田中耕太郎の報告書には、「習俗凡テ農人ニシテ　男女トモ耕作ヲ業トス。男女ハ余業ニ職工アリ。又ハ日傭仲持（荷物を運ぶ運搬人＝筆者註）等アリ。女子ハ太布ヲスルナリ。又男女トモ農業ヲナスニ太布ヲツケルナリ。祝祭日ノ外ニ女子ニシテ大帯（ふつうは紐状の細い帯をしていたが、晴れ着には大帯、つまり幅の広い帯をした＝同）ヲ纏ハズ」とあって、林業の基礎が築かれようとするころでも、衣生活に関しては、江戸時代と大きな変化がなかったようである。

木頭へのバス道は国道一九五号線であるが、これは昭和十七年に林道として開かれたもので、これによって林業の開発が一段と進んだ。これより少し前の時期に、木頭村の北川と高知県の土佐との間に道が開かれ、土佐から海の魚を積んだ自動三輪車が入るようになった。ともあれ、昭和の初期までこの村に車は走らず、馬ですらも珍しかったために、荷物はすべて人の背で運ばれていたのである。その道は那賀川の渓谷の絶壁の中腹を縫うようにつけられ、霧深い峠を越えて歩いた。危険なところは随所にあるが、日浦から大城、北川に至る道はとくに危険で、人が落ちて死ぬようなこともあったという。現在はコンクリートで固められた道になったが、道の傍らに不動明王の石像があり、「嘉永七年」の文字が読める。同じように菖蒲野（しょうぶの）と六地蔵との間にも、二基の石碑がある。おそらくそこを往来する人の身の安全を願ったものではないだろうか。

外との往来が困難な村の生活がほとんど自給自足であっても、どうしても自給できないものがあった。それは塩である。木頭への塩の道は、太平洋岸の鞆浦（ともうら）から海部川を舟でさかのぼって、皆ノ瀬（かいせ）、海川を経て入ってきた。米も同じである。村人はコンニャク玉やシュロ皮を背負って皆ノ瀬まで行き、塩と交換して村へ帰ってきた。シュロ皮は一〇枚を一把として三〇〇把を、コンニャク玉なら五貫目から六貫目をかついでいったという。交換の基準はシュロ皮一〇〇枚と塩一俵（二斗）がふつうであった。

木頭村の生活を支えた太布

太布に関して、明治二八年二月一八日の木頭村役場の文書『農商務統計表進達上申』に、「本村ニ於テハ太布ノ外ニ別ニ織物類無之、且ツ太布ハ本村一般ニ渉リ織物等ハ限リ難ク三百戸悉ク多少ハ製造スル者ニ付キ、工女ヲモ一戸平均一人トシ……」とあって、村のどの家でも太布を織っていたことが知れる。

また、『木頭村誌』には太布の製造反数についての記録があり、それは次表のようである。

時代	一反の値段	製造反数
幕末ごろ	二五匁三歩	不明
明治一七年	不明	不明
明治二八年	不明	四五〇反
明治三二年	七〇銭	七五〇反
明治三六年	八〇銭	八〇〇反
明治四五年	一円	一八〇〇反

これをみると、明治末期になって急激に太布の生産が増大しているが、それは明治中期ころから村にモメンの行商人が入ってきて、モメン織物と太布を交換していくようになったからである。モメン織物は「阿波シジラ」であった。シジラというのは一種の縮み織りで、明治三年に徳島の海部ハナが創業したといわれるもので、モメンの織物に凹凸があり、夏着に好評であった。そのころ徳島市は全国有数のモメン織りの産地で、ことに明治期は失業武士の家内の手内職として、各戸が賃織りをしたのである。そのモメンが、ようやく木頭に入ってきたのであった。

当時の状況は、玉置繁雄の「阿波国木頭山土俗」（『人類学会雑誌』十七巻　明治三四年）に、「太布、木頭太布として名高し。実に阿波国は太布の産地なり。今も木頭に於て織り出す。されば数年前までは一般に着用したりしも、其の後、木綿の多く用ひらるるに至りてよりは、勢力とみに減少し、今は僅かに其のあとを留むるのみばかりにて、ただ労働のとき着服するのみ」と報告されている。

ところが、前出の表でみる限りでは、玉置の報告がなされたころには、太布の生産は増加しているのである。が、それらは自家用として着用するためではなく、モメンとの交換物資として生産されていたのである。明治四五年の太布生産は一、八〇〇反となっているが、同年の「輸出貨物表」によると、太布の村外移出もまた一、八〇〇反と記録されている。もちろん、生産反数と移出反数が同じだからといって、暮しのなかから太布がまったく姿を消したわけではない。山入り用の仕事着には相変らず太布が着られていたので、自家用として必要な分は織られていたと考えられる。太布は洗濯をすればするほど繊維が柔らかくなって、織り目がつまってくる。そのため、新しいうちは風通しがよいので夏用に、着古したものは冬用に着たのである。ただ、従来のように太布をすべてとする衣生活ではなくなってきていた。

また、衣服以外にも太布の使いみちは多く、この時期になっても生活には太布が必需品だったのである。その第一がモジ袋（角袋）とよぶ穀物袋で、穀物の運搬には欠かせない道具であった。また、豆腐や醤油を作るときの絞り袋も太布が利用されていた。太布のこうした袋は、木の繊維らしくまことに強靭であった。その強靭さゆえに、畳の縁布にも使われたのである。畳の表と裏に使い、さらに次の新しい畳の表と裏に、つまり畳二代はもったのである。その太布にも弱点はあった。水に弱いのである。弱いといっても繊維が切れやすくなるということではなく、山仕事の衣類が雨にあって濡れてしまうと、布の持つ張りを失ってしまうのである。それに比べて肌に暖かいモメンはありがたい素材であった。

衣服にしない太布でも、袋用や畳の縁布用として、織れば必ず売れたのである。太布を売りモメンを買っても、太布のほうがやや高く売れたので、モメンの反物と利益の現金の両方を得るために太布は織り続けられたのである。

モメン織物と交換しなくなった昭和初期でも、自家用のモジ袋などのためには織られていた。やがて、それすらも作らなくなったころ、戦争が始まって衣料が欠乏してくる。消えかかった太布は、再び織られるようになったのである。戦争が終り、衣料の不足が感じられなくなって、手間のかかる太布を織る人が消えるようにしていなくなったのは、そろそろ昭和三〇年を迎えようとするころであった。

カジを断つのは男の仕事

木頭村で太布の復元が企画された。「老人の生きがい事業」として、村役場が音頭をとったのである。その中心となる仕事場として、那賀川のほとりに瀟洒(しょうしゃ)な館(やかた)「創芸館」が建った。戦争中に太布を織ったお年寄りたちが健在であることが、なによりであった。伝統の太布を習うのは四〇代、五〇代の若い婦人会の人々である。

「材料の木を今年は一月七日に伐る」と、村役場の佐々木さんから連絡を受け、私はその前夜に出原に着いた。その旅館で、山に杉の木を伐りにきたという人たちと一緒になった。彼らは木頭に生まれて、今は徳島市内に住み、木材の会社に勤めていると言った。二〇代から四〇代の若い人たちで、太布については知らなかったが、その材料がコウゾやカジであると話すとにわかに関心を示して、そのうちの一人がこう言った。

「コウゾはとっても強い木で、コウゾの根を掘り出さないまま杉を植えるでしょう。何十年かして杉を伐ると、コウゾの根に太陽の光が当たって元気な芽を出すんですよ。杉の木の下で太陽の光が当たらないときでも、根は何十年も生きてるんですね」と。

翌日の早朝、トラックや乗用車に分乗した創芸館の木工部の男性や、婦人会の人たち十二、三人とともに、山に向かった。その車の中で、木頭村ではむかしコウゾをニカジといい、カジをクサカジと呼び分けたと聞いた。コウゾは蒸してから皮を剥ぐので煮カジというのだそうで、クサカジは野生のものが多く使われたからだという。小物成であったコウゾは藩に納めなければならなかったが、明治維新後の一時期も製紙原料として高知方面に高く売れていったから、自家用の太布には野生のものを使っていたのであろう。しかし、現在ではコウゾもカジも「カジ」と呼んでいるそうである。

山に行く途中で、伐採したカジをくくるためのクズを伐った。そういえば、カジもクズも伐るといわずに、「クズ断ち」「カジ断ち」というように、断つという言葉

を使っていた。そのクズは国道の脇にいくらでも生えていたのである。

カジ断ちをする山は、出原から徳島寄りに五、六キロ行ったところであった。車を止めて、佐々木さんはその山の中腹の一軒の家を指さして、「あの辺です」といった。その家の周囲はきちんと石積みした段々畑になっている。あとで知ったのだが、カジはこの段々畑の縁に植えてあった。畑地の少ない木頭村では、大切なカジであっても、小さな畑地の周囲に植えるしかなかったのである。山に行ってカジ断ちをすると佐々木さんから聞いたとき、私は勝手に深山に分け入って行くことを想像していたのである。それが、国道に添った山で、しかも人家の近くの畑のカジ断ちであることを知って、少しガッカリしてしまった。

とにかく家を目指して山道をたどった。ところが道は意外なほど急傾斜。しかも、ほとんど直線に近い状態で登ってゆく。家があり、畑があることで山を低いと思ったのは下から上を見上げたからであって、家の前の畑に立っていま来た国道を見ると遥か下にあり、目の高さに山々の峰が重なりあっていたのである。

良い繊維のとれるカジは分枝が少なく、しかもまっすぐに伸びたものを選ぶのだそうだ。伐り方にもコツがあると、同行の男性たちは言う。彼らの鎌の扱い方には自信が見える。山入りの服装をきちっと着て、タヌキの皮の尻当てをしてきた本格派の一人が言うコツは、木の株の根元から五、六センチ上をスパッと水平に、一気に伐るのだそうだ。一気に伐らないと切り口が斜めになって、外皮がはがれて靭皮をいためたりする。そうなると、よい糸はとれないのだそうだ。私も鎌を借りて伐ってみた。最初はなかなかうまくいかなかったが、馴れてくると面白いように伐ることができる。一株のカジから約十二、三本の幹が出ているので、思ったより能率はよい。まわりを見まわすと、それぞれが黙々と伐っていて、やがて畑の中央にカジが積みあげられてゆく。夢中になっていた私には、あっという間に終ったように思えたが、すでに四時間ほど経っていた。

タヌキの皮の尻当てをしていた人は、馴れた手つきでカジを束ね、ひょいと肩にかついで急傾斜の山道を下りていった。こんなことは馴れているから、と言っていたが、昔からカジ断ちは男性の仕事であった。

それにしても、各自がカジの束をかついで山を下るのは大変なことだ、私は内心おそれをなしていた。なにしろ、荷がなくても滑り落ちそうな山道である。幸いなこ

上　カジ断ち作業。良い繊維がとれるカジの木は分枝が少なく真直ぐな木
下　断ったカジの枝の束

谷を渡して張られたワイヤーで材木や畑作物を運ぶ。これでカジも運んだ。背後の山々は1000m以上の標高がある

とに、畑の持主が自家用のワイヤーを動かしてくれることになった。カジの束は高々と吊りあげられ、やがてゆっくりと国道のトラックの傍らにおろされた。そこには、先ほどカジを背負って下った人が山の上の私たちに向かって手を振っていた。ワイヤーのない時代には、誰もがカジを背にして下ったのであろうが、その足の早さに驚かされてしまった。聞くと六〇歳は過ぎているという彼は、「このくらいは辛い仕事のうちに入らないよ」と笑っていたけれど。

背後の山は標高一二〇〇メートルだという。遠く、私の目の高さに見える山は一〇〇〇メートル以上はあるのだ。その山に黒い雪雲が覆ったとみる間に、こちらにも雪が激しく降ってきた。山の中腹の、視界を失いそうな吹雪の中で、寒さが足もとから襲ってきた。

カジを蒸して皮をはいで

断ってきたカジをコシキの直径に合わせてくくり直したら、五束あった。蒸す場所はどこでもよいのだが、木の束を置いたり、蒸し終ったカジの皮を剥ぐ場所が必要で、そのような場所のゆとりのあるところを選んで窯を築く。窯には直径九〇センチほどのハタソリ（平釜）をのせ、湯をわかす、このハタソリに束にしたカジの梢部を上に、根元部を下にして立て、コシキ（蒸し桶）をかぶせる。この場合、長いカジでも切らずに梢部を折り曲げて束をつくる。コシキは下部の口径八〇センチ、深さ一・八メートルの大きな桶で、吊り鐘のように太い紐で吊りあげ、吊りおろす。

コシキでカジの木を蒸す。蒸しあがるまで2、3時間かかる

蒸している最中に、コシキとハタソリのすき間から蒸気が漏れないように藁で作った輪を置く。蒸しあがる時間は、火の調子にもよるが二、三時間はかかるという。充分に蒸せると一種独特の臭いがしてくる。それを目安にコシキを吊りあげ、もうもうと湯気を立てているカジに、バケツ一杯の冷水をかける。こうして水をかけると皮が剥ぎやすくなるのだそうだ。

カジを蒸す準備が創芸館の近くで進められている。築かれた窯のそばで燃料の薪木を割っている人。コシキを上下させるための紐の調節に懸命な人。婦人会の人たちはござを敷いて、皮剥ぎの準備。総指揮者格の曽根さんは、別の窯で平釜に木灰を入れ、剥いだカジ皮の灰汁煮の準備である。木灰と水の割合は、木灰の質によって異なるのだろうか、確かなことは知られていないけれど、灰の分量が多すぎるとカジの繊維が溶けてしまうのだそうだ。

太布を復元する企画は、今年で三年目を迎えるというが、見ていると仕事の分担が非常にスムーズで、それが私には不思議でならなかった。少なくとも三〇人ほどの集団が、それぞれに仕事をしているのだから、指図をする人やされる人の声が聞こえそうだが、それがないのである。遠慮して手を出さないという人がいるわけでもない。外部の私には知るよしもない村のルールの微妙なバランスによって、ほどよく和が保たれているのであろう。誰の顔も輝いて、太布作りの行事を皆で楽しんでいる雰囲気なのであった。

カジの皮を剥ぐのは、おもに女の仕事である。三時間

カジの皮を灰汁で煮る

蒸しあがったカジの枝の皮をはぐ

揉んで柔らかくなったカジを川の中で外皮がとれるまで洗い、そのまま流れに一晩つける

蒸しあがったカジの皮に籾殻をまぶし、木槌で叩いて外皮をはがれやすくする

ほどで一回目のカジが蒸しあがった。おもいおもいの場所に坐って剥ぎだすのだが、それが結局、カジを中心にしてゆったりとした輪をつくるような形になっていた。皮は根元の方から一気に引くと、面白いようにくるりとむける。それほど難しいことではない。十二、三人の女性たちの手で、一時間半ほどでひと釜分のカジの皮を剥ぎ終った。

蒸して皮を剥ぐまでの工程は、太布用も製紙用も同じである。ちがうとすれば、太布用の場合は剥ぐときの勢いで外皮がばらばらととれた方がよいが、製紙用のものは外皮をなるべく損なわないように、きれいに剥ぐのである。もちろん、製紙用にも外皮は不用なのだが、商取引で見た目がきれいなためにつけておく習慣のようである。

剥いでいる間に二回目が蒸されているのだが、カジの上にサツマイモをのせてくれた人がいて、カジが蒸しあがるころには、ちょうど三時のおやつになった。そんな風景にも、もう太布を日常には着ることもなく、ただそれを作ることをひたすら楽しんでいる暢びやかさが感じられた。

剥いだ皮は木灰汁で煮る。これも何時間という測り方はせず、皮を両手で横に引いてみて、繊維が網の目のようになるのが頃合いとなっている。煮あがったものに籾殻をまぶし、手で揉

上　水に浸したカジの皮を野外にひろげて凍らせる。十分に凍った皮ほど良い繊維になる
左　カジ績み。皮を細く裂いて、指先で縒（よ）ってつなぐ

み、足で踏み、木槌で叩いて外皮を取りやすくしながら、しかも根元の堅い部分を柔らかくこなしてゆく。これを川原に運び、川に流すようにしながら外皮がとれるまでよく洗い、流れに浸したまま一晩おくのである。

結局、この日私が見ることのできた作業は、早朝のカジ断ちからここまでであった。

それ以後の作業はどう進められるかというと、外皮のとれた皮を野外にひろげ、数日間そのままにして凍らせる。充分に凍ったものほどよい繊維になるということで、凍り方が不充分な場合には熱湯に浸して、もう一度野外で凍らせるのだという。次にそれを乾燥し、木槌で叩いて柔らかくして保存する。

女の指先で木の皮が糸になる

糸にするのをカジ績（う）みという。カジ績みを教えてあげると約束してくれていた榊原アサさんが、私の姿を見つけるとニコニコしながら手招いた。

アサさんは明治二四年一〇月の生まれだから、満九〇歳である。杖の替りに手押し車を使えば、川の向こうの家から一人で歩いて創芸館に来るほど達者で、よく澄んだ声で話す。アサさんは大きな風呂敷包みを持ってきた。包みの中からアルバムを出して、「これがわたし」と言った。それから、むかし織ったという目の細かい美しい太布。モジ袋を見たいと言った私の言葉を忘れずに、八、九〇年も使い続けたという穀物袋、それに草餅、小豆餅、黄粉餅。「旅館で一人じゃ淋しかろ。夜に食べさっしゃい」と。

アサさんは、私によくわかるようにと気を使いながら、カジ績みをしてくれた。

「まず皮をてぐって（裂いて）細くして、継いでいくの。糸の先をこれくらい（二センチほど）割って、（右手の）親指と人差指に唾をつけて、（その二本を）手前の方に掛るの。その間にもう一方の糸の先を入れて、今度は三本合わせて向こうに縒るの」

「そうじゃ、上手になると継いだところが短くても、引っぱってもとれませんのじゃ。そうそう、継いだところは縄のようになってますわなあ。縄のように縒るんじゃけん。こうして次々オゴケ（桶）にたぐりこむの。縒りはブンブン（糸車）にかける。縒りをかける糸は、少し湿らせておくと具合いがいいんじゃね」

糸車の調子を直し、績んだばかりの糸に縒りをかけてみせてくれた。ふつう、縦糸（経糸）は五回、緯糸は四回縒りをかけるのだそうだ。

子守りして、木綿を背負って

アサさんと並んでカジを績みながら、アサさんの話に耳を傾けた。

「わたしはなあ、男五人、女二人の七人兄弟でした。男の子は学校へやったが、女の子は小学校を出るとすぐ、子守り奉公にやらされたけん。七歳のときだとおもうとります。夕方になると家が恋しゅうて、空を見上げながら、お父、お母といって涙を流しながら子守りをしたもんです。今みたいにオモチャがないですから、ブリキを叩いて子どもをあやしました。食べるものは、明けても暮れてもトーキビのご飯だけでした」

「十一歳のとき、子守りをしながら学校へ二年やってくださいました家があって、今も少しの字が読み書きできます。この嬉しさは一生忘れられません。今思い出しても、ありがとうございましたと、手を合わせております」

「それから次々と十四ヵ所も子守り奉公をしましたよ。そのころは、半年働いて七円から一〇円でした。そんな具合でしたから、奉公ばかりしていてはとても出世できないとおもうて、そうおもいながら一年働いて、二〇円の蓄えが残りました。そのころ縞木綿一反が一円三〇銭くらいでしたから、その二〇円で新野（阿南市）の和田屋という呉服屋へ行って、木綿の反物を買いました」

「反物の重さは全部で七貫目ほどもありましたじゃろうか。それを背負って、足半草履をはいて、阿瀬比峠、つ

績んだカジの糸を綛に巻き取る。この後もう一度水にさらして乾かし、糸に縒りをかける

づら峠、谷口、十二弟子峠、星越峠と歩いて越えました。そりゃ、とてもせこい（苦しい）もんでした。途中で一晩泊っても、星越峠にかかるころにはもう日が暮れてしまいました」

「次の日から村で反物を売って歩き、そのお金で木頭の太布を買って和田屋に卸したのです。きれいな太布で、一反一円二〇銭から一円四〇銭くらいになりました。そういえば、そのころ布地は反物で売り買いするのではなく切売りが多かったですよ」

「こうして二年働いて、三年目で三六〇円の利益になりました。明治四三年ころのことで、今だったらどのくらいになるんでしょうね」

「和田屋では、わたしから買った太布を弁当袋や畳の縁布に加工して、徳島方面に売ったらしいです。このころになると、太布を買い集めにくる人もずい分村に入ってくるようになって、縞木綿一反が一円六〇銭くらいで、太布は一円七〇銭から八〇銭にもなりました。だから太布を織れば一〇銭や二〇銭の稼ぎにはなりましたからねえ」

「ほんとうに、そのころの木頭では、お金になることは何にもないの。杉はありましたけれど、まだ売れるほど大きくは育ってないし。杉一寸角が一銭五厘か二銭だっ

糸の本数を慎重に確かめながらの整経作業

整経が終わった糸を地機の筬に通して前揃えする

たもの。お金がないから太布を織って、木綿と替えて、木綿を着ました。太布を作るのだって、これだけ手間がかかって大変なんじゃが、昔は他にすることもなかったけん。晩になるとカジ績みをしました。上手になると早うなって、ひとよさ（一晩）績んだら、たあんとできました。まだアカシ（電燈）がなかったから、囲炉裏の火で績みました。囲炉裏のそばは重宝なの。キビご飯を炊くには時間がかかってね、囲炉裏の火をあてながら、そのそばでカジを績むの。カンテラ（石油燈）で明りをとるのは、そのあとじゃった」

話がひとくぎりすると、アサさんは立ち上がってパッパッと膝の上の屑を払った。小柄なおばあちゃんだが、七十年も前、七貫目（二八キロ）もの荷をせおって山道を歩いたのである。私は、カジ断ちに行ったときに見た、立っているだけでずるずると滑り落ちそうな道と、荷をせおった気丈な娘が歩いている姿とを重ねあわそうとしていた。すると、ふと渓谷の岩壁の中腹を縫うようにつけられていた道の傍らの、不動明王の像が目に浮かんできた。そしてまた、阿波に多い狸の俗信のひとつである「人隠れ」が想い出されてきた。山道を一人歩いていて行方不明になる者がいると、狸に化かされたと考えたのであろう。でも、若い日のおばあちゃんの姿を想像することはできても、当時の山道がどれほど危険にみちていたのかは、想像できなかった。

洗うほど肌にぬくい太布

ブンブンの調子を直し、績んだばかりの糸に縒りをかけてみせ、織りかけの機の前に座って織って見せてくれた。地機を織るのは力がいるが、それも平気な様子だった。アサさんは、機にかかった太布をいとおしそうに撫でながら、「太布は古うなって、洗うて洗うたら、肌にぬくいんじゃ」と言った。太布を織り、着て育った人の言葉であった。

私は、アサさんが一晩にたあんと績んだという糸の量を知りたかった。アサさんは遠くを見るように目を細めると、「三〇匁くらいだったかな」と言った。三〇匁は一一〇グラムといえば、M寸の卵が二個分の重さで…と、私は頭の中で、自分の生活の場の数値におきかえていた。そのあと実際に、乾燥して保存してあるカジ皮の重さを計ってみて驚いた。三〇匁のカジ皮はカジの木七、八本分なのであった。これは皮から糸が正味で績めた場合で、実は細く裂くときに出る糸にならない屑の部分を含めると、一〇本分は必要ではないだろうか。その束は私が両手を合わせて持つほどのボリュームであった。

ふつう太布一反の重さは四〇〇匁（約一・五キロ）くらい。絹が一反七〇〇グラムというから、やはりずい分重い布であり、それだけに糸も太いのだけれど、それでも一日三〇匁のカジ績みをしても、一反分の糸を績むには二週間はかかる。しかし終日カジ績みばかりをすることはきわめてまれで、実際には女たちの日常の雑多な仕事の合い間や、仕事の片手間に績むのである。「カジ績みにかかると、いつもオゴケは身体のそばから離さない。臼で米や麦を搗きながら績む人もいたし、山道を歩きながら績む人だっていましたよ」と聞いた。

　カジ績みにも上手下手があり、熟練の度合いによってもちがうが、これほど寸暇を惜しんで績んでいても、一日の平均となると、大体二〇匁ほどだと知って、一晩の夜なべに「たあんと績んだ」と言ったアサさんの言葉が、囲炉裏の火灯りを頼りに、まさに一晩中やむことなく指先きが動き続けたことを語っていたのだと知った。

　太布の一反の長さは二丈五尺（約九・五メートル）内外で、ふつうの反物（二丈六尺か八尺）よりは少し短い。これは昔からの習慣によるもので、鯨尺三尺六寸（約一・四メートル）を一尋といい、七尋で一反としたからである。一反を一日で織るという早い人もいるが、これは太布が売れるようになってからの賃稼ぎとして織るペースで、それこそ家族のために芋の皮むきもせずに織ってのことであろう。ふつうは二、三日で一反というのが標準であったらしい。

　私はアサさんに教えてもらったカジ績みに熱中した。面白いからではない。少しでも太布に近づいていきたかったからである。指先に力をいれて、どんなに固く縒って継いでも、両手で強く引くと、縒り合わせたところからするすると糸が抜けていってしまう。地機にかけられるような縦糸を績み出すまでになるには、私の指先はもっと強く、優しくカジの糸になじんでいかねばならないことをあらためて知った。そして、「何十年も土の中で生きていて、太陽の光が当たれば芽を出す」という、カジの根の強さに接してゆかねばならないとも。

　布といえば太布しかなかったころの木頭の人々の衣生活を思ってみた。常着、仕事着、帯、じゅばん、腰巻、前垂れ、手拭い、袴、足袋、ふとん皮、蚊帳、それに穀物袋、豆腐や醤油の絞り袋、畳の縁布、弁当袋……これらがみな、女たちが糸を績み、織って作ったものであることに、心地のよいうれしさを感ずるのである。こうした仕事を悲哀といってもらいたくない。それは家族のために、少しでも肌にぬくい布を作ろうとしてきた女の優しさであるからだ。

　公民館で新年会が行なわれる日、私も招かれ、「生きがい事業」の織物部、木工部、盆栽部の人たちや、婦人会の人たちなど、すでに顔見知りになった人たちの傍らで、木頭名産の柚子がたっぷり絞りこまれた五目ずしをご馳走になった。新築祝いのお宅に座が移されるころ、自慢の歌も出る賑やかな会になっていった。みんなの陽気な手拍子が吸いこまれてゆく夜空は、耕地の少なさに比例した小さな空であった。

海にも山にも強いフジの布

　織物にするフジはマメ科で、日本名をフジまたはノダフジという。山野に自生し、広く日本国中に分布しているが、観賞用として庭などに植えられているのと同じである。つる性の落葉低木で、蔓は長く伸びて、右巻きに巻きつく。同じフジでもヤマフジやノフジといわれる種類は、左巻きに巻きつくので区別しやすい。こちらは織物に用いない。ここでは、フジを使った織物について、明治末ころまで行なわれていた島根県八束郡鹿島町上講武での例を中心にみていきたい。

フジ断ちは春の彼岸すぎから

フジの採取を、フジ断ちとよぶ地方が多い。春の彼岸すぎから四月にかけてがフジ断ちのもっともよい時期で、これは樹皮を生剥ぎするためである。つまり、開葉を前にしたフジの成長力が旺盛なときは、樹液が多いので皮が剥ぎやすい。しかし、島根県の一部では、秋から冬にかけての時期をよいと伝えているところもある。理由ははっきりしないが、農作業の都合によってはという意味ではないかと思われる。

フジは一度伐採したあとから発芽して伸びたものが、三年目になって太さが直径二センチくらいに成長したものが適当である。だから一株のフジを一年おきに伐れば、ちょうど三年目のものが得られるというわけである。若すぎるのは繊維が弱く、あまり年数を経たものは皮が固くて剥ぎにくく、しかも節が多いので、糸にしたとき、切れやすい。

丹後半島でのフジ断ち（採集）。春の彼岸から4月にかけてがフジ断ちに最も良い季節

伐採にはまず根元のきわを伐り、木に巻きついている蔓をなるべく長く引っぱって、上部を伐り落とす。フジ断ちに近隣が誘いあって山に行くことはしない。それは、他の人にフジの生えている場所を知られたくないからである。こうした習慣は、お互いに自家用の衣料を作っていたころからのものではなく、ごく近代になって、仲買人がフジから作った漁網やシキノ（蒸し器に敷く布）を買いつけにくるようになってからではないだろうか。収穫が不安定な野生のフジを材料にして作ったものが、商品として売れるようになったからである。

野生のフジとはいっても、他人の山に入ることになるのだが、山の持主は植林した木にフジが巻きついては困るので、フジ断ちに入ってくれることを歓迎する。むかしは杣山を見まわりにきている杣人が伐って歩いたもので、それを里の人が織物の材料として使った。いずれにしても、フジ断ちは深い山中に入ることもあるので、男の仕事である場合が多い。

皮は伐った場所で剥ぐ。蔓の根元を足で踏みおさえて、皮を引きあげるようにして剥いでゆくのである。皮は一メートルくらいの長さに折りまげて束ねる。五キロほどのものを四把束ねたものを一束といい、一日に二束（八把）も採取できれば一人前といわれたそうである。

山からおろしたフジ皮は、竹竿にかけて乾燥させる。陰干しとは限らず、天日にあてて干すこともあるが、雨にあてると品質が落ちるので、それだけは注意する。乾燥したものは納屋の二階にでも入れておき、この後の糸づくりは、農作業の合間に行なわれる女の仕事である。

フジ皮を灰汁で煮て、糸績みは夜なべして

糸にするには表皮を除く。まず近くの川の水などに浸けて柔らかくする。それを一本ずつ左手に持ち、皮を平らにひろげ、表皮を外にむけて人差指にかけて、小刀で鉛筆を削るように、鎌の背で軽く押すようにして剥ぎとる。

フジを水につけて柔かくした後、表皮を剥ぎ取る

それを大鍋で木灰と共に煮て、ふたたび川水で洗う。このとき、竹を割って二つに折ったコキ竹というピンセット状のもので、皮についている灰やよごれを取り去る。コキ洗いが終ると、次に米のとぎ汁の中でよく揉んで柔らかくし、しぼって竿にかけて乾かすのである。

皮を爪で細く裂き、裂きながら次々と継ぎたして長い糸にする糸績みは熟練が必要で、ことに縦糸はしっかりと継がないと織物にならない。糸の端をちょっとなめて、左手で二つに裂いて、その間に継ぎたすもう一方の先端をはさんでしっかり縒りこんでゆく。こうして結び目を

表皮を除いたフジの皮を木灰で煮て、川水で洗い（右）、コキ竹（左）で皮についている灰や汚れを取る

つくることなく継ぎたしてゆくのである。これは現在木頭村でカジの糸について行なわれている方法とまったく同じである。

糸績みは機があかないように、織りの手順に合わせて行なわなければならない。女たちにとって、夜なべの糸績みはあたりまえの仕事であった。

機織りの準備工程の最初は整経である。整経とは櫛の歯のような筬の目を通して縦糸を整えることで、必要な本数の糸を一定の長さに決めることである。当然のことながら、本数の多いものは目のつんだ布になり、少なければ粗い布になる。筬の目数は四〇目を基準として一算という。木頭村の太布の場合は四算と四算半がふつうで、特に細く績んだ糸の場合で五算の筬が使われたという。ところが甑島のクズ布の場合、六算ならごく粗い布で、糸の細いものは九算であった。また上講武のフジ布になると、六算でごく密度の高い布とされる。六算でも筬の目数は二四〇。しかも一目に上糸と下糸の二本の縦糸が入るので、四八〇本の糸が必要ということになる。ちなみにモメンは一〇算以上のものが使われる。

長さは使用の目的に応じて変えていたが、ふつう着物一枚分なら三丈とし、それに織り縮み分を一割加え、織り始めと織り終りの余分をそれぞれ一尺ずつ加えるので、全長で三丈五尺（約一〇・五メートル）になる。

フジ布で仕立てた山着。木の枝やイバラにかかっても裂けにくい

整経は天気のよい日に屋外で行なう。そのままではケバだって絡みやすく、織りにくいために、整経した糸は糊づけをする。小麦粉で作った濃度の高い糊を使う。松葉を束ねたささら状のもので、糸を撫でるようにして、糊が平均にゆきわたるようにする。この松葉は、糸を揃えたり、余分な糊を除いたりするのにも役立つのである。

フジ布は、仕事着や漁網ともなり

フジ布をフジノノとかフジキモノ、フジコギノなどと各地でよんでいるが、多くは仕事着で、山着、モモヒキ、手甲、脚絆などに作られた。山着というのは上衣のことで、モモヒキと組み合わせて着る法被風のもので、使用布量は約半反であった。

フジ布は丈夫で、木の枝やイバラなどに引っかかっても裂けにくいので、仕事着としては重宝なものであった。近世になって上講武に藍染めの紺屋ができると、フジ布を藍染めにし、麻糸で縫ったという。

その他に、蒸籠で米や芋を蒸すときに使う敷布も、蒸したものに匂いが移らないということでフジ布が用いられた。シキノを欲しがる人もいて、モメンとの交換物資になったり、行商人が買っていったりもした。同じようなものに畳の縁布があった。

フジの繊維が衣料としてではなく、漁網として使われるようになると、モジ織りが行なわれるようになった。モジ織りというのは紗や絽のように、縦糸が緯糸に対して上下に位置するだけでなく、互いの縦糸がもじれながら緯糸を組織するので、透き目ができるのである。これ

フジ績み。手と足と口を使ってフジの糸をつなぐ

こいて汚れを落としたフジの中皮を米糠に数分間浸して絞る。この後、陰干しにすると繊維が白っぽくなる

で織られた漁網は昭和初期まで使われたというが、それはフジの繊維が海水に強いことと、モジ織りの網（モジ網ともいう）はイワシやアマエビをいためることがなかったからだとされている。このモジ網が使われるようになったのは江戸時代末期の万延・文久（一八六〇～六三）のころといわれるが、明治中期にはフジとモメンを交織したものが作られるようになる。とくに島根半島はイワシの好漁場だったので、フジのモジ網の需要は相当に多かった。

京都府宮津市下世屋でフジ布が織られているとわかったのは昭和三七年で、海女の持っていた海藻を入れる袋からであった。ここのフジの漁網は北海道のニシン漁にも使われたという。また、佐賀県唐津市佐志でも、フジのモジ網を使っていたという記録がある。

フジの漁網は柿シブの他、カシワ、ナラなどのタンニン含有植物の樹皮を煮出したシブ液で染めたが、山陰地方では柿シブは高価だったので、ノグルミの根皮を用いることもあったという。

上講武で明治三〇年七月から同年十二月までに生産したフジ布に関する統計が、『講武村誌』（昭和三十年刊）に「特有産物取調表」として記されている。それによると、フジ布五五反（一反平均五五銭）を主に松江市及び鳥取県の境港で販売し、フジのモジ織り網地五五〇反（一反平均七五銭）を、松江市ほか各浦の漁師に販売したという。このころ、米一升十四銭、酒一升三五銭であったから、フジのモジ網地の生産はよい現金収入であったと思われる。

しかし、原料の入手から製品化までには大変な手間がかかるため、大正期になるとフジを織る家が少なくなってきた。それでも、旧盆をすぎると仲買人が村々を訪ねて農家に必要量を注文してまわり、冬に買い集めて米子に持っていった。そのころ、米子には四軒のフジモジ網を扱う店があったという。

光沢があるクズの布

クズも布になったのだが…

クズは日本の各地に自生する植物であって、衣料の材料として入手しやすさからいえばフジと同じである。しかし、フジとクズのどちらがより多く使われていたかについては、どうもよくわからない。地方によってはクズとフジを混同したり、クズフジとフジと一緒にしてよんだり、クズ布をフジ布とよんだりしていることも原因のひとつである。名称の混同や素材の混用は何もフジ、クズの場合だけではなく、コウゾやカジ、アサ類についてもしばしばあることである。

私は、クズはフジほどには使われなかったのではないかと思っている。それは、クズの根を飢饉のときの食用にするためではないだろうか。戦前までクズ布が織られていた甑島では、クズに代るべき備荒食用品としてカノコユリの根があった。また、現在でもクズ布を織っている静岡県の掛川（かけがわ）では、クズ根を食用とする習慣がなかった。逆にクズ根を食用としなければならない土地では、クズ以外に使える靭皮繊維があれば、クズを使わなかったのではないだろうか。木頭村でも山野のいたるところにクズが生えていて、荷をくくったりするにはごくふうに使っていても、布を織ったという正確な記録は見あ

山野に自生しているクズ

たらない。
もうひとつの要因は、クズ布の特性である。クズの糸を績むのは結びつぎにするので、これを縦糸に使うと切れやすい。また、縒りのかけにくい繊維であるため、光沢のある平糸のまま織るのである。このように平糸を使って織った布はすべりがよく、張りがあって、武士の裃（かみしも）や袴（はかま）などには使われたが、庶民の肌着などにはむいていなかったのではないかと思われる。

甑島で織られたクズ布は…

鹿児島本土から西へ約三〇キロの海上にある甑島（こしきじま）列島は、小さい島なのに山が多く、しかも海にまで迫っているため平地は少ない。

甑島で繊維として利用されていたのは野生のからむし（苧麻）、イチビ（黄麻）、クズ、ビー（芙蓉（ふよう）の古い方言名）などである。奄美以南の島々で広く利用されているバショウは、まったく使われていない。ほかに山桑を摘んで養蚕も行なわれたらしいが、これも多くはない。イチビは明治末期ころまで織られていたというが、量は少なかった。なにより衣料用の素材を栽培すべき耕地が絶対的に不足していたからである。

そのため場所を選ばずに成育するクズが、繊維の素材として、他の地方ではほとんど消えてしまったにもかかわらず、この島では戦前まで利用されていたのは、クズ以外の原料が手に入りにくかったという、島としての特殊条件によるのではなかったろうか。

クズは春と秋の二回採った。春のクズは草の枯れている一月ごろに山焼きをし、そのあとに伸びてきた新芽で、ヤケクズとよんでいる。甘藷（からいも）の植付けが終った梅雨明けに採るのである。このころはクズの花の咲く前で、節（ふし）のきれいに見えるが、繊維は硬いのだそうだ。いずれにしても、茎の青い、できるだけ節間の長いものを選んで鎌で伐る。

クズの皮むきは、その場ですることも家に持ち帰ってすることもある。その場ですれば荷が軽くなるし、家ですれば多人数でできる。まず、根元に近い切り口から爪や歯で剥ぎ、木部を順次口にくわえ、皮を手で引くようにしてむいてゆく。節のところは皮に傷をつけないように上手にしないと、繊維にしたときに切れやすい。

皮は木灰の灰汁で煮るが、上甑島と下甑島では方法が少し異なる。上甑島の瀬上（せがみ）では湯を沸かした鉄鍋に皮を束ねたまま入れ、その上から木灰をふりかける。下甑島の瀬々野浦（せせのうら）では束ねた皮を水で浸らせ、それに木灰をた

灰汁で煮たクズの皮を川で洗う（静岡県掛川市）

っぷりまぶしつけてから鉄鍋の湯に入れる。いずれにしても木灰の量は多いほうがよいとされ、しかも灰の質のよいものが求められた。「ニワのイヨ（台所）の灰よりオメエのユルリ（囲炉裏）の灰」といわれ、台所の竈の灰より母屋の囲炉裏の灰のほうがよいという意味である。これは他地方でも同じで、竈では松などの雑木を燃やすので灰の質はよくない。とくに灰汁にするには松は適当ではないとされる。囲炉裏ではあまり煙の出ない堅木を焚いた。どうしても自家の灰で足りないときは、お寺の灰を分けてもらう。檀家の人がよい薪を納めるので、お寺の灰は良質だといわれた。

灰汁で煮るのは約半日。親指と人差指で皮をつまみ、引っぱってみて外皮と内皮がつるりと離れるのがころ合いである。

煮た皮は川で洗う。浅瀬で指でしごきながら外皮を取り除くが、この作業はあまり繊維が長いと扱いにくいので、二尋くらいに切り揃える。充分に洗った繊維は、うす緑色をして美しい。これをもつれないように注意して竿にかけて日に干す。生乾きのうちに手で揉んだり、足で踏んだりしてこなす。これで外皮はほとんど除かれる。これをもう一度竿にかけて乾燥させる。充分に乾燥したものは白っぽい色に変るが、それを農閑期まで保存する。

糸を績み、布を織ってゆく過程は、他の繊維と変りはない。ただ、甑島で高機が使われるようになったのは、昭和になってからである。高機は地機より疲労が少なく、能率もよいが、クズの縦糸では引っぱられて切れやすいのである。そこで、縦糸にモメンや絹を使うようになった。絹を縦糸にして織った布は単衣の長着に仕立てて外出着となった。絹と交織のクズ布は、昭和三〇年ころまで織られていたが、現在はまったく織られていない。

クズ布を再生した掛川

甑島のクズ布は廃絶してしまったが、静岡県掛川市では現在でもクズ布を生産している。鎌倉時代の歌人、藤原為相（一二六三〜一三二八）の歌に

これもこのところ習ひと門ごとに
葛てふ布を掛川の里

とある。当時は掛川の蹴鞠の指貫袴や乗馬用の袴などに着用された。江戸時代になって藩主の政策で城下町に織屋や問屋ができ、裃や道中合羽、袴などを売った。このころの袴は藤色に染めていたという。

明治維新を迎えて、貴族や武士階級からの需要がなくなってしまうと、クズ布の生産は壊滅的な打撃をうけた。それは庶民の日常衣料としてではなく、特別な階級を相手に生産されてきたからである。しかし、新しい販路が開かれると再び商品として生産されるようになる。掛川

績んだ糸を8字形に巻いてツグリをつくる（静岡県掛川市）

の場合にはクズ布を襖紙にすることが考えられるようになる。これがアメリカむけの壁紙となって輸出されるようになった。当時アメリカでは「カケカワ・グラス・クロス」として、人気をよんだ。現在もクズ布は衣料としてではなく、襖紙、壁紙、テーブルセンターなどである。

また、ここのクズ布は昔から縦糸にモメンや絹を使っての交織であり、独特な光沢とすべりを出すために、伝統的に緯糸に使うクズには縒りをかけていない。

山野の木や草に布を求めて

シナノキとオヒョウ

シナノキはシナともよばれ、級・科の字をあてる。シナノキ科で、日本特産の落葉喬木であり、幹は大きく成長し、枝もよく繁る。『牧野新日本植物圖鑑』（北隆館刊）によれば、日本名の由来は、皮がしなしなすることから、また、その皮が白いのでシロノキからきたと記されている。

このシナノキを北海道のアイヌはオヒョウとよぶといわれるが、正確にはアイヌがオヒョウとよぶ木はニレ科で、ヤジナとかネバリジナとよばれるものである。これらの木もシナノキと同じように、北部の山地に多い落葉喬木で、大きいものは高さが二五メートルに達するものもある。アイヌが衣服の材料とした植物繊維は、このオヒョウの他にシナノキ、ハルニレ（以上、ニレ科）、イラクサ（イラクサ科）などがある。これらのなかで、オヒョウの繊維が最も強靱で柔らかく、衣料には最適であった。

アイヌの衣服として知られるアッシは、オヒョウの木をさすアイヌ語のアッニの転訛であるが、最良の繊維であるところから、オヒョウ以外の繊維で織って作ったものもアッシとよんだのである。

オヒョウの樹皮の採取は、早春から晩春にかけての時期で、このころは木はまだ成長を止めているので、樹皮下に樹液が多く、剝ぎやすい。オヒョウは直径二〇センチほどに育った、樹齢四〇年ほどのものがよいとされている。木を伐り倒さず、幹の根元のほうに刃物で横に切りこみを入れ、皮をできるだけ長く、上に向かって剝ぐ。この皮を内皮と外皮に剝ぎ分け、内皮が織物の材料となる。内皮を沼や湖に二、三週間ほど浸けて、アクとぬめりをとる。こうして柔らかくなったものを、さらに川の水でもみ洗いを繰り返し、竿にかけて乾燥する。糸にするのは、乾燥した繊維を湿らせながら、細く細く裂いて

オヒョウの糸で布を織る（北海道平取町二風谷）　撮影・須藤　功

ゆくのである。

　糸の多くは細く裂いたままで、縒りをかけずに織るのがふつうで、これをアイヌは平織りといい、また、多少丸くなる程度に縒りをかけた糸で織るのを丸織りという。

シナノキ・マダノキ・ヘラノキ

　シナノキのことをマダといい、その繊維で織ったものをマダヌノというのは東北の各地にある。岩手県遠野（とおの）地方の民話にも、山にマダを伐りにいった男が、山中で大男に出会う話がある。秋田地方ではマダコというが、これもシナノキのことで、やはり繊維を使った。

　シナノキをシナとよぶ地方は、新潟、長野、岐阜の各県に広くみられる。長野県の旧国名の信濃は、シナノキの生繁る国の意味によるという説はよく知られていることである。また、佐渡の民謡に、

　海府（かいふ）のあねたちゃ
　　シナの肌そで　すねこくる

というのがあり、日常着としてシナノキの繊維が用いられていたことがわかる。

　各地でシナノキとよんでいるものには、オオバボダイジュ（シナノキ科）であることも多い。この木は葉が大型で、葉の裏に細かい毛が密生しており、やはり靭皮を衣料用繊維として用いる。

　シナノキによく似た木にヘラノキがある。これもシナノキ科であるが、シナノキを方言でよび違えているのではなく、別の木である。九州地方では、このヘラノキから繊維をとっている。ヘラノキから皮を剥ぐには、木を川につけて剥ぐ。剥いだ皮を足で踏み、外皮をとり除く、こうすると皮は薄く薄く何枚も剥げるのである。木質部は下駄にする。

　さて、剥いだ皮を裂いて糸を績むが、これで布を織ったのは大分県臼杵（うすき）市で、同じ大分県でも日田（ひた）郡ではどういうわけか布には織らずに、荷縄やミノを作った。ヘラの荷縄は丈夫なことから、文政年間（一八一八～一八二九）に豊後（ぶんご）（大分県）から石見（いわみ）（島根県）の美濃（みの）郡にヘラを移植したといわれる。そこでは帆莫蓙（ござ）を織ったというが、それまでのアサ糸で織ったものと比較すると、

剥いだシナの木の皮を折りたたむ

シナの皮を干す

ヘラのほうが潮風にも腐ることなく強かったので、石見ではヘラの帆莚蓙が流行したそうである。ヘラ山などという地名もあったらしい。

イラクサとウレキ

イラクサを用いる地方も多かった。イラクサはイラクサ科の多年草で、蕁麻と書いたり、棘が多いために刺草と書いたりする。各地方で用いられたため、よび名にも方言が多く、『日本植物方言集』（八坂書房刊）によれば、アイコ、イラ、オロ……など多岐にわたっている。

イラクサの採取期間は秋の彼岸のあとである。繊維をとるには、刈りとってすぐ皮を剥ぎ、その生皮を苧引きする。こうすると、青光りするほど白く、美しい繊維が残る。

鈴木牧之（一七七〇〜一八四二）の紀行文『秋山記行』（三一書房刊「日本庶民生活史料集成」三巻所収）によると、信越（長野・新潟）国境の山村、秋山郷では夜具もオロ（イラクサ）で織り、綿もオロの屑を入れた。こうした夜具は特別のもので、家人は囲炉裏のそばで藁の叺（袋）の中に入って寝たという。そういえば、『万葉集』巻十五にも、栲衾を詠んだ歌がある。栲衾というのは、栲布で作った夜具のことである。

栲衾新羅へいます君が目を
　今日か明日かと斎ひて待たむ

さらすと白くなる栲布で作った栲衾は、白とか新羅の枕詞として使われているのだが、万葉のころから千年以上を経てもなお、秋山郷では靭皮繊維で作った夜具を、それも家人の日常用としてではなく、客用として使っていたことに、いい知れぬ驚きを感ずるのである。

『越後三面村郷土誌』（昭和十三年刊）によれば、蓑の背にウレキの皮を薄く、細く裂いたものを下げたという。また、ウレキの皮でウレキハンバキ（脛布）を作ったともあった。このウレキはカエデ科のウリハダカエデのことである。この木もまた、東北から中部、中国、四国地方などで、ウリキ、ウルキ、ウルギ、ウリノキ、ウリンボウなどとよばれ、広い範囲で親しまれていた木といえる。その繊維は上等で、とりわけ雨に強いために、炭焼きなど山で仕事をする人たちによく使われた。郷土誌の三面村（現、岩船郡朝日村）で蓑の背に下げたというのも、この理由によるのであろう。

織物ではないが秋田県角館市では、イタヤカエデを細く裂いて筵状に編み、背負籠を作っている。

沖縄のバショウフや消えた靭皮繊維

ところで、気候温暖な沖縄で利用されたのは、芭蕉布として知られるイトバショウ（糸芭蕉）やノカラムシ（野苧麻）が最も多いが、その他にもブッソウゲ（アオイ科）、アオノリュウゼツラン（ヒガンバナ科）、ビロウ（クバともいう。ヤシ科）、ナツフジ（マメ科）、オオハマボウ（アオイ科）などがあり、幹や茎だけでなく、葉の繊維を使うものが多くなっている。

オオハマボウは高木で、海岸に植えて防風防潮用にしたというが、その樹皮から繊維をとった。樹液の多い夏に皮を剥ぎ、水につけて腐らせて水洗いをする。昔はそれで布を織ったというが、使い古した後は布をほぐして釣糸や畳表用の糸にした。

他に、かつて沖縄本島には桐板（トンビアン）という織物があった。現在は織られていないのでよくわからないが、その素材についてはアオノリユウゼツランとする説やイチビ（黄麻）とする説などがある。また、笹森儀助は『南島探検』（三一書房刊「日本庶民生活史料集成」一巻所収）に、ウスクの木の皮から繊維をとったと記しているが、これはどんな木で、どんな繊維がとれたのであろうか。知りたいものである。

沖縄には金色の毛がたくさん生えている植物があり、家族と共にその毛を集めて織物にした人がいて、国王から賞されたという伝説がある。暖かい南の島でも、冷たい風の吹く日もあるのだから、こうした肌に柔らかく、暖かい布地への憧れもあったのではないだろうか。

東北地方では、寒さはことのほか厳しいのだから、その憧れは南の島々よりどれほど強かったであろうか。秋田の山村ではモメンが普及する以前、山野に自生するゼンマイの綿毛を採って布を織った。ゼンマイ織りというのがそれである。これは材料を大量に集めることが難しく、その手間を考えると、誰にでもできる自家用の織物材料とはいえないかもしれない。その後ゼンマイの綿毛とモメンと交織することもあったが、最近は羊毛や絹と交織して復元された。

このように衣料を自給自足しなければならなかった時代には、人々は繊維のとれそうなものを、手あたりしだいにとって糸にすることを試みたと思われるが、それでも、なるべくなら手間をかけずに身近で採取できるものを、同じ手間ならより強靭でその土地の風土にあった着心地のよいものを、と考えるのは当然のことであろう。しかも、材料が自生のものであるならば、それが枯渇しないこともまた大切な条件であった。

モメンの普及とともに、日本各地に残っていた靭皮繊維の伝統は、あっという間に消えていってしまった。しかし、沖縄の芭蕉布が庶民の日常衣料として生産され続けてきたのは、経済的な要因が強くあったにしても、全島どこにでも分布しているバショウの旺盛な繁茂力と、そこから織りだされる布と風土との適応にあったからで

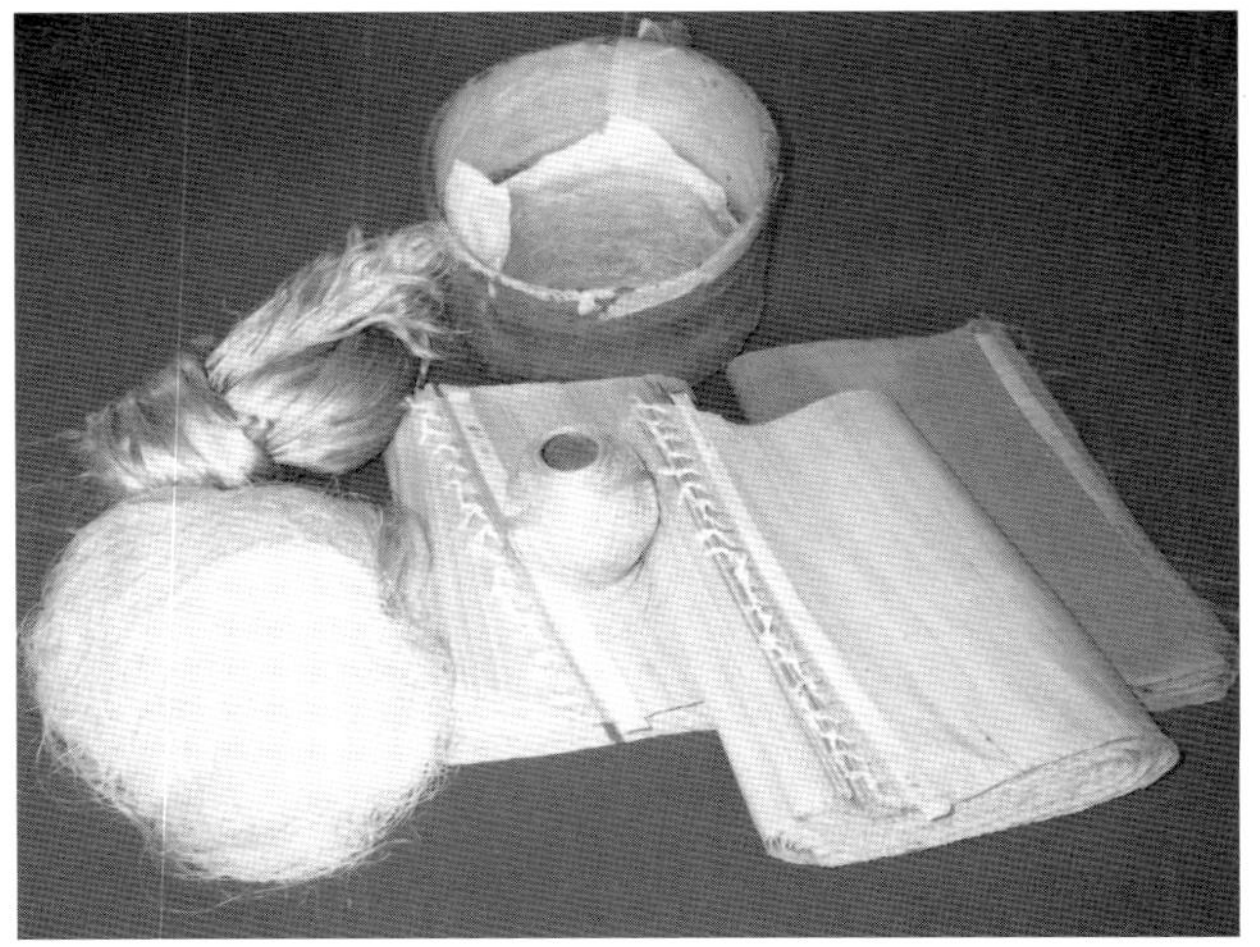

イトバショウの繊維で織られた沖縄の芭蕉布

はないだろうか。

再び木頭村で

木頭村では太布の製作の復元に力をそそいでいるが、それに際して、昔ながらの工程をそのまま伝えるべきだとする人と、ある工程を省いても結果が同じならかまわないとする人がいたそうだ。績んだ糸をブンブン（糸車）で縒りをかけ、それを綛にとって織りの準備に入る。論議になったのはその後の工程である。綛にとってから再び灰汁で煮る。煮た綛はよじれるので、二人がかりで川の中で灰汁を洗い落しながら強く引き伸ばし、米糠をまぶす。このとき綛はまたよじれる。縒りが強いほどよじれがきついので、よくさばいて米糠を落し、綛を太い棒に通して下に板を入れ、重石を置いて、縮んだ綛を何回もまわしながら伸ばし、一晩かけて乾燥させるという、大へん手間のかかる難儀なものである。

縮んだ綛糸を石の重しをかけて伸ばす（徳島県木頭村）

試みにその両方の糸を使って織ってみたところ、できた布の感触はまったく同じであったという。それでも、布の強さやもちのよさはどうなのだろうか、と案ずる人が多かった。丈夫な衣服を作るために手間を惜しまなかったころの心情である。昔は何もすることが無かったから、いくらでも手間がかけられたのよ、と言ったおばあさんがいた。そうかもしれないのだが、時間の余裕があったばかりでなく、従来のやり方を省いたり変えたりすることによって、もし丈夫な布にならなかったら、カジ断ちからの作業が全部無駄になってしまうし、一家の衣生活の予定がまったく狂ってしまう。特にその工程が必要であるのかどうかの理由がはっきりわからなくても、手間をかけることですむのなら、女たちは手間を惜しんだりはしなかったのだ。それだからこそ、太布を作る昔ながらの技法が伝承されてきたのである。

その仕事は母から娘へと伝えられてきた。たいていは、母の仕事を手伝いながら自然に覚えていったが、娘の躾のひとつとして厳しく仕込む母もいたにちがいない。

百年以上も使い続け、いまだに傷みもしない穀物袋を手にして、私はそれをしっかりと織った人の心を見るようであった。昔と同じ工程で太布を復元しても、それを着た昔の生活が戻ってくることはないであろう。しかし、何十年もの使用に耐えられる自然の繊維のぬくもりと、それに心をこめて接してきた人々の暮らしの姿勢に、私たちが学びとってゆかなければならないものが数多くあるように思われるのである。

紋様の賦——江戸小紋と伊勢型紙

文　西山　妙
写真　近山雅人

型紙の柄を布に移す「型付」をする染師の小宮康孝さん

江戸小紋

祖母は、歩いて小一時間はかかる染屋へよく通った。まだ四十代だったろう。小太りの、目に強い光のある、けれど物腰はこよなくやわらかな人であった。

戦後五年ほどしかたたない頃なので白生地を求める余裕はまだ庶民にはなく、ほとんどは着物を自分の手でほどいたものを色ぬきしてもらい、新しい柄に染め直すのである。

店の人が、土間から一段高くなった畳の上に柄見本の反物を何本も広げると、さながら、色と紋様の川が流れ出た感じがある。そして祖母は、清流に戯れるかのように、あかず反物をすくいあげるのであった。

選ぶ柄は細かいものが多かった。幼い私はそれが「小紋」とは知らないばかりか、格別美しいと感じた記憶もない。ただ、面白い柄だという印象はあった。

というのも、小紋は、裏地にする布の色によってすっと表情を変える。同系統の色でつつましく納まっていたのに、別な色に合った瞬間、ひらと舞い始めてしまうのである。

「これが映るかしら。それともこちら?」祖母は裏地を代えながら、私を見て微笑む。私はいたずらにもっと別な色の布をあててみる。と、また、柄の表情は変わるのである。

祖母との染屋通いは三年ほどで止んだ。私達一家が祖母と離れて暮すようになったからである。そして、反物の色や柄に戯れることもほとんどないまま、三十年あまりが過ぎてゆく。

ある旅の雑誌に「江戸小紋」の記事を書くことになったのは、一昨年のことである。

取材に先がけて資料を集め、目を通した。染柄の写真を繰ってゆくと、いきいきとしていた頃の祖母をそこに見たようで少し切なかった。けれど、それとは別に「江戸小紋」には心に響いてくるものがあって、これから開かれる世界への、幽かなときめきを覚えた。

呉服問屋「岡巳」で江戸小紋の反物をみせて下さる岡政太郎さん。「岡巳」で所蔵されている使用済みの型紙のうち整理されている1400枚程を、数日間かけて拝見した。それらはどれも、歳月と使用前後に刷く柿渋をすって、黒ずみ、固くなり、いくぶんつやを帯びていた

染之巻　**そめのまき**　江戸小紋染・小宮

江戸人の好んだ小紋

《雪輪桜》　道具彫＋錐彫

紋様を彫った型紙を布にあて糊を置く。糊は紋様の部分だけ布に浸みる。型紙を次へ送り、再び糊を置く……。これを繰り返してゆき、終ったら染料を全面に引いて染める。そして水洗いで糊を落とすと、糊で染料の浸透を防げられていた部分が白い紋様になって残る。こうした「型染」がいつごろ、どういうきっかけで始められたかは解っていない。けれど狩野吉信（一五五二～一六四〇年）が描いた『職人尽絵屏風』の中に、ヘラで糊置きしている職人の姿と、染め上った布が高々と干されている様が見えることから、十六世紀末から十七世紀の初めにはかなり盛んに行われていたことがうかがえる。

型紙の誕生は、画期的なことであった。それまでの柄を生み出す方法が織るにしろ、あるいは絞染や刺繍にしろ大変な時間と労力を必要としていたのに比べると、型染にかかるそれは比較にならぬほど少ない。また、流れ作業で進めることができる。先にあげた職人尽絵も、当時の近代的な染色工場の風景だったのである。

さて、量産のできる型染の布は、限られた上流の人々から次第に周辺へと広がった。

そして、江戸時代の初めには武士の裃に用いられていた「小紋」（大きな柄を大柄、中ほどの柄を中型という）も、富裕な商人が、やがて庶民が、身につけるようになってゆく。

地色に白い紋様が規則正しく並ぶ小紋は遠くからは無地のように見え、近づくにつれて無地の固さとはどこか違う感じがあり、向かい合うと細かな柄に目を見張らせる。色は、柄の白を生かすために明度も彩度も低くする。武士の緊張感や忍耐といった心のありようを引きたてたこうした小紋の持ち味は、江戸の人々の

※各左ページの紋様と小見出し横の柄は、呉服問屋「岡巳」で所蔵されている使用済みの型紙を撮影させていただき、柄の一部を原寸大でトリミングしたもの

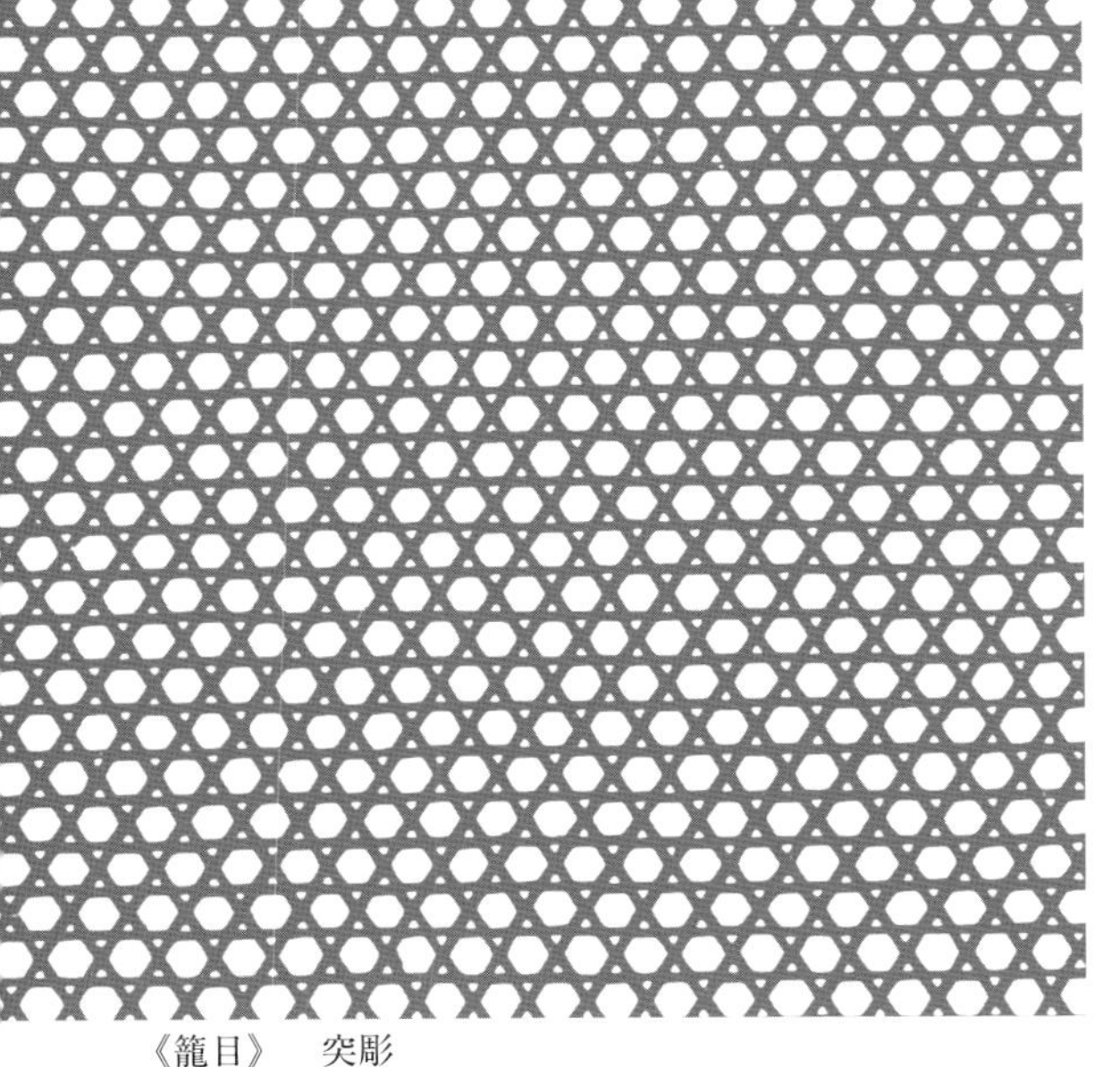

《籠目》　突彫

意気＝粋に通じるものがあったのだろう。人々はこの持ち味に洒脱さと軽妙さを加えて、自分たちの小紋を育てていった。

　小紋は、日本各地にあった。その中で、江戸の人々の好んだ小紋の伝統を今も受け継いでいるのが、「江戸小紋」である。

百反の染めに耐える型紙

　つゆの合間のある晴れた日、私は江戸小紋の染師、小宮康孝さんを東京新小岩に訪ねた。仕事の時間をさいておられるのにもかかわらず、実にていねいに取材の内容を聞いて下さった。そして一枚の型紙を出して来られた。一・四四×一尺の渋紙の中に彫られている柄は《斜め格子に菊》、私が初めて目にした型紙である。

《扇面》錐彫

　一ミリにもならないほどの孔の連続。その斜めに交叉する格子の中に、小さな花びらのひとつひとつを彫った菊が整然と並ぶ。何千…、いや恐らく何万の孔であろう。

　この型紙に糊を置くと、糊は格子と花びらの孔をつたって布の繊維に浸み込み、後で引く染料に染まるのを防げる。つまり、型紙の渋色の部分が染め色に、光を通して白く見えている無数の孔がそのまま白い紋様になる訳で、染め上った布の有様は私にも思い描くことが出来た。しかし、逆に反物から型紙を想像したなら、目の前にある型紙とはずい分違うものを考えたことだろう。紙は薄く、孔はあまりに小さく、しかも信じられない密度で彫られていたからである。

「一反の布に糊を置くには、型紙を何回くらい送ってゆくのですか」という問いに、「型紙の長さにもよりますが、大体五十回から九十回でしょう」と小宮さん。

　こんなに薄い紙が一反について九十回も糊ベラでこすられるとすると、いったい何反の染めに耐えられるのだろうか。

「いい型紙なら百反。十反以内しか耐えられない特別な柄の型紙もあるんですが」

　百反、という言葉を心に繰り返しながら私は、動かす

板場（作業場）での仕事は貼り板と呼ぶ樅の一枚板に白生地（1反＝鯨尺2丈6尺〜8尺）を貼ることから始まる。
下は、次の工程、型付の糊
（小宮康孝さんの板場にて。112ページ、114ページも同様）

ごとにふわりと揺れる型紙をあらためて眺めた。

　この型紙の強さは、紙自体の強さにあるという。型紙用の紙＝地紙は、伝統的な美濃の手漉き和紙の技術で、極上のコウゾを原料にし特別に念を入れて作られる。そしてもう一つ、柿渋の働きが大きいそうである。

　地紙は、薄い和紙二～三枚を柿渋で貼り合わせて一枚にし、さらに柿渋を塗り、天日に干して作る。この繊維に浸みた柿渋が、紙を強くするという。

　同じ柄の型紙を三枚、「こういう順で古いんですよ」と並べられた。わずかだけれど、古いものほど腰があり、柿渋の色も沈んでいる。地紙を作ってから五年ほどおく。それから彫師に柄を彫ってもらい、さらに五年ほど使わないままねかせておく。計十年余りの歳月にひたされて始めて、百反、九千回の糊置きに耐える強さが生まれるのであった。

　小宮さんは、紙を作ってもらった時のデーターをとっておく。そして、十年後にその紙で作った型紙の使い具合を見た上で、今年の紙の作り方はもう少しこうして欲しいと紙職人に注文をつけているそうである。

　いい染めが出来るかどうかの勝負は十年前、つまり作られた地紙からすでに始まっていること、そして十年後に染める型紙の紙に今、目を凝らしている染師がいるということに、心が強く動かされた。

　その日は、型紙の話と、仕事場をひととおり拝見することで過ぎた。

　染めのすべての工程は一日では見きることができない。それをいいことに、何度も小宮さんを訪れ、話を伺い、仕事を拝見した。

　江戸小紋がゆっくりと姿を現わして来るという感じはあった。けれど、疑問に思ったことが明かされる先から新しい疑問もまた、生まれる。例えば、型紙のあの、大きさと薄さを決めているのは何なのかと、初めて型紙を目にした時から不思議でならなかった。小宮さんに尋ねれば簡単に答えは得られるだろう。が、小さくて薄くなければならない必然性が必ずあるはずで、そうしたことをこれから、私自身の目で知ってゆきたいと思った。

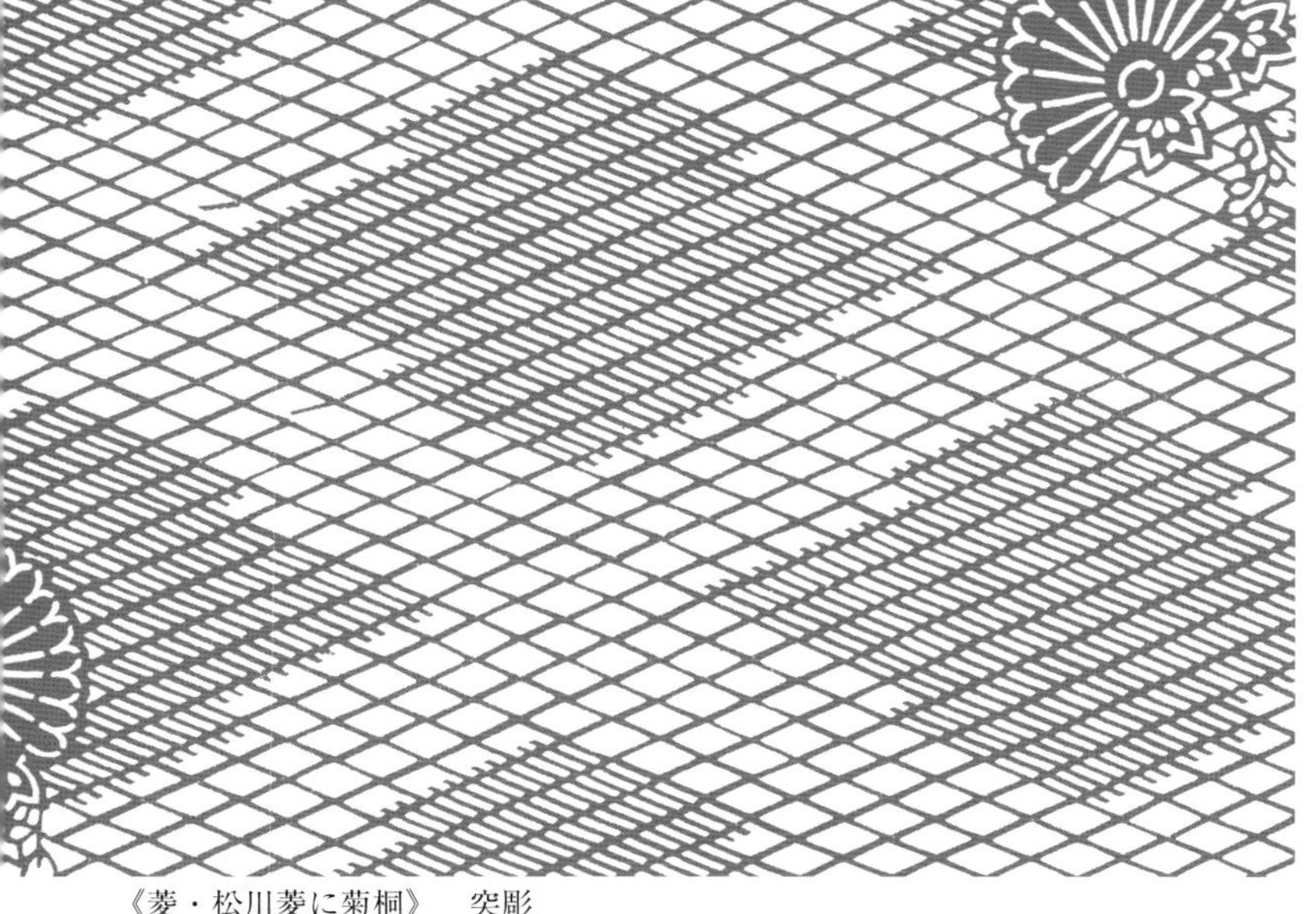
《菱・松川菱に菊桐》　突彫

微塵のずれも許されぬ型付

小宮さんは朝八時から、息子さんの康正さん、それに三人の職人さんと共に仕事場に立つ。といっても、私に類する訪問者の相手、地紙や型紙の研究、加えて江戸小紋界の要の役をこなしておられるために割かれる時間も少なくない。

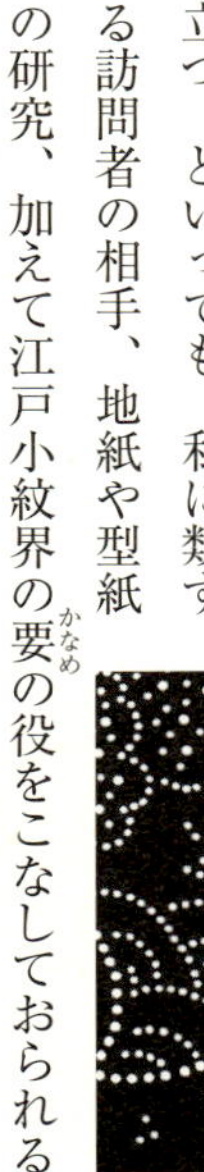

《千鳥》錐彫

染めの工程は、型付（布に型紙で糊を置く）→しごき（色糊を引く）→蒸す→水洗い→乾燥→地直（染めむらの修正）と進むが、小宮さんがされるのは主に仕上げの地直と長年の勘を要する蒸しで、型付はめったにされない。

「私が下手な型付をすることは許されませんから。神経を張りつめられると思った時でないと糊ベラは手にしません」と伺っていた。現在五十九歳。江戸小紋の染めの技術で、国の無形文化財という重い肩書を持っておられる。

そんな小宮さんがある日、型付を見せましょうと、盲縞の前かけをきりっと締められた。二十坪ほどの仕事場は三方を壁で囲い、一方からだけ光を取り入れているためにうす暗い。下は土間。土の上をゾウリで歩くためか、ここでは足音というものがない。加えて染めに必要な物以外はまったく置かれておらず、染める動き以外の動きもない。この空間は、外とは切り離された別世界の感じが常にある。

さて、職人さんの一人が馬といわれる台の上に、長さ三間五尺もある樅の一枚板で作られた貼り板を置くと、小宮さんは口に水を含んで、勢いよく板に吹きかけていった。板にはあらかじめ糊分が与えてあり、水気を得るとねばりを生む。そこへ手早く白生地を貼る。

型紙は、錐の先で突いたような孔の連続で亀が一面に

型紙の上にとった糊をヘラで左右に動かすことで、型紙の柄を布に移す「型付」。糊には青い顔料が混ぜてあるため、型を送った後に青い紋様が生まれてゆく。この糊の付いた部分は染料の浸透を防げるため、染め上りでは白（生地の色）となる。
下は、この時に使われた型紙≪宝亀≫の一部分。上口と下口のホシが、型紙を送る目安となる

彫られている《宝亀（ほうき）》。

「やあ、やってますね」と入って来た息子さんと職人たちの視線の中で、型付が始まった。

一面に糊を置き終ると、小宮さんは左手で型紙の左上を、ヘラを持ったままの右手で右下を持ち上げて次の位置に移し、再び糊を置く。と、糊に混ぜてある青色をした点の柄が新たに生まれてゆく。ヘラで、塗るでもなし、こするでもない。強さも速度もまったく均一なその動きは、まさに置くという言葉にふさわしい様（さま）であった。

小宮さんの少しかがんだままの姿勢もまた、何回か糊を取りに行く時以外は変わることがない。まるで土間から生えた足と腰である。「型付は目。そして腰でする」といわれた言葉が、今こうして見ていて解った。

一反に五十～九十回の送りをするのにかかる時間、およそ一時間——。

同じ姿勢を保つことは、作業の効率につながる。しかしそれ以上に、不必要な動きを排して必要な動きだけを繰り返すことこそが、正確に型紙を送り続ける絶対条件なのではないだろうか。型紙の送りは、誤差の許されない作業なのである。

型紙の柄を細かに見てみよう。まず上口（うわくち）。モチーフの亀は、頭から始まるもの、甲羅（こうら）の途中からのもの、甲羅の後にゆらめいている縁毛から、と実に様々な部分から始まっている。そして下口（したくち）。こちらも様々な終り方をしている。

正しく型紙を送れば下口の柄と次に糊を置いた時の上口の柄がぴたりと続く。そうなるように型紙は彫られている。しかし、上下あるいは左右へ少しでもずれたならば、一ミリ以下の孔の連なりは破綻してしまう。ではそれほど厳しい柄の合わせを可能にしているのは、何なのだろうか。

それは、上口と下口の柄のなかの、特定の錐の孔＝ホシが、指標になっている。ホシは星でもあろうか。

型紙を持ち上げると、上口に彫られているホシは光を通して小さく光る。この光る点を、前回の型付で布に付けられた柄の、下口のホシに合わせることによって、型紙の置く位置は決められているのであった。

型紙を持ち上げる角度、ホシを見定める目の位置、型紙を送る手の動き、それらがひと続きのリズムとなってはじめて、微塵（みじん）のずれもない九十回の送りが可能なのであろうと、型付をされる小宮さんの、まるで塑像のよう

《鶴亀菱》　突彫

な姿を見詰めながら思った。

小紋は作る人と見る人のだまし合い

白い布を青く細かい点が埋めてゆく。小さな亀が大きな亀が、縁毛をゆらゆらとさせながら生まれてゆく。

私は型付をされている小宮さんの姿勢にふと、型紙がこの大きさである必然性を感じた。もし型紙の長さが一・五倍あったなら、型紙を送る時に手だけでなく体ごと後へ退かなければならないだろう。そうせずにすむ寸法——これが型紙の長さの限界を決めているのではないかと。

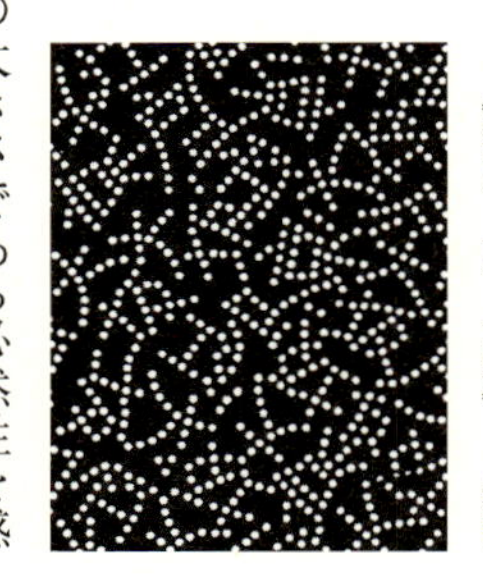

《江戸 京 大坂》錐彫

型付の後で、小宮さんはこんな話をされた。

ヘラの動きが続いている一枚の型紙のうちでは、糊の置きムラはさほどできない。けれど、次の回との間には差が生じやすいという。ホシを合わせる間のわずかな中断が、ヘラを動かす速度や強さを、前回と違えてしまうのだろう。

ムラは染め上ってみると歴然とする。極端に言えば、型紙の巾に染色の濃淡で横縞ができてしまうそうである。ムラは職人の恥である。が、どんなに腕が立っても微かなムラはあって、それを目立たなくするのが最後の工程、地直である。地直は染色より少し淡めの染料を細い筆につけ、根気よくするということであった。

型付した布は貼り板に貼った状態のままで乾燥させる。次の作業は「しごき」で、しごき板に布を載せ、色糊を大きなヘラで塗りつける。一反をしごいたら布の上にオガタズを掃いて、「蒸し」を待つ
左は、板場の隅の道具類

ムラが横縞に見えるということを、私は面白く聞いていた。小さな白い点が無数に並ぶ布を離れて見ると、糊の多く置かれた箇所では布の色が淡く、反対に糊が少ない箇所は濃く感じられる。これは白い点の大きさの差から受ける錯覚に他ならない。が、白と染色だけで、しかも同じ柄を操り返しているにもかかわらず見る人をあきさせない江戸小紋のカラクリが、このあたりにもありそうに思えて来たからである。

「小紋は作る人間と見る人間のだまし合いですよ」と、

少し微笑んで小宮さんが言われたことがある。この言葉は私の心に浮んだカラクリと重なりはしないだろうか。

夕暮れの道を涼風に吹かれて帰りながら私は、だまし合いという言葉を考えていた。

たとえば亀の形に連なった点の連続を、少し離れると線に見てしまう。これは、目がだまされたのである。が、線にはない風情を感じとってもいる。また、人は白い点の大きさの差を瞬時に感知する。ただしそれを横縞と見てしまう。と、縞を染師は地直で目くらます――。小紋の美しさは、こうしたやりとりの上に成り立っているといえよう。

「偽り」とは明らかに違い、「錯覚」とも幾分違うこの関係を、小宮さんは、「だまし合い」という甘味を含む言葉で、巧みに表現されたのであった。

型紙の大きさの限界はどこから

《たてなが格子》　突彫

雑誌に載せる原稿を書きあげたにもかかわらず、新小岩通いは続いていた。照り返しでむっとしていた往き帰りの道に、今では斜めに射す秋の陽がチロチロと揺れている。

そんなある日、小宮さんへ「型紙の大きさのことなのですけれど」と切り出してみた。型付を見ながら思いついた、「型紙の縦の寸法は、それが体を動かさずに腕だけで送りができる限界だからではないか」ということである。

「それもあるかもしれませんが」と答えられた後に続けて、

「長い型紙だと、型付の時のムラが目立つんですよ。こう着ますね。前に二ヶ所だけムラの横縞があってごらんなさい。どうにもならない。逆にその間隔が短ければ横縞自体がリズムになって感じられましょう」と。なるほど、言われてみれば実に納得がゆく。

「それにもう一つ。型紙を彫る側の問題なのですが、大きいと根（こん）が続かないのですよ」

根が続かないというのはどういうことなのか。当惑しているのを見てとった小宮さんが、地紙を数枚重ね、周囲を点々とコヨリで止めたものを出して来ら

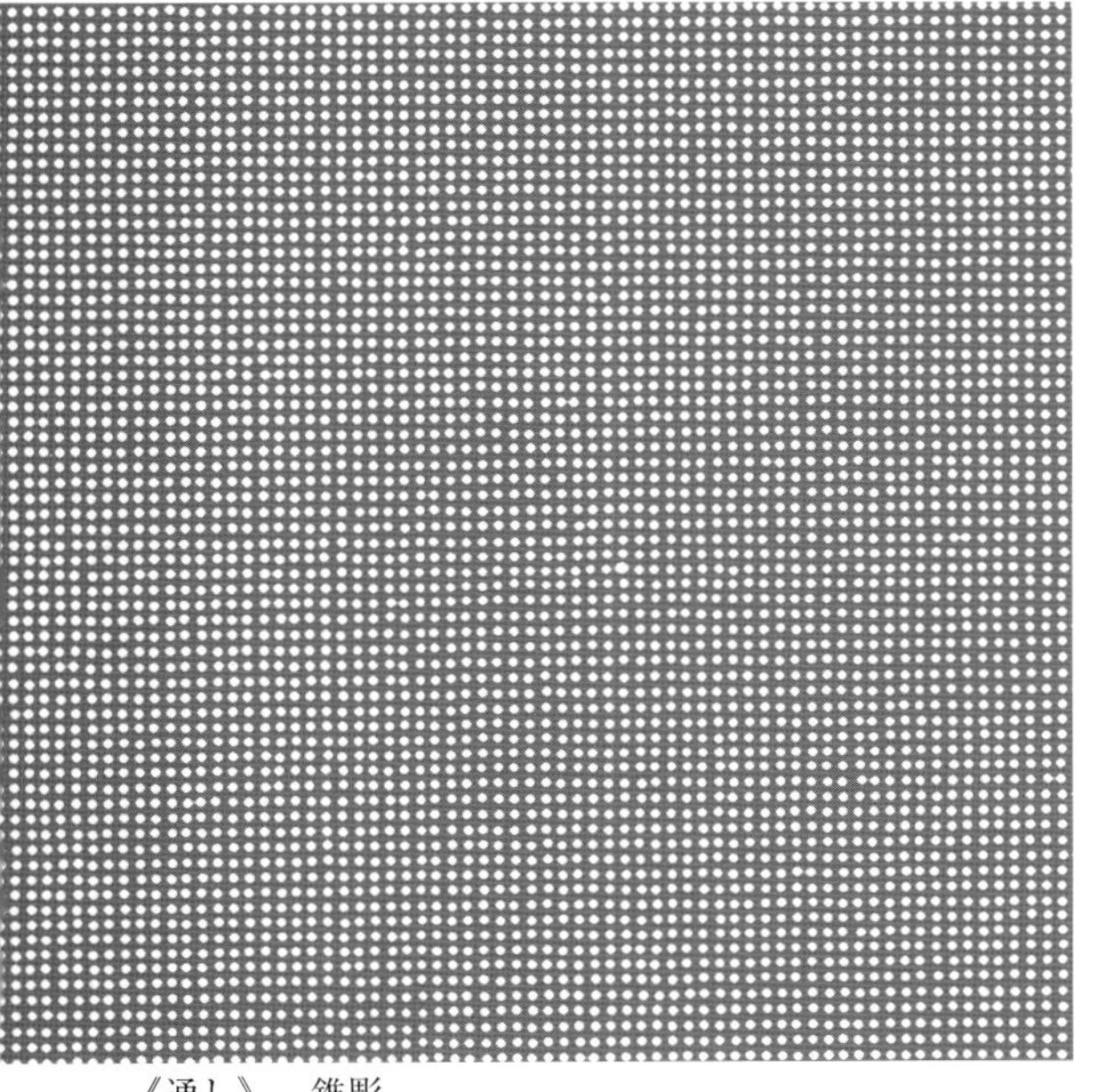

《通し》　錐彫

れた。柄は縞。型紙はこのように数枚を重ねて彫るという。

縞は、小刀を手前に引くことを繰り返して縦を彫り終えると、次に筋を一つおきに切り落として彫り上げる。が、目の前の縞は、一つおきに落とし始めてからまもない所で、止んでいた。

ここでしくじった時に彫師の息も止まったのではないかと、私はしばらく目をそらすことが出来なかった。そして想う。この細さの縞を彫り上げる方がむしろ奇跡に近いと。

縞は、上から下まで一気に小刀を引かないと紙が逃げる真剣勝負のような彫りであること、始めから終りまで同じ姿勢を保たないと調子が乱れること——話では聞いていたそうしたことが、はじめて実感となったのであった。

今も語り草になっている話を小宮さんから聞かされた。染師が染め上がった反物を彫師に見せて、「ここで便所へ立ったね」と言い当てたという話である。彫りは、それほど張りつめた神経を要求する。そして型紙を見た限りでは判らない彫りの微かな乱れや差も、染めはまっ正直に布に映し出してしまう。

型紙の大きさの限界は、人間の生命体がもつ根気の限界なのであろう。

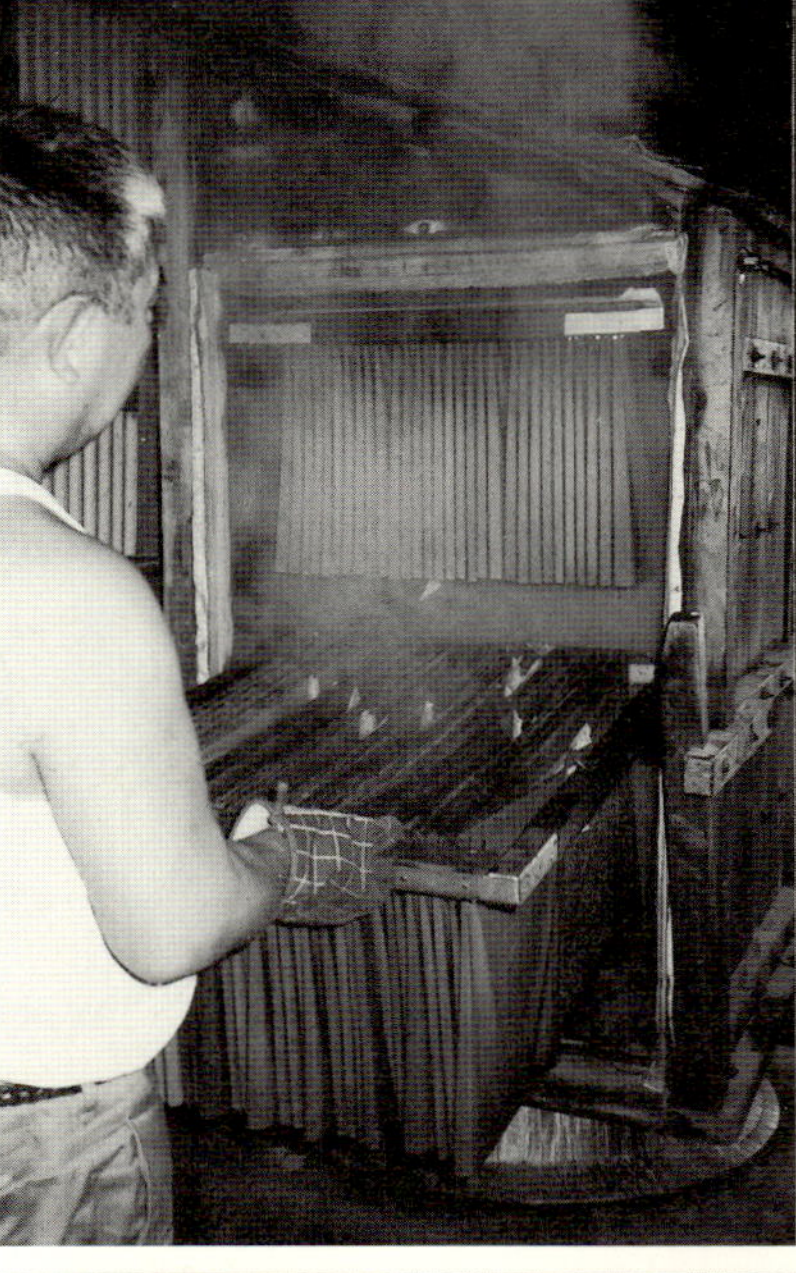

大釜で湯気を上げ、その上に乗せた木製の箱でする反物の「蒸し」。箱の中の温度は90度程で、蒸している時間は30分。蒸しの過不足は色の調子や柄のシャープさを壊すために、長年の経験がものをいう。
下は、蒸した後に反物の糊を洗いおとす「水洗い」

小紋の神髄は細かさに挑むこと

小宮さんの父・康助さん（明治十五年生）は十二、三歳で小紋染屋に奉公した。小紋を選んだ理由は、最も手間のかかるものをすれば食いっぱぐれがないと考えたからだという。

《縞》錐彫

それは日清戦争の頃で、人々の目は外へ、先へ、新しい物へと向いていて、長く伝統を誇っていた小紋にも衰退の兆が見え始めていた。

小紋で生きてゆくことは、小紋の神髄である細かさに挑むことであるとした康助さんは、一生むずかしい染めに情熱を傾けた人であった。

「私はよく言うのですよ。今のように評価が定まっている江戸小紋をやってゆくのは、易いことだと。一方、人からかえりみられなくなった時に染めることが、どんなに大変なことなのか。自分で言うのは何ですけれど」

小宮さんは言葉をちょっと止めてから続ける。

「親父は偉かった——」

その時の視線は目の前に座っている私を越えて、どこか遠い所にあった。

康助さんは染めの技を生かすも殺すも型紙次第である、と彫師に注文をつけるのと同時に、古い型紙を集めることにも熱心であった。江戸時代に使われていた型紙や、小紋に見切りをつけた職人が焼き捨ててしまうことすらあった型紙のために金を惜しまなかったという。また、新しい型紙は数枚重ねて買ったものを一枚ずつに分け、違った柄どうしを集めて板にはさんでいた。万一の時に、一つの柄をすっかり失うことを怖れたからである。

戦時中は枕元に型紙を置いて眠り、空襲警報が鳴ると抱いて防空壕へ走った。康助さんに守られた型紙は、今も残っていて、奥の座敷に飾ってある五人の小さな人形の着ている着物は、こうした型紙（江戸時代のもの）を使って小宮さんが染めたものである。

小宮さんは、染めは所詮染めでしかない、要は型紙、と言い切られる。そして、

「小紋の見方を教えましょうか」と、にこやかに立ち上った。持って来られたのは一尺ほどの《鮫》の布が二枚。どちらも小宮で染めたもの、どちらがいいか見てごらんなさいという。

一枚を眺め、もう一枚に目を凝らす。《鮫》という柄は、池に立つさざ波から生まれたのだろうか。入江の砂浜に寄せる波の様を描いたのだろうか。不思議な幾何学紋様であるこの柄は静的であるのに、二枚を比較して異いを見つけようと心がけると、さらさらと動き始めて、視線が惑わされてしまう。あきらめて顔を上げた私に、

「こちらは、孔に大小がある。錐の孔が線として並んで

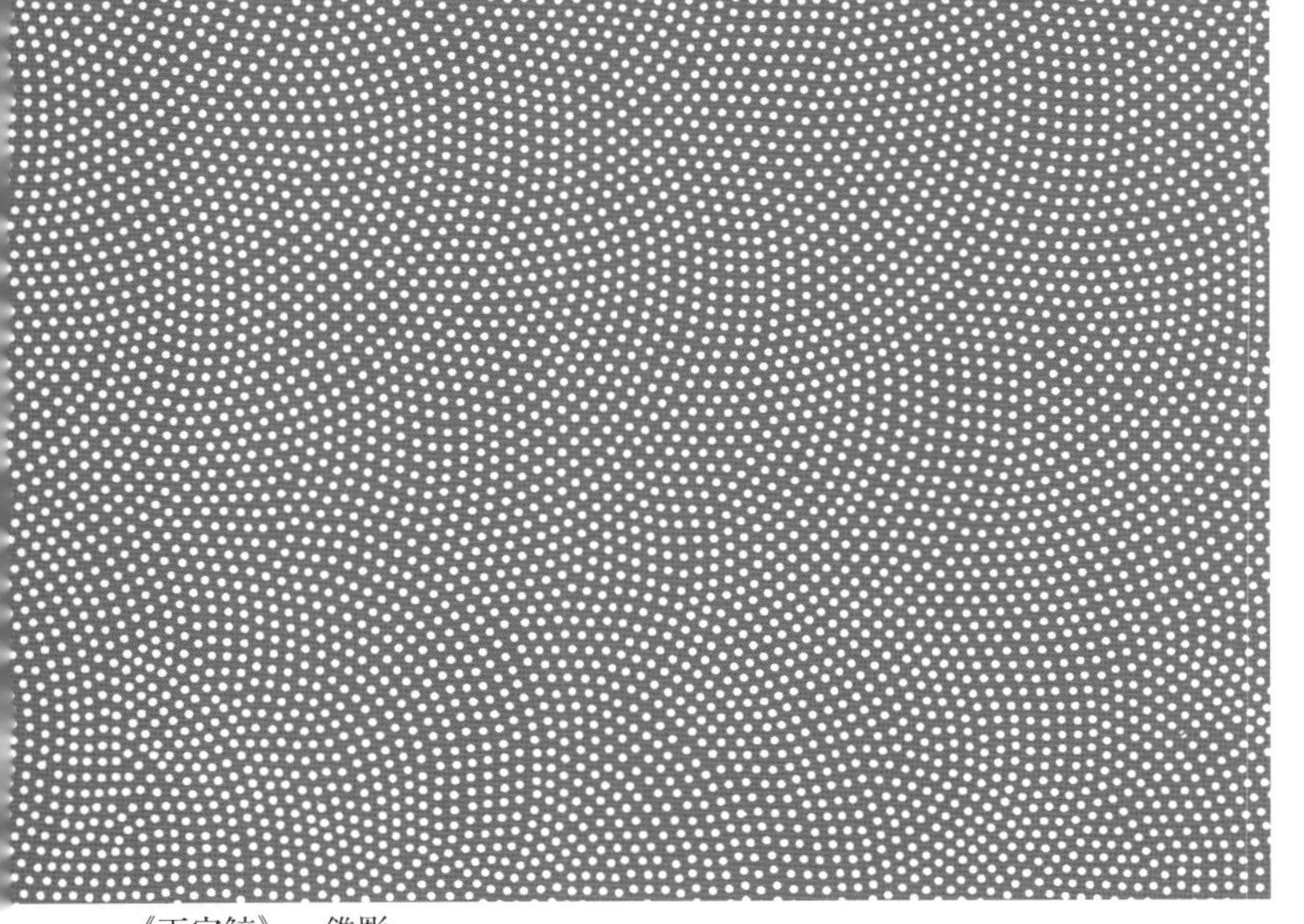

《丁字鮫》　錐彫

その日の帰りしなに、前から心にかかっていたことを口にした。型紙を彫る人に会いたい、この目で技を見たいということをである。

「白子へ、行きますか……」

伊勢の白子は、伝統的な型紙職人の町である。

「型紙は奥が深い。やり始めたら長いですよ」

はい、と答えながら心は決まっていた。

ない箇所もある。だから紋様が騒がしいでしょう?何でも、いいものには静けさがありましょう」

そう言われて改めて見比べると、一枚は点の並びが波紋の重なり合っている部分まですっきり乱れなくとおっているし、もう一枚は何となくそのあたりが雑然としているのが読み取れた。先程の私は、細部に注意をうばわれて全体を見ることができなかったのであろうか。

「いいのもは静かでしょう」「手は手。機械は手のまねはしますけれど」
どちらも小宮康孝さんの言葉である

彫之巻　**ほりのまき**　伊勢型紙の彫師

伊勢路に栄えた型紙の町——白子と寺家

文政九年の出稼鑑札（伝統産業会館）

記録的な寒さの続いた冬。梅の花を追うようにして桜の咲いた春。そして初めて江戸小紋に会ってから丸一年たった、つゆ時のある晴れた日、私は白子（三重県鈴鹿市）への旅に出た。

新幹線で名古屋へ。名古屋から近鉄伊勢山田行きの急行に乗ると白子までは約一時間。伊勢湾ぞいの細長い平野を南へ進む。

西には広々と水田が続き、水田のはてに遠く、ある時は近く、鈴鹿山脈の山裾がある。そして東には絶え間なく人家が続き、そのがっしりとした瓦屋根の連なりのなかに、ひときわ大きなぎんねず色の寺の屋根が、時折眺められる。

白子で下車。東へ少し行くと港に出る。船泊りには小型の漁船が数艘、沖を向いて繋がれていた。人影も無く、動くものは空に大きな輪を描いているカモメだけである。

松阪・津と並ぶほどであった白子港。伊勢商人の活躍舞台だった港。木綿や塩や干鰯の積荷があふれ、沖の千石船と港を結ぶ小舟が群がっていたであろう昔を記憶の底に沈め、まどろんでいるような港の姿があった。

まずは、砂浜の海岸線とほぼ平行して続く伊勢路を歩いてみることにする。

東海道の追分からお伊勢さんへ至るこの道には、軒をつらねていた昔の家並みのたたずまいが今も残っていた。そしてほとんどの家が格子戸で、窓にも格子をはめている。

格子は細い角材を縦に等間隔で並べているものが基調だけれど、二本ごとに少し間をあけたり、あるいは横に渡す木の本数や位置でバランスを変えるなど、それぞれに工夫されていた。

かつて宿場などで賑った町が、傷ましい姿で時の流れに身をさらしている姿を目にすることは多い。がここには、しっとりとしながらも軽やかな呼吸を感じる。それ

《波》　突彫

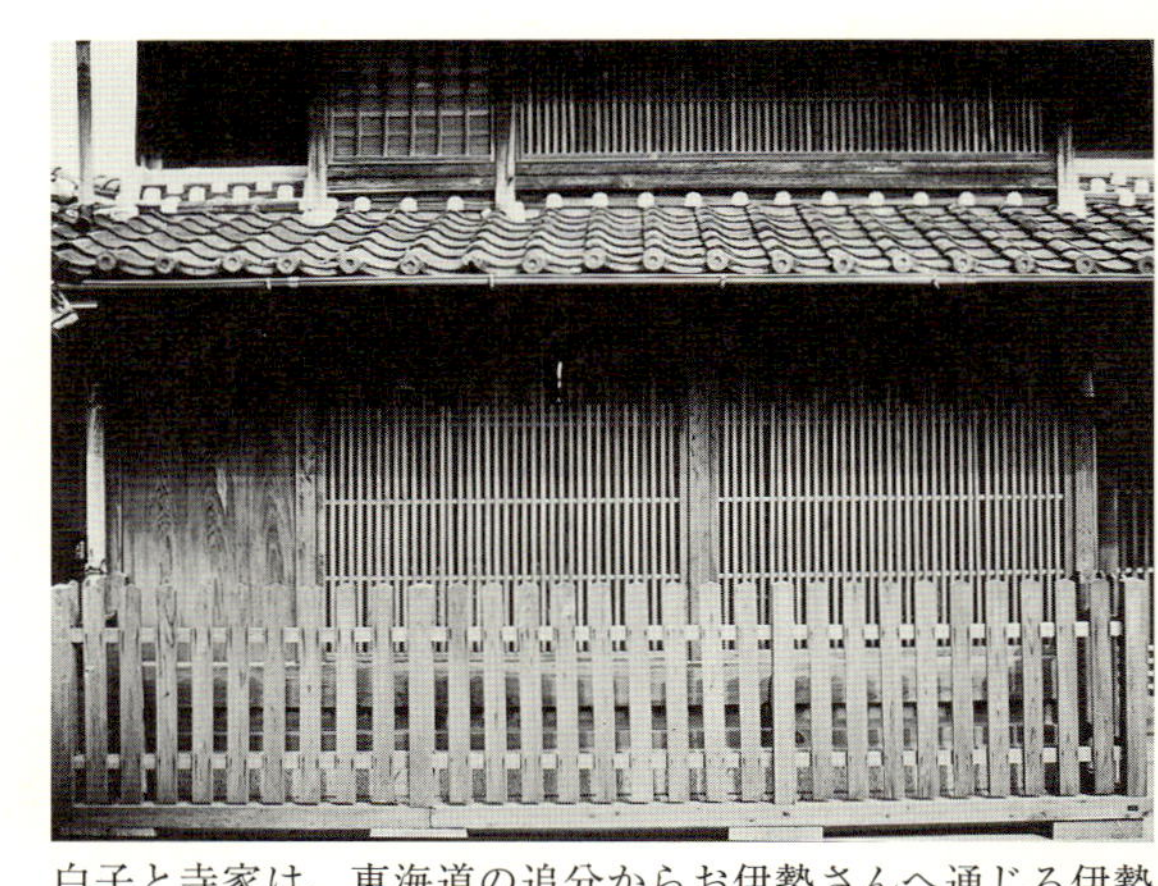
白子と寺家は、東海道の追分からお伊勢さんへ通じる伊勢路ぞいにある。往時の賑わいこそないものの、軒を連ねる家並みや、家々の表を覆う格子に、ここが伊勢型紙の職人の町だったことが思い起こされる

は恐らく手入れの行きとどいた格子の由であろう。また生活している人々の生き方の表われとも思われる。

伊勢路に沿ったこのあたりの町、白子と寺家は、江戸時代から伊勢型紙の産地として名高かった。

型紙の生産自体の歴史はもっと以前まで遡ることができる。が、この地が紀州和歌山徳川藩の領地になり、型売商に様々の保護が与えられるにつれて、販売網は全国へ広がっていった。たとえば藩は、官道を他の商人の半分の駄賃で通る権利を与え、また藩公認の行商人であることを認める出稼鑑札や、関所を自由に通ることのできる通り切手を交付している。そしてこういった徳川御三家の威光を背にした保護の代償として、藩は多額の冥加金を納めさせていたのである。

いったいどのくらいの人々が当時は住んでいて、どのくらいの人々が型紙で生活していたのだろうかと、手がかりを探したことがある。すると、『伊勢参宮名所図会』（一七九七年刊）に「（白子は）人家一千余軒」とあり、また『伊勢型紙の歴史』（中田四郎著）には、「型売り株仲間が一三八株で、文政六（一八二三）年の型彫り職人が（白子、寺家）両村合わせて二〇八人であった」と書かれていた。

型屋と型彫職人を合わせると三五〇人近くもの人数だったということになる。そしてこの他にも、職人には数えられない修業中の人や、型売商のもとで働く多くの人々がいたのである。

型屋は、彫師を支配下に置いて技術が他に流れるのを防ぐ一方で、強力な株仲間を組み、行商先を互に規制し合っていた。が、享保年間（一七一六～三五年）には江戸に店を出す型屋が現れ、型屋について相当数の型彫職人が江戸に住むようになる。型彫職人が江戸の人の好みをじかに見、型彫に生かす――このことが江戸の小紋をさらに磨き上げていく。

明治、大正、昭和と時代が移っても、伊勢型紙は生きつづけた。型紙作りは高度な手先の技術を必要とし、機械化することが出来ないものだったからである。そして「昭和三十年には、型地紙業者二〇、販売業者五〇、彫刻業者三五〇を数えるまでになった。型地紙の年産額でも、分明なものが、一億六千万円にも達し、全国の九九パーセントを占め、名実ともに型紙王国となった」（『伊勢型紙の歴史』）という。

強い陽ざしが照り返している昼下りの伊勢路はからんと静まりかえっていて、人の気配がない。けれど家の表札に「型紙彫刻」「小紋型」などという文字を目にする時、格子の奥で黙々と型紙を彫り続けている彫師の姿を、思い描くのであった。

道具は職人の命でしてね
――道具彫・中村勇二郎

道具彫をする中村喬さん

昭和三十年、伊勢型紙が国の無形文化財に指定され、六人の職人が技術保持者と認定された。今も健在なのは中村勇二郎さん、児玉博さん、城ノ口みえさん。そのうちで最長老の中村勇二郎さんを訪ねた。

中村さんは道具彫（どうぐぼり）（刃先を正方形や長方形あるいは花弁の形に作った道具で型を突き抜く技法）を、得意とする。背が高く、背すじをすっとのばした姿はとても八十をこえておられるとは思えなかった。話は、枝葉のことは口にされない。ぽつりともらされた芯（しん）の部分を、そばから子息・喬さんがすくいあげては、私のために説明をおぎなってくださる。

二階の仕事部屋。窓よりに二つ、あて場と呼ばれる台が少し離れて並ぶ。これが型紙を彫る台で、小ぶりの座り机ほどの大きさと高さがあり、手前へ少し傾斜している。他に火鉢。そして目をひくのは、小抽出しからなる桐の箪笥である。箪笥の中には江戸時代からの道具彫の小刀が、分類され整理されて大切に納められているという。

一本の道具を手にとらせていただいた。形の印象は柄（え）の太さと長さも、柄（え）と刃とのバランスの具合も、彫刻刀に近い。違うのは刃の部分。全体が均一な厚みの、しかも非常に薄く延ばした鋼（はがね）で作られている刃は途中から二叉に分かれており、木綿糸で柄に固定されている。正面から見ると刃先は、三ミリほどの小さな桜の花びらの型をしていた。この刃先を一つ一つ型紙につき立て、五回で一輪の桜が生まれるのである。

花びらの形に彫り抜かれた紙は、糸でくくられた刃の中を通り、二叉に分かれている所から吐き出される。それを目クソといい、出る所をノドというそうである。

喬さんがあて場に向かい、こんな具合にと彫って見せてくれた。

左手で小刀の柄を握って頬の下に固定し、右手は刃先にそえて位置を決める。そして手の力というよりもむしろ頭の重みを左手から柄にかけることで、型を抜いてゆく。

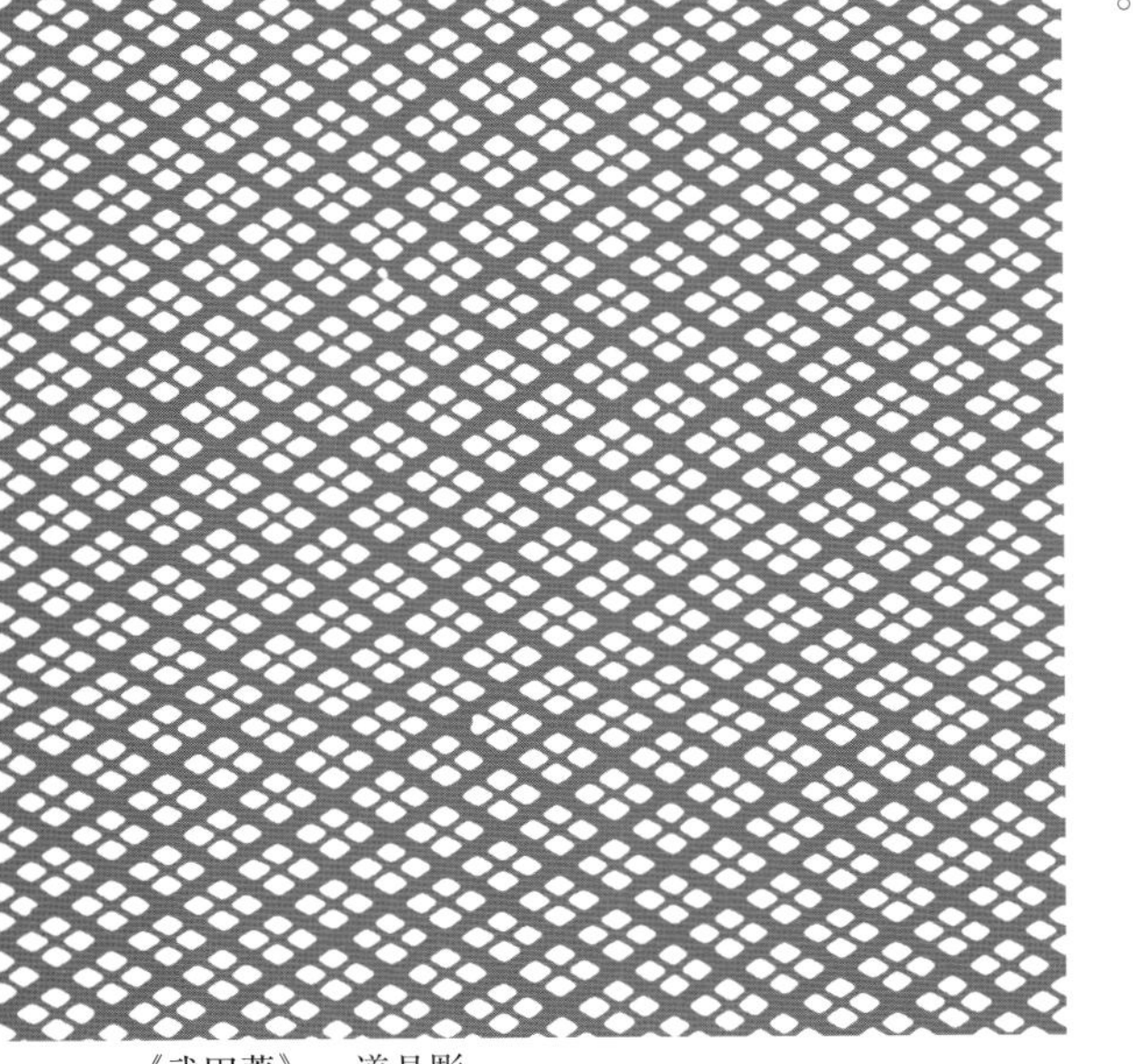
《武田菱》　道具彫

地紙を八枚重ねた中を刃が通ってゆく音が、ツッ、ツッと小気味よい。正確に続くその音は、次第に私自身の脈拍のようにも感じられてくる。

「リズムなのですね。リズムがきれいだときれいに彫れる……」とつぶやいた私に、

「そう、いいことをいいますね。リズムが大切なのですよ」と微笑まれる。

道具彫の道具の刃先から生まれる様々の形。その多様さを一覧できるようにと、中村勇二郎さんが彫られた表（中村勇二郎さんの仕事場にて）

道具を初めて見た時から不思議に思えてならなかったことを尋ねた。

「刃は研ぐのでしょうね」

「研ぎますよ」

「内側も……ですね」

「内側も研ぎますよ」と答えながら、質問の意図を計りかねた表情である。

「この小さな花びらの、内側をどうやって」と言った時、ああ、とその表情が破れて、喬さんは、小刀の刃を固定していた糸を、手早くほどき始めた。

柄に巻かれている糸、次に刃の元を締めている糸が解かれ終った時、はらりと、刃が二つに分かれた。一枚は⌒の形、もう一枚は〉の形をしている。桜の花びらの型をピタリと合わせることで出来ていたのである。

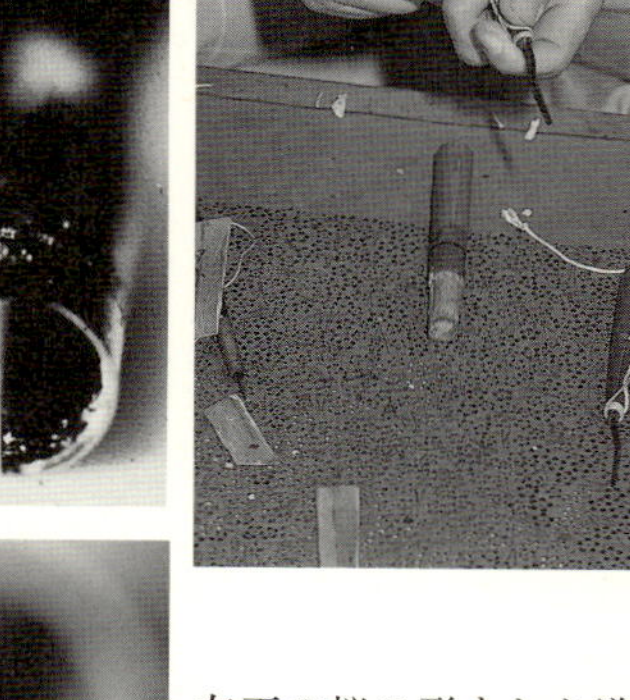

左下の桜の形をした道具は、右と左上の写真で見るように、2枚の刃を合わせることで成り立っている（中村勇二郎さんの仕事場にて）

道具彫が、幾つかの道具を組み合わせることは資料で読んだ覚えがある。例えばトンボは、○で目を、0で羽根をというふうにして一匹のトンボの形を彫るという。けれど道具彫の道具の成り立ちを私は知らずにいて、それが今、思いがけず明かされた。

刃は、玉鋼（たまはがね）という良質の鋼の薄い板を買い、職人が自分で作る。そのための鋼の台を出してこられた。ペンケースほどの大きさで、太さの異なる何本もの溝がある。かたわらの火鉢で鋼を熱し、柔らかいうちにこの溝に合わせて打ちながら刃の形を作ってゆく。

「長方形の刃を作るとしますね。鋼（長さ十五センチ程）をたたきながらコの字形に型を作った後で、真中から二つに切ります。そして切り口のコの字形同志を合わせて、長方形の刃とするわけです」

その刃の先を数ミリ残して糸でくくった後、半ばから二叉に分けて、柄の外側に糸で固定するという。二枚の刃を合わせて一つの刃にするには、合わせ口に少しの狂があってもならない。喬さんが話された長方形の刃の作り方はこの点、まことに理に叶っている。また、一つの道具を二枚の刃から作ることをもししなかったなら、研ぎや、目クソの吐き出しを解決する方法が他にあっただろうか。私は道具の中に潜んでいる人の知恵を、強く感じた。

こういう世界を見る時、ともすると職人の手先の技や勘が云々されがちである。が、底には非常に合理的な考え方や道具への工夫があることを、見落してはなるまい。そうした考え方や工夫がさらに磨かれながら次に受け継がれてゆく——これこそが伝承という、人々が共有する財産なのではないだろうか。

「道具は職人の命でしてね」と中村さんは話される。型紙を彫ることはひととおりできるようになった人でも、道具の研ぎに泣く。まして道具作りとなると神経を張りつめ、一日かかっても思うような刃を作れないことが少なくないとも。

こうした道具であるだけに彫師は、彫っている途中で道具の刃を損なうことを、非常に嫌う。その刃と寸分違わない道具を新しく作ることに何日もかけるか、彫りかけの型紙を捨てるか、どちらかを選ばなければならないからである。

道具彫の型紙を拝見した。三角や丸を規則的に並べた幾何学紋様と、蝶、菊、桜といったモチーフを散らした

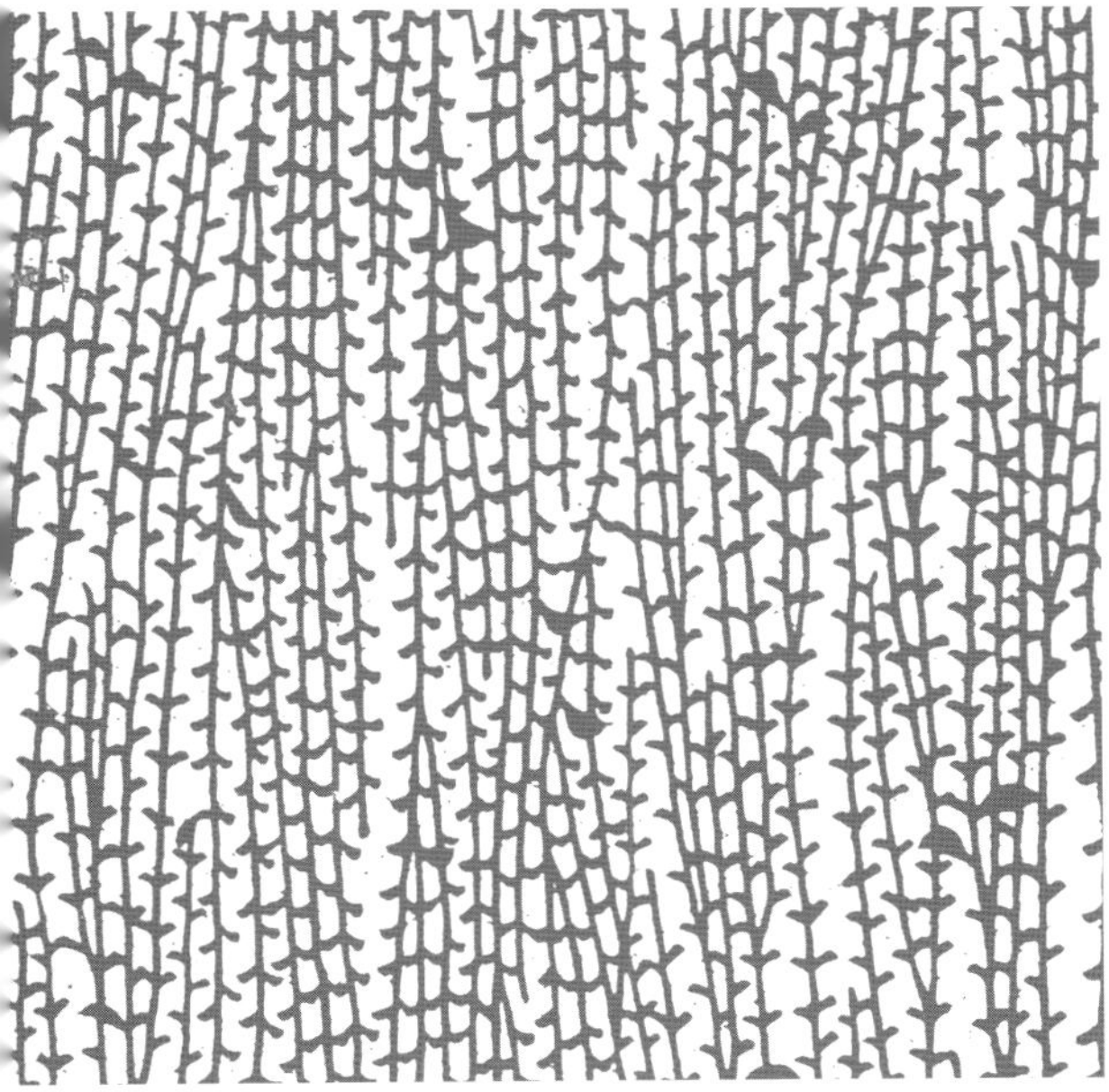

《芽柳》　突彫

具象的なものの二つに、大別できそうであった。

光の射し込んで来る方に型紙をかざしてみる。渋色の中に紋様の部分が白く浮き立つ。細かな蝶が舞い、花が散った。

一寸角に千個以上の孔をあける柄も
——錐彫・宮原敏明

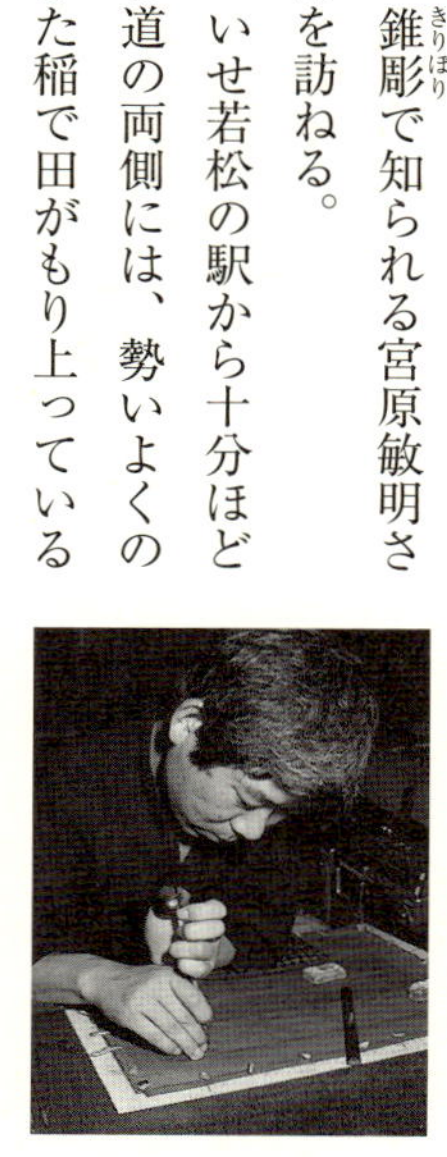
錐彫をする宮原敏明さん

錐彫で知られる宮原敏明さんを訪ねる。

いせ若松の駅から十分ほどの道の両側には、勢いよくのびた稲で田がもり上っているような風景が続く。そしてその上に広がる空の色も雲も、夏のものであった。

空の彼方に目を向けて歩いてゆくと、いつかショルダーバックの重さも流れ落ちる汗の感覚も失せて、明るい緑と青と白の世界に漂っている小さな自分を感じる。

宮原さんのお宅のたたずまいは、律儀でいながら軽快な伊勢路の家々の感じに似ていた。表の窓が明け放ってあって、窓辺で仕事をしておられる宮原さんの姿が見える。

声をかけることがためらわれて、私はしばらくその場に立ちつくしていた。宮原さんのうつむいた顔は少しも動かない。時だけが静かに流れてゆく。

「だいたい一日じゅう、こんなにして仕事をしてぃます。疲れれば、ぶらりとこのあたりを歩きます。も少しと欲を出したり、区切りをつけてからと無理をした時に、失敗しますから」と穏やかな口調で話し始められた。

錐彫は、微細な円の並びだけで柄を描く技法である。先に見た道具彫の命が道具作りにあるならば、こちらは均一な間隔で、孔の連なりに揺れがないように彫るのが神髄と言える。柄によっては、一寸角に千個以上の孔をあける。一つの型紙を彫りあげるのに、一、二ケ月かかるというという錐彫は、型彫のうちでも最も単調で、それだけに持久力を強いられる彫りである。

錐彫の道具。刃先の直径は1mmにも充たない

あて場の上に二本、錐が載っている。彫刻刀の丸ノミを極端に薄く、細くした形である。しかし、半円形の刃の直径は一ミリに充たないほどであるため、印象はシャープペンの芯や、製図用ロトリングの芯に近い。彫りを拝見した。

左手で刃の柄を垂直に保ち右手で錐をくるりと一八〇度半回転させながら、八枚を重ねた地紙の下まで刃を通す。道具彫の、型を抜くという感じとはまったく違うこの彫は、「錐で彫る」というよりも「錐をもむ」と言われることの方が多い。

右手の中指と薬指は刃の位置を決めるための添えで、親指と人指し指が刃を回転させる。この二本の指の力が何千何万という孔を生んでゆくのである。

刃を完全な円形にし、柄に重みをかける道具彫と同じ彫り方をすれば、いくぶん楽でもあり効率もよいだろうに、と思う。けれどそうして生まれた円と、錐彫りであけられた円とでは、シャープさに差があるに違いないという気もする。

「違いますね」と宮原さん。

刃物が通ってゆく時、それにつれ周囲の紙は裏側に向かってまくれる。反対に刃物を抜く時には表にまくれる。刃をまわすと、このまくれを少なくできるという。

以前、型紙のグラビア写真を複写機でコピーしたところ、各々の孔の輪郭がにじみ、したがって孔が連なってしまっていた。それほど間隔をつめて孔を彫るには、わずかな紙のまくれさえも排除しなければならないのであった。

様々な柄の型紙を出して来られた。多くは、東京の小宮さんが布で見せられた《鮫》のように、細かな孔の連なりで人の目に模様を感じさせている。が、これとは逆にモチーフの輪郭を残し、輪郭以外の部分を錐の孔で埋めつくしているものも何枚かあった。その一枚《地落ち双葉葵》の型紙を手元から少し離してみた。すると離れるにつれて葵の優しい曲線が鮮明になり、個々の点が点の群へと変わってゆく。

他に、色のぼかしと同じ効果を、錐の孔で生んでいる柄もある。空間を埋める時に孔の密度を次第に変えてゆくと、密な所では白が強く浮き上りまばらな所は白が後退する。その間の変わり様が染め上った布では、同色のかすかなぼかしとして目に映るのである。

錐彫の型紙をこうして丹念に見てゆくと、小宮さんの「江戸小紋はだまし合い」という言葉の内容が少し読めてきて、心がはずんだ。

また、型紙に彫られている柄は、様々の花や、植物や動物。剣菱、沙綾形といった幾何学紋様。鮫、渦巻き、霰と名はついているものの抽象的な匂いの強い柄。さらには家内安全、花鳥風月といった文字。身近な生活用具である茶道具、大根とおろし金、三味線……と実に素材

《芽柳に蝶》　錐彫

が豊富である。

この豊富さは、小紋を着る人が武家から女性へ移っていったことと、関わりがあるのではないだろうか。つまり、同じ柄の布が大量に生産されることは、女性の消費者にとっては好ましくない。そうした型染めの宿命を、作る側が必死に補おうとした――。素材の豊富さはその努力の上に咲いた華のように、私には思えるのだけれど。

一寸巾に三十三本の縞に挑戦した
――縞彫・児玉　博

縞柄の型紙を説明して下さる児玉　博さん

ホテルの窓いっぱいに射し込む朝の光の中で、コーヒーを片手に時を過す。立ちのぼる暖かな匂いに包まれ、重く揺れるコーヒーの様を眺めながら今日の段取りに思いを巡らせる。旅先ならではのゆったりとした朝である。

地紙を作っている所へ電話で都合を尋ねた。すると、作業を見るだけならどうぞ、話を聞きたいのであれば説明できる人が出張中なので別な日に、という。どうしようかと思案していた時、「伊勢型紙の取材ですか」とすぐ後で声がした。

「いやあ、あなたが電話しているのが聞こえてしまったもので」

と、ちょっとばつが悪そうに声の人は笑って、すぐ真顔になった。そして、これから染師である友人と型紙を求めに行くのだけれど、よかったらいっしょに来ないか。染師と彫師のやりとりを見られるなんて、めったにないチャンスだから、と誘われた。

幸運は、どうしてこんなふうに突然やって来るのだろう。勿論、同行させてもらうことにする。

声をかけてくれた寺田康雄さんは、瀬戸市の陶工、愛知教育大の講師でもある。友人というのは染師の藍田正雄さん。群馬で江戸小紋を染めているという。そればかりか、これから児玉さんに会いに行くと聞かされて、二重に驚いた。児玉さんは、小宮さんから是非とも訪ねるようにと助言いただいている、その人だったのである。

車で五分ほどでお宅に着く。

「やあ、お待ちしていました」。児玉博さんは満面に笑みを浮べ出迎えられた。

児玉さん七十代。藍田さん、寺田さんは四十歳代であろう。三人の親しげな挨拶がすんだところで、藍田さんが、私を児玉さんに紹介してくれる。

「あなたでしたか。小宮さんからよろしくと電話をもらっていますよ。しかし、この取り合わせは」と、三人を改めて眺めておられる。そこで今朝の一件を話すと、縁というのは不思議なものですねと、ひどく感じ入られた様子であった。

「こんなことをしてみました」と藍田さんが、あずき色と白の、細かい縦縞の反物をバッグから出して、皆の前に広げた。糊の代わりに粘土を使ってみたという。言われてみると、白い部分に、わずかだけど茶色を感じる。

他に、両面染めといって反物の裏と表の両面を染めた反物なども並べて、染めた折の新しい試みや工夫を語るのを、児玉さんは一つ一つうなずいて聞かれた。そして、自分の型紙から染め出された布を、いとおしむようなまなざしで眺めておられた。

児玉さんは縞彫の達人である。縞を、人によっては突彫でするけれど、児玉さんは小刀を手前に引く引彫でする。

仕事は、地紙の上に彫る目印をつける割付、から始めるという。

「小さな紙に一寸を縞の太さにしたがって等分した目盛をつけ、それを物差にして上口と下口に星（点）をつけてゆきます」

縞とひと口にいうけれど種類は実に多彩である。全ての縞の太さの均一なきまり筋。太さや縞の間隔にリズムを持たせる変り筋。波状の縞が、同方向に並ぶ養老や向かい合って並ぶ立涌。こういう大別の中に、各々細かなバリエーションがある。たとえばきまり筋は、縞の巾によって、大名（十）、万（十二）、上万（十四）、間万（十六）、極万（一八）、並毛万（十九）、毛万（二十）、極毛万（二十一）、二ツ割（二十三）、極二ツ割（二十四以上）と細かく名前がついている。ちなみに（　）の中は一寸の巾に彫まれる縞の数である。

縞は「万」くらいの筋だと粋である。そして「万」と「上方」では一寸についてわずか二本の差なのに、表情が微妙に違う。細くなるにつれて、線の勢いが退いて優しさが増すように思え、縞柄というよりも地紋の印象に近づくような感じがある。

児玉さんは、縞の細さに挑戦した人である。一寸に三十一本。さらに三十三本と。

三十三本の《木賊》の反物を出された。それは縞の処々に細い節が入っている柄で、植物の木賊に似ていることから名づけられたものであろう。ここまで細かくなると型紙にあっては糸のようだった筋は、布の凹凸と糊のやわらかさに呼応して、幽かに震えているような色の筋に生まれ変わっているのであった。

割付に話をもどそう。三十三本の《木賊》では、一ミリについて二回の割合で刀を引くことになる。この場合に小さな紙へつける目盛は○・五ミリの間隔ではない。○・四ミリと○・六ミリとを繰り返したもので、この目盛に従って地紙の上口と下口に星を割付ける。

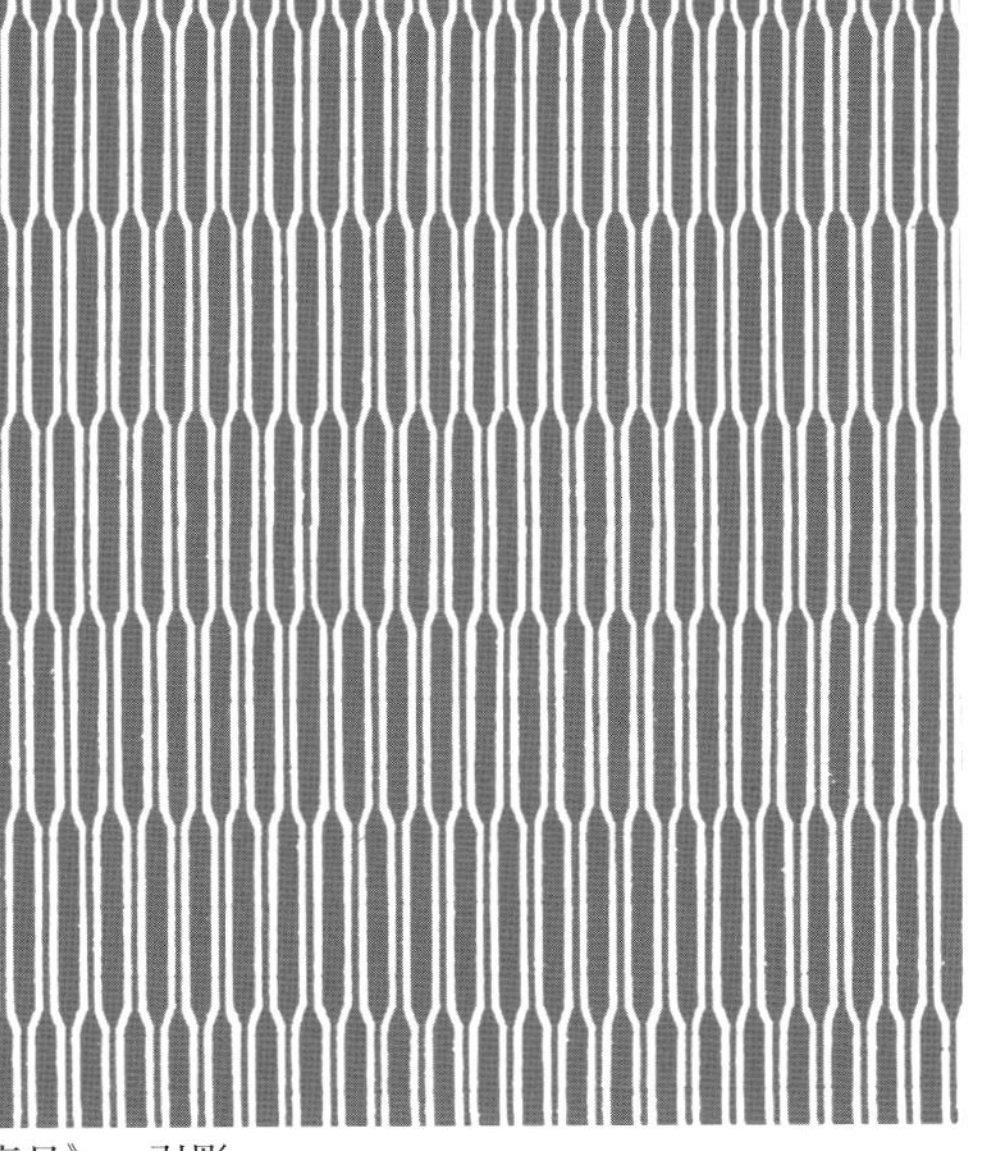

《御座目》　引彫

「上と下の星に定規をあてて縦を彫り終ったら、横の〇・四ミリ巾の箇所を彫り落してゆく。そうすると〇・六ミリの巾に地紙が残りますね。そしてこの型紙で型付をすると、〇・四ミリ巾に置かれた糊が繊維ににじんで

自分にしか彫れない細かな彫りの注文が欲しかったという児玉さんが誇る《竹節》の型紙。糸入れは母親のはまさん。生前のはまさんは、児玉さんの彫った型紙のすべてに糸入れをされた（児玉　博さん所蔵）

〇・五ミリの巾となり、〇・五ミリの縞が染め上がる訳です」

太い縞の場合は、糊のにじみで生れる〇・一ミリは問題にならない。しかし〇・五ミリの細縞となると、この微かな差が人の目にはっきりと映って来るに違いない。そのことを逆算しての、〇・一ミリなのである。

渋紙の上につけられた星の列が、一瞬見えたように思えて、息をつめていると、児玉さんが続けられた。

「星をつけるのは苦労だけれど、彫る時は四分六の方がかえって易いのですよ」と、種あかしでもするような、少し楽しそうな表情をされた。ひたすら上から下へ刀を引き続ける縞彫は、単調で、しかも少しの気を抜くことも出来ない彫りである。この時、等間隔で彫ってゆくよりも、四、六、四、六と繰り返す方が心理的にも型紙を見詰め続ける目にとっても、いいということであった。

太い縞は、七、八時間程で彫り上げる。若い時には六時間で、ということもあったが、この間、あて場の上の紙は絶対に動かさない。下半身を動かすこともしない。わずかに横を向いてタバコを喫うだけである。

《木賊》のように細さに加えて節の入る縞の場合は、何日もの長期戦となる。最も苦労したのは《竹節》で、

「縦に彫るだけで一ケ月かかりました。そして、節を彫るのに、わずか一寸四方の中にある節を彫るのにですよ。八時間」と話される。

竹節の反物が目の前に広げられた。三十一本の細い縞に、先程の《木賊》と同じように節がある。が、《木賊》の節が巾一ミリほどの直線だったのにひきかえ、こ

児玉博さんは、それまで１寸巾に24本が最も細いとされてた縞の細さに、31本、33本と挑んできた彫師である。33本の彫りを拝見した。竹ベラで2枚にはがした地紙（下右）を12枚重ね、周囲を点々とコヨリで止めてから彫り始める。上口と下口の近くに付けた目盛を結んで、右隅から彫ってゆく

ちらは竹の節の形さながらにゆるい丸味をおびている。この曲線を出すためには、縦に彫ってある線の末尾をじっと見詰め、静かに刃をあてる。これでいける、と思うまで何度でもあてなおす。そうして心が決まった時、はじめて、刃を入れるということであった。

《竹節》の型紙は、先代の小宮康助さんとああでもないこうでもないとやり合いながら作り上げた。そして六校のうち四枚が小宮康助さんの手に渡り、二枚が今も児玉さんの所に残っている。

「是非ともゆずってくれという話はありますよ。けど、この型紙で、小宮さん以外の人に染めてもらう訳にはいきません。それが職人同志の義理というもんでしょう」

この言葉のなかに、〇・一ミリの世界に挑んで生きて来た男の、もう一つの顔を見たように思った。

型紙の型紙になる小本と、下絵
——錐彫・六谷泰英

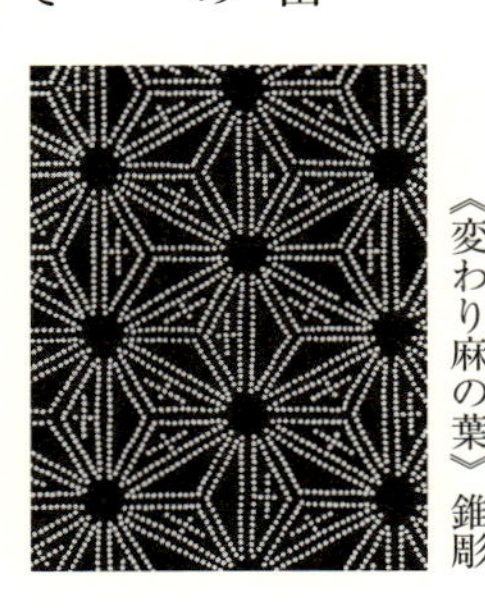
《変わり麻の葉》錐彫

注文してあった縞の型紙一枚を宝物のように抱いた藍田さんの次の訪問先は、錐彫の六谷泰英さん。

ほぼ同世代なこともあってか、再会の場には心の通じ合った仲間の和やかな雰囲気があった。お寿司、冷たいビール、そして、奥さんの手づくりの料理に箸をすすめながら、様々な話題に花が咲く。

近ごろ有名になった染料「貝ムラサキ」のこと。江戸小紋のこれからの方向。いっしょに行ってみたいという中国大陸への想い。あるいは、六谷さんの型紙で藍田さんが染めた反物を前にして、それに映えるであろう裏地の色の話などなど。

そのうちに話が型紙へ移って、「前にお話しした《麻の葉》、お願いできますか」という言葉に六谷さんが、小さな紙片を抽出しの中から出された。

デザインの見本だろうかと、何げなく見た目に、思いがけない物が飛び込んで来た。柿渋色の小さな紙。そこへ麻の葉が、ちょうど透かし彫のように彫られている。ビールで心地よく弛んでいた神経がにわかに騒ぎ始めた。型紙に違いない。とはいえ、この小ささは？

何ですか、と尋ねた時の私の目は、光っていたにちがいない。それにひきかえ、六谷さんの答えはあまりに、あっけなかった。

「小本ですよ。型紙の、その元になる型紙です」

一瞬、私は言葉を失った。

実は、昨夜中村さんと宮原さんの話をノートに整理するうちに、注意が型紙と技ばかりに向けられて、それ以前のことに及んでいないことに気付いた。彫りかけの型紙の上には墨で柄が刷られていたけれど、あの柄はどのようにして……と自分のうかつさが悔やまれた。その答えが、ひょこり出て来てくれたのである。

彫りの作業は、柄を地紙の上に写し取ることから始まる、と六谷さんが話し始めた。つまり、何枚か重ねる一番上の地紙に小本をあて、墨を刷毛につけて刷る。次の位置へ小本を送ってまた墨を刷る。これを繰り返して彫る柄を写すそうである。

　ということはこの小さな小本も型紙と同じで、送った時、下口と上口の紋様がぴたりと合うように工夫されている。そればかりか小本は右へも送るから、右の縁は次に刷られる左縁の状態と一致するようにも柄がデザインされねばならない。小本が結び合わされて型紙が生まれ、型紙が連なることで一反の柄が完成する。可能な限り細かい柄を無限に繰り返す小紋の核がこれなのだと知った時、しばらく目を離すことが出来なかった。

　小本は、一体いつ、どういうきっかけで生まれたのだろう。より細かいパターンをより精致に敷きつめることを求めてやまなかった型彫職人の工夫によるのか。他の分野の技法を型紙に導入したのか。ひょっとして小本の方が型紙の源ということは考えられないか。

　型染の起源自体に定説がないだけに、こんなことが次々に頭の中で爆ぜるのであった。

　つい先ほど、柄の方程式ともいえる目盛を割付けて彫る縞彫の話を聞いたけれど、縞以外はすべて小本を使うのだろうか。

「この場合は、別ですね」と、一枚の下絵を見せられた。細かな唐草風の花柄が、薄い和紙の全面に墨で描かれている。こうした絵柄風の柄はカーボンで地紙に写し取り、写した柄を彫ってゆくそうである。話は再び、《麻の葉》へもどっていった。

「ここのつなぎを、も少し、細くした方がいいのではありませんか」と六谷さん。

「細く、彫れますか」と藍田さん。

「彫れます」と短く答えた彫師と、染師の視線が合った。

「では彫らせていただきます」

　短くゆっくりとした言葉の行き交い。視線。正座した膝に置いた手。別世界の一コマ一コマが、私の心を揺らせながら過ぎて行った。

　まだ柿渋をひいていない型紙用の和紙をみやげにと頂戴して、外へ出た。薄明るい室に慣れた目には痛いほどの日射しで、道も家並みも白んで見える。

　先を急ぐ藍田さんたちと東京へ帰る私とは、右と左へ別れた。まる一日いっしょだったものの、藍田さん自身については何も知ることもなく、一枚の名刺が残ったきりであった。

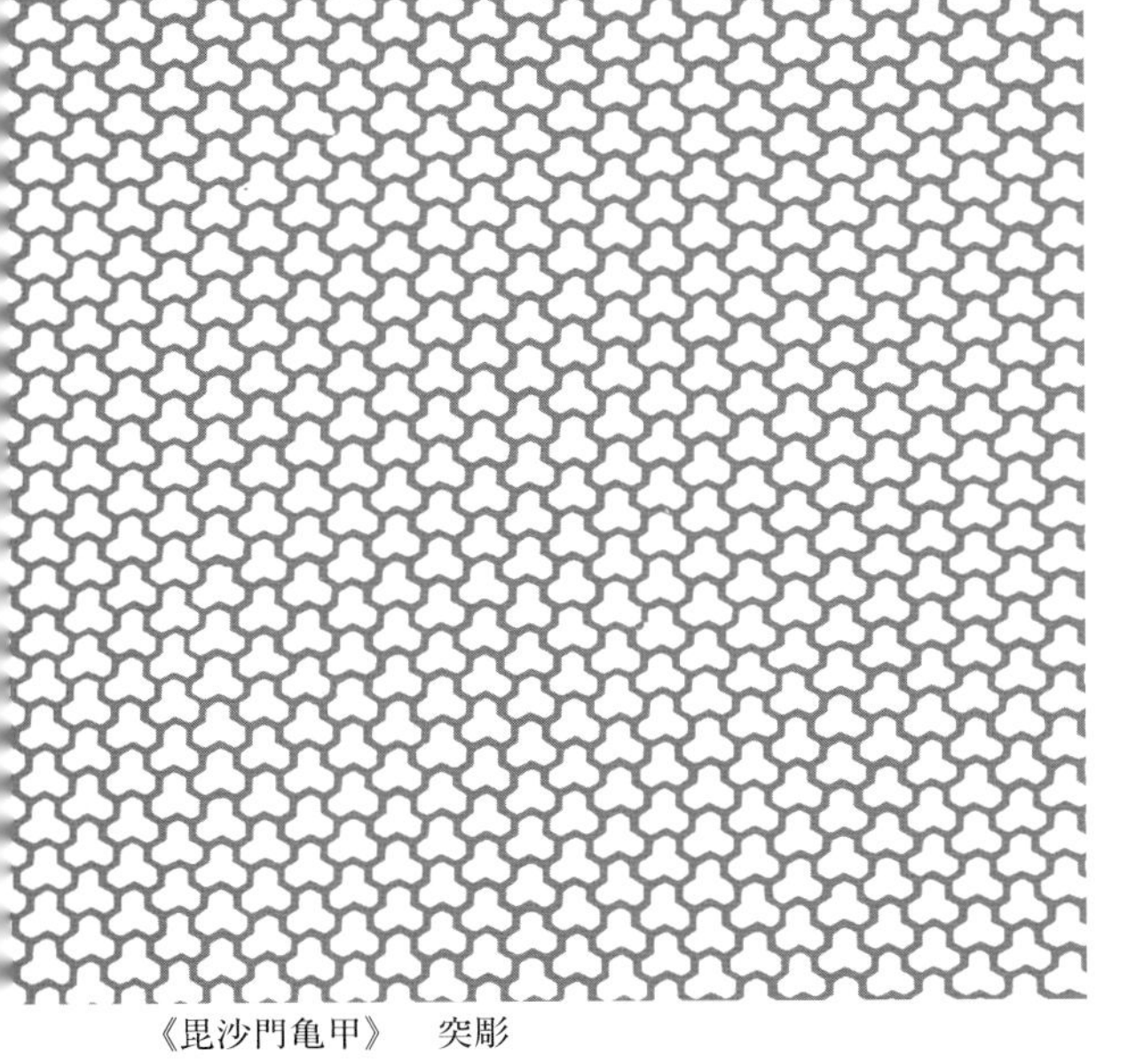

《毘沙門亀甲》　突彫

道具彫（中村勇二郎さんの仕事場にて）

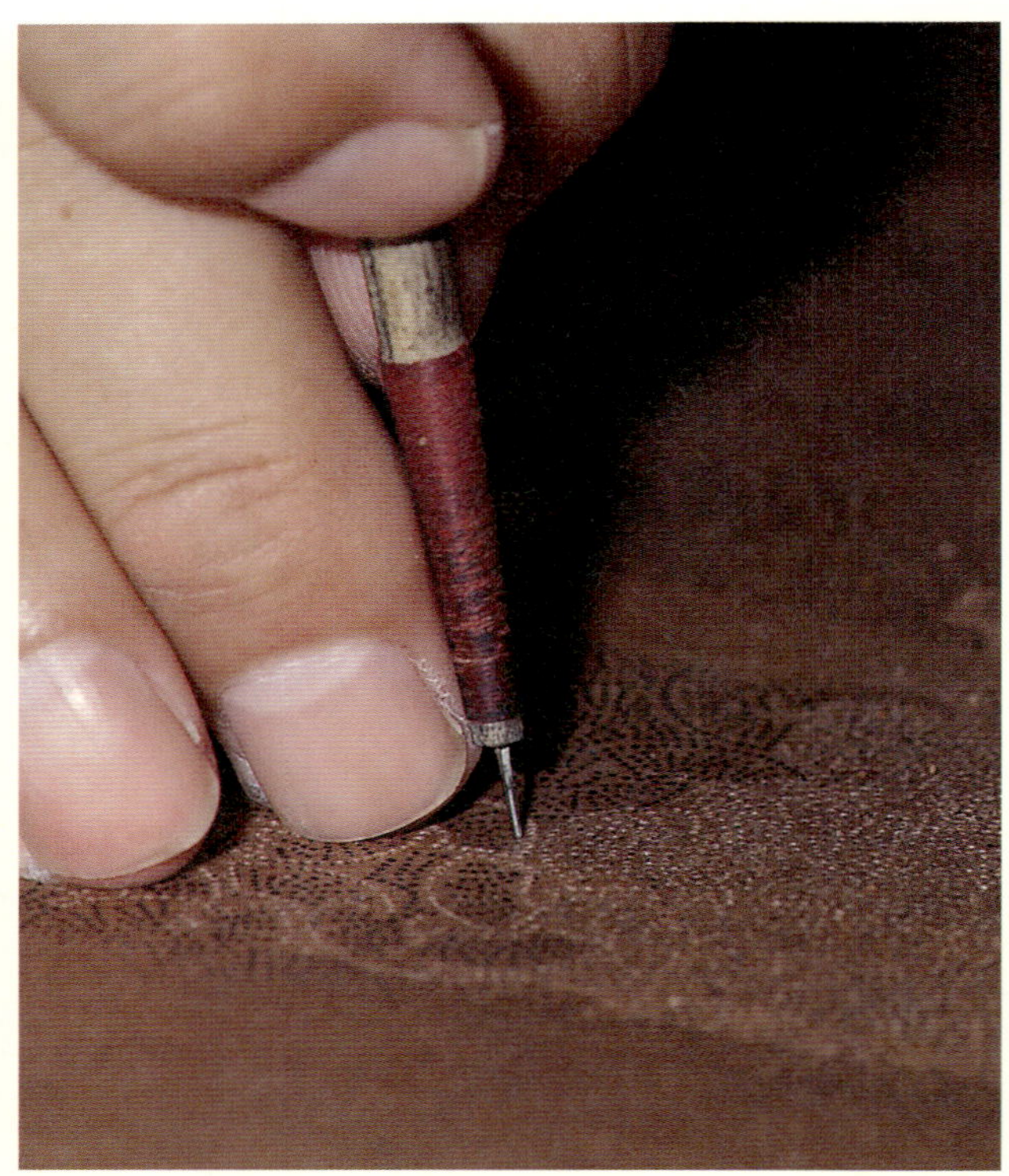
錐彫は、刃先が半円形の錐を半回転させて1つの孔を彫る。この孔の連続で紋様が生れるのだが、細かい柄になると1寸角に1000個以上もの孔をあける（宮原敏明さん）

突彫（光永安一さん）

突彫は、細い刃先を小さく上下させながら手前へではなく向こう側へ彫り進む。このため刃先が見え、細かい曲線も正確に彫ることが出来る（南部幸雄さん）

鼓ケ浦、そして伝統産業会館

地紙作りにかかせない柿渋の入った甕

　その日の白子は、青い空を雲が激しく流れていた。家々の生垣も道端の草も、まぶしい光の中できらめいたのが、一瞬の後には寒々とした光景に変わる。と、太陽をさえぎっていた雲が去って、再び春の明るさをとりもどす。そんなくり返しの中を歩いているうちに、海を見たくなって、松林が見え隠れする方へと橋を渡った。

　舗装された道に出た。道の片側の堤防に近づいた時である。空だけだった視界に、突然、海が姿を現した。淡く青い、光りの海。無限に広がる海。胸を破れるまでに膨らませて、潮の匂いを吸う。

　小学校に入学するまでを湘南の海辺の町で過した私にとって、それは体で感じる匂いである。

　当時の記憶はほとんど残っていない。しかし海に向かい合っている時、自分の幼い心の淵をのぞき込んでいるようなときめきと切なさがいつもある。

　波打ち際をしばらく歩いた。頭をもたげた波は軽く響いて落ちると、白浜をなめて寄り、そして去ってゆく。音が鼓に似ているために、このあたりを鼓ケ浦と呼ぶそうである。白子で最初に訪れた彫師・中村勇二郎さんの、彫りに疲れると鼓ケ浦の浜辺を散歩すると話された言葉が思い出された。遥か砂浜の先に、白子港が見える。

　目的地だった伝統産業会館に入ったのは三時頃であった。ここは鈴鹿市が二年前に設立したもので、伊勢型紙の概略をつかもうとする者には格好の資料館だと聞いている。広い展示場には、平日の少し遅い時間のためか人影がなく、冷たい空気が身を包む。冷たさと静けさの空間に私自身の歩く音と、メモを取る幽かな鉛筆の音だけがする。

　入口付近に、伊勢型紙で染上げられた反物の展示。続いて、和紙を柿渋で貼り合わせて作る地紙のコーナー。そして次は彫りの技術が、型紙と道具の展示にそって解説されていた。手に取ることこそできないものの、心ゆくまで型紙と道具を眺められるのは嬉しい。が、最も興味がそそられたのは型紙を五倍に拡大した大きな写真パネルであった。

　五倍に広げられた縞は、型紙のそれからは遠い印象である。あの縞が繊細さを失って、伊勢路で心を引かれた格子を思い起こさせさえする。しかし驚くのは、それ程になってさえ、縞は均一で、縦と横の刃の跡が一分のズレもなくぴったりと止まっていることである。児玉さんから縞彫の型紙を見せていただいた時、内心、これを拡大して見たいと思った。それが思いがけず実現した。

　突彫の型紙を拡大した写真パネルの前でも、しばらく足を止めた。突彫は、日本刀の凄さを持った、刃先の巾

鈴鹿市立の伝統産業会館は、伊勢型紙と鈴鹿墨に対象が絞られている密度の高い資料館である。型紙用の和紙から染め上った布までの展示品に加え、伊勢型紙の歴史を語る資料も多い

が一、二ミリという細い小刀で、手前へではなくむこう側へ彫る。私は南部幸雄さんの突彫を拝見したが、道具彫の円かと思う小さな孔も、流れるように続く細かな曲線も、垂直につきたてた刀を上下に動かすことで彫ってゆく。手前へ刃を引くよりも刃先が見易く、刃が細いので細かな柄も可能だという話を聞いた。パネル上の突彫の線は、拡大しても少しの揺れもなく、まるで、刃の先で描いた紋様であった。

ここではもう一つ、得がたいものを目にすることになる。他に入館者がなかったためか、事務の人が、

「私もまだ見ていない古いフィルムがありますが、ひとつ映してみましょうか」と声をかけてくれた。願ってもないことである。

『江戸小紋と伊勢型紙』というタイトルの後に、長い竹ベラで型付をしている染師の姿が映し出された。小宮康助さん、先代の小宮さんである。

画面は小宮さんの染めから、やがて白子の型紙彫へと移ってゆく。

まず、中島秀吉さんの道具彫が紹介され、これまでの六十四年間の彫りで作った道具の数は、何千本にもなるという。アップで撮った刃先の完璧な形には、胸がすく。

そして六谷紀久男さんの錐彫の映像。錐をさし込む度に、重ねた地紙が沈む。錐の研ぎ具合を見ながら、研ぎは肉眼で確かめるのが一番確かだと語る。

突彫は南部芳松さん。午前九時から夜十二時まであて場に座りつくす。当時の彫師の仕事ぶりというのは、大体そんなものであったらしい。巧みな刀さばきのアップは、紙の切れる音、切ってゆく感触までが伝わって来そうな迫力がある。

フィルムは恐らく二十五〜三十年前に製作されたものであろう。

先代の小宮さんも、中島さん、南部さんもすでに亡い。そして私がお目にかかった小宮さん、中村さん、児玉さんの、若々しい横顔が見られた。

寺に奉納された小本の世界——喜田寅蔵の型彫

喜田寅蔵さんの彫った小本《住吉踊》の部分・青龍寺所蔵

去年、偶然に知った小本というものを、一枚でも二枚でもいい、じっくり見たいと願っていた私の目の前に、今、二十八枚の小本が並んでいる。そこは白子駅に近い青龍寺の庫裡であった。小本は大きな額に入れて飾られていた。畳の上に降ろして裏を拝見すると、昭和五十三年に喜田貫治さんが、檀那寺である青龍寺に奉納したということが記されてい

た。小本は喜田寅蔵さんの作で、亡くなられた後、供養になればと息子さんが納められたものである。

喜田さんは、明治二十七年に生まれた。白子小学校を卒業すると同時に突彫を習い始め、数年後には別な師について錐彫を修める。それからは京都、足利（栃木）、桐生（群馬）、東京で技を磨き、白子に戻ったのは三十歳ちかくになってからである。八十四歳で亡くなる前の年まで彫り続けたというから、まさに七十年間、小紋型紙ひとすじに生きた人といえよう。

冷え冷えとした室の中に、小本が並ぶ。手のひらほどの小ささのためか、あるいは主を亡くした小本と思うためか、型紙には必ずみなぎっていた強さと緊張感はさほど感じられず、むしろ繊細さや華麗さの方が意識される。

初めて六谷さんの所で目にした小本の柄《麻の葉》があった。ただしあれは突彫でこちらは錐彫。同じ《麻の葉》も突彫の線と細かな点の連なりで描いた錐彫のものとでは、表情がずいぶん違う。このやさしい点描こそ、錐彫の味なのであろう。

やさしさが持ち味の錐彫は、技が未熟な場合、極端に張りを失う技法である。それも花や鳥などのように具象的な柄の場合には、人の目が象に引かれ易いためにさほど目立たないが、幾何学紋様となると単純なほど技の差が歴然とする。喜田さんの小本の中にはそうした《鮫》、《籠目》という彫師泣かせの柄があり、二枚ながら、小気味よいほどの彫りであった。

「喜田さんの《鮫》の彫りはいい」という言葉は、一度ならず聞いている。

《鮫》は、細かいボツボツが全面にある鮫の肌が光の具合でこんな波状紋様に見えるのかも…と思われる柄であり、織布や陶磁器等にもよくある青海波と似ている。けれど青海波が同心円の一部を積み重ねる幾何学紋様なのに対し、《鮫》の波は、もっと有機的な紋様である。つまり寸法を割付けるのではなく、彫師が自分の好みの線を何度も引き直し、彫ってから再び修正してと、練り上げていった波なのだ。

喜田さんの《鮫》の波を追ってゆくと、波は次の波に

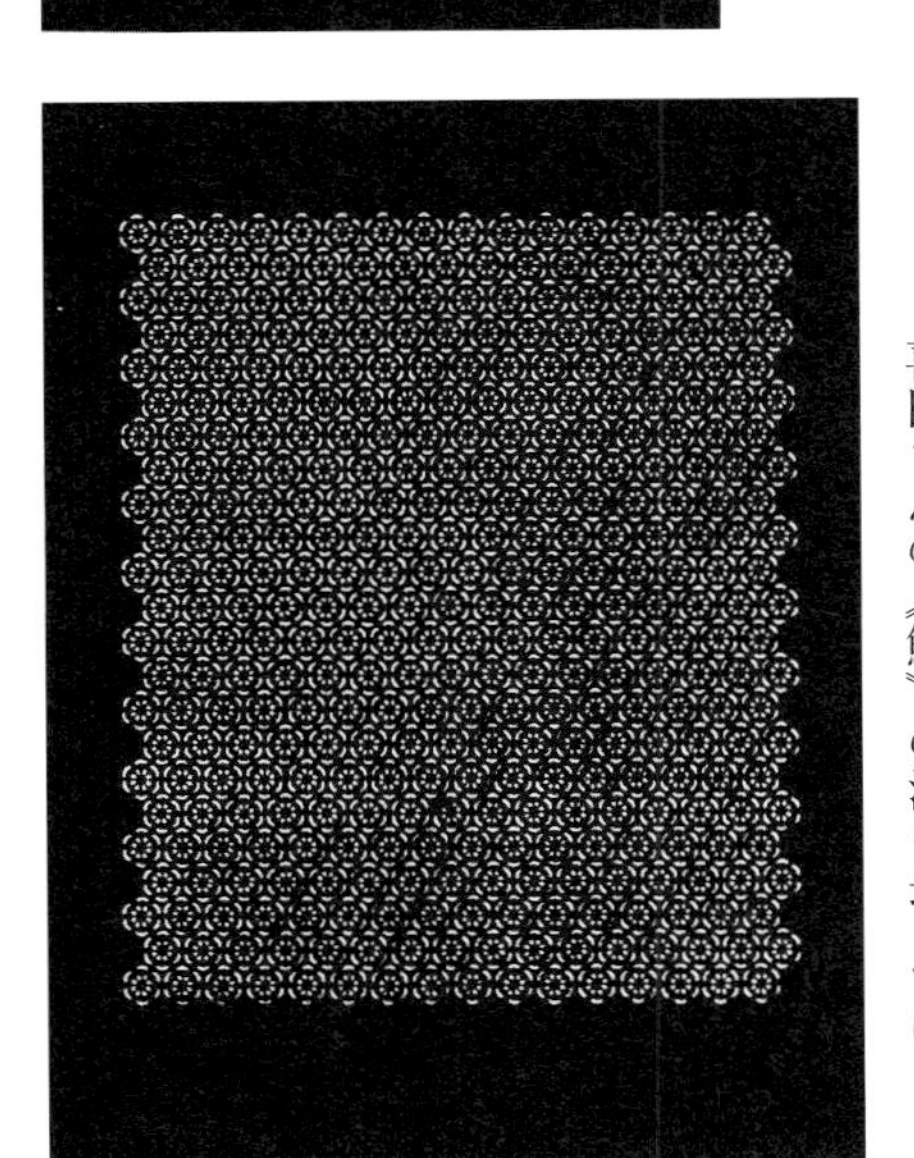

吉田寅蔵さんの彫られた小本
上　≪丁字鮫≫　錐彫　100×160
下　≪梨割りの蔭≫　道具彫　120×150
単位はミリ

重なり、広がりながら別な波にのまれてゆく。波のようにも、響き合う音のようにも思える錐の連なりは、いくら見ていてもあきることがない。大きさは一〇×一六センチと、他の小本（《麻の葉》は四×六・五で平均的）に比べてかなり大きい。のびのある、波のとぎれを感じさせない喜田さんの《鮫》は、小本にこれだけの大きさを必要としたのであろう。

《鮫》では、大きさ以外にもう一つ目につくことがあった。彫られている柄の輪郭が長方形ではなく、波のなりゆきに従って大きく凸凹していることである。この凸は、型紙につけられていた星に相当する送りの目安で、小本の場合は、前に墨刷りされた柄の一部に小本の柄の一部を重ね合わせることで、次に墨刷りする位置を決めることが多いようである。

個々の小本の柄の美しさや彫りの技に引きつけられていた目は、次第に小本自体にむいてゆく。そしてこの小さな紙片に籠っている人間の力、つまり紋様を考え、しかも上下左右にそれが続くように小本をデザインする力を、想うのであった。

喜田さんの小本はこの他に、水の流れる様を表わした《観世水》、《梨割り日向》、《立涌に木瓜》、《寒月梅花照》、《変わり麻の葉》、《菊と香巣》、図案化された蝉の形が実に美しい《からせみ》、《松竹梅と七宝つなぎ》、《老松》、《鍋島》、《梨割りの蘂》、《燭光》、《綸子サヤ》、《菱格子花勝見》、《七宝》、《住吉踊り》、《菊に向かい唐草》、《四ツ葉うんさい》、《米寿格子》、《菊菱》、鳴子とその音に驚いていっせいに飛びたった雀の様を描いた《雀と鳴子》、《縄目》、《小桜》、降りそそぐ陽が川面にあるようなイメージの《宇治川》。そして、細かい十字を並べた《御召十》の型紙が一枚だけあった。

これらのうち《燭光》他数点に墨刷りのあとが残っていた。また、《麻の葉》は、縁の空いた所に、少し大き目の麻の葉が彫られていて、錐の孔の調子を見ようとした跡がうかがえる。どちらもささやかなことではあるけれど、私はそこに彫師・喜田さんのけはいを感じるのであった。

使う人の身に徹し、ゴミを取り渋を刷く
——地紙作り・山中 隆

地紙の貼り板を運ぶ山中さん

「染は型紙です」と染師・小宮さんは言い、「型紙は染め次第」と彫師・児玉さんは言う。けれど二人が口をそろえて、「これあっての話ですが」と付け加えられたものが地紙であった。というのは、地紙の良し悪しが、彫りと染めに深く関わっているからである。

地紙を作っては右に出る人のないという山中隆さんを、鼓ケ浦駅に近いお宅へ訪ねた。

「凄い悪臭でしょう。こっちの方が風が通るから幾分いい」と、作業場の戸口近くに通された。庭に入るなり鼻をついた柿渋の臭気は独得で、猫のフンに似ている。

昔からこのあたりは地紙を作る職人が多かったので、いつも柿渋の臭がしていた。また、一日の仕事で手に付いた柿渋は指の股、手の筋や窪に固まる。夕方風呂屋へ行くと、石鹸では落ちないそれを軽石でこすり落している男衆が目立った

山中 隆さんの地紙作りは、一切手をぬくことがない。「お父さんは万事荒っぽい。仕事の時だけが丁寧」と女房と子供に言われると哄笑された。和紙を柿渋で重ねる板付けは奥さんが（左中）それから後は山中さんがと、夫婦２人の地紙作りで明け、暮れる。

柿渋で重ね合わせた型紙用の和紙は、桧の板に柿渋で貼った状態のまま天日で乾燥させる（左下）。作業場の中で仕事をしながらも絶えず天気の具合に気を配り、板を出したり取り込んだりする。

右下は、これらの工程を何度もくりかえして完成した地紙

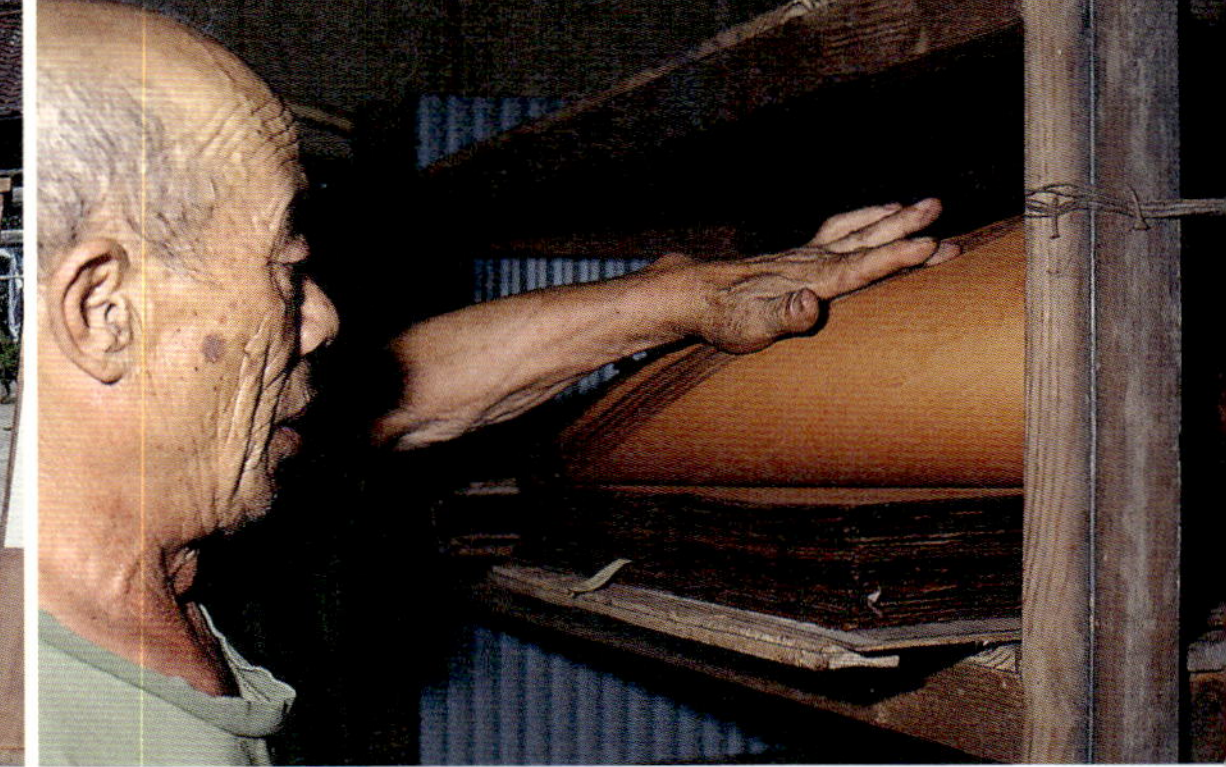

ものだ、と言いながら、山中さんはぱらりと、私の前に手を開かれた。

　紙を扱う手は荒れるという。その上に、一度布に着いたら決してしみが落ちない柿渋に染まった手。軽石でこすられた手。人の背より丈のある渋紙を貼って干す、あの重い桧の板を運ぶ手である。

　大正五年生まれというから七十歳になろうとするその人の手は、大きく厚く、固く頑強で、手自体に意志を感じる手であった。

　手に限らず、山中さんには、話し方にも地紙作りの姿勢にも、しなやかな強さがある。

「地紙自体は、決して完成品ではありえない。欠点を、彫師と染師にカバーして使いこなしていただく物です」と謙虚な言葉に続けて、

「そのためには、使う人の身に徹する。絶対に手を抜かない」と言い切り、

「なに、単純なことです。ゴミを徹底的に取る。紙の間にあるゴミなら、紙をはがしてでも取り除く。それから柿渋を刷く回数を省かない。柿渋の具合を読むことですよ」と、にやりとされるのであった。

　地紙の材料となる和紙は、美濃で造られる。紙漉きの伝統の地で、しかも「伊勢むき」と特別な呼び方をされる地紙用の和紙は、繊維の長い極上のコウゾを使い、アク抜きと塵を取ることに手間をかけて下ごしらえをし、薄く強く漉かれるそうである。

　さて地紙作りの工程は、和紙を濃い柿渋で重ね合わせる「紙つけ」（普通は和紙三枚で一枚の地紙とする）→これを薄目の渋を含ませた藁刷毛で桧の板に貼る「板はり」→板に貼った状態で天日で充分に乾かす「乾燥」→渋を枯らし固めるために密閉した室に紙を吊るして、オガクズをたいて燻す「室枯らし」。そして再び、「板はり」「乾燥」「室枯し」を繰り返して作る。

　こうして地紙が作られるのに要する日数は、一ケ月～一ケ月半。夫婦で作る一ケ月の枚数は一五〇〇枚見当。地紙の売り値の半分が和紙と柿渋の購入代に当たるそうだ。

　地紙作りに必要なのは、良い和紙とていねいな仕事、それにもう一つ、柿渋を欠かすことができないと、渋の話をされた。

　渋は十一月頃、その年できた新渋を渋屋から買う。渋の性は柿の種類によって異なるし、同じ種類の柿から取った渋でも、若い渋と年を経た渋では違う。大体三～四年ねかせて、アシが出るようになった渋を使う。

　作業場の隅にある渋甕のふたをとって、茶色の液をひしゃくで汲み上げると、静かに上から落とされた。どろりと重く糸を引く。それがアシで、アシが出るようになると粘りが強くなっている。こうした粘りのある渋に濃さや性の異なる渋を混ぜ合わせて、地紙職人は独自の渋を工夫するそうである。

「渋は生き物だと、つくづく思いますよ。湿度や温度で微妙に変化する。渋を合わせても、すぐ後の状態と、一日馴染せたのとではちがう。かき混ぜても、二、三日しないと混じり合わない渋同志というのもある。このごろ、やっと渋が解って来たような気がしているけれど、それ

でも、首をひねることがありますわ」

柿渋は、防水、防腐、防虫の作用、それに接着の力があって、古くから様々な所に使われてきた。けれど、化学的に分析してみても、正体はどうも把まえきれないらしい。私が型紙で知った渋は、和紙の繊維に浸み込んでこれを強くすると同時に、漆やニカワのように完全にはじくのではなくて、いくらかは吸収する。そういえば型紙は使う前に水を含ませるが、そうすると固い型紙がしんなりとなったのを目にしている。

柿渋のことが知りたいと思い始めた私は、取引先の渋屋さんの連絡先を尋ねてから、山中さん宅を後にした。

「業界一の小規模ですわ」と豪快に笑いながら、

「山中の作った紙はさすがと言われる仕事をします。死なれた後の地紙に困るから今のうちに作っておいてくれなんて言われると、そりゃあ嬉しいですわ」

というのが、山中さんの別れ際の言葉である。

何年たっても手が震えまして
——糸入れ・城ノ口みえ

縞は古くからある柄である。が、魅力的な縞は、南蛮貿易品のなかにあった桟留縞に始まるのではないかと思う。東インドのサン・トメ島からもたらされた彩やかな縞の木綿布は、やがて国産品が織られるようになり、江戸時代初期には江戸を中心に流行し始めている。

城ノ口さんの使用する糸入れ用の絹糸

では、型染の縞はどうだったろうか。寛永十二（一六三五）年に参勤交代の制度が決まると、諸藩の大名は衣服に気を使うようになり、裃の柄に凝った。このことが小紋を発達させるのだが、縞が盛んに染められるのは江戸時代中期といわれている。

縞の型付は、縦縞は縦に横縞は横にヘラを動かすが、薄い紙に彫られた細い縞はゆがんだりずれたりしてとてもその動きに耐えられるものではない。それを耐えられるようにしたのが「糸入れ」という技術の発明であった。江戸中期は、糸入れ（一枚の地紙を二枚にはがしてから彫った後、型紙の間に絹糸で張った網をはさみ、柿渋で

《名称不詳》　引彫

再びもとの一枚に貼り合わせる）という至難の技が、一般化した時なのかもしれない。

糸入れの城ノ口みえさんは、当初から訪ねたいと思っていた人であった。が、一度目に電話でお願いした時は、細かい仕事にかかっているので遠慮してほしいという返事で、

「お見せしながら出来る仕事でもありませんし」と付け加えられた。

夕暮れの電話ボックスで、小さく鳴った受話器の置かれる音を聞きながら、糸入れという作業の厳しさを垣間見たように感じたものである。

そんなこともあって、今回は、最初から糸入れの見学はあきらめて、話だけをということで時間を頂戴した。

入ってすぐの土間には大きな甕（一石入り）が埋められ、口のすぐ近くまで柿渋が入っていた。その渋の表面には、古い渋に生じがちなアカと呼ばれる膜が少しも見えず、甕にも掃除がゆきとどいていて、当主の女性らしい細やかさが感じられた。土間につづいた大きな畳の室が仕事場で、南側に糸入れをする台が並ぶ。

「いつぞやは失礼しましたなぁ。糸入れは人様のあずかり物で失敗は許されませんので」というのが最初に城ノ口さんの口から出た言葉である。そして、前の日に重い物を持った日や体の調子が悪い時は仕事にかかることができない。仕事中は人が訪ねて来ても出て行けないので、家じゅうに鍵をかけて始める。風が縞を揺らすのが怖いから、夏でも室を締め切る。また、冷房や暖房によって柿渋の状態が変わるため、そういう類も一切置かない、と続けられた。

「これが今、頼まれている児玉さんの縞です」と出されたのは、細かな縞の彫られた二枚の渋紙。初めて型紙を見せられた時あまりの薄さに驚いたものだけれど、この二枚が貼り合わされて一枚の型紙になるのだから、各々は信じられないような頼りなさである。

作業は、一枚目の紙（裏側）を、薄い柿渋で木枠に水張りすることから始まる。これを一晩乾かして、翌日いよいよ糸を入れる。糸は天井の糸巻きから引きながら、別の木枠の上に五ミリほどの間隔で並ぶ小さな杭に、順にかけてゆく。こうして木枠に張られてゆくクモの巣の様な糸の網は、斜め十文字のもの、横の平行線からなるものなどいく通りかあり、どれにするかは彫られている柄による。次に、張られた網を先ほどの紙の上に重ねる。

「糸入れ」をするための木枠。縞柄や彫り取る部分の多い柄の型紙の場合は、1枚の地紙を2枚にはがしてから彫る。彫り上ると2枚の間に絹糸で張った網を挟み、柿渋で1枚に貼り合わせる。この糸入れの技術は、かつては彫師の奥さん方のものだったという。木枠の後方の写真パネルは、城ノ口みえさんの糸入れ（伝統産業会館にて）

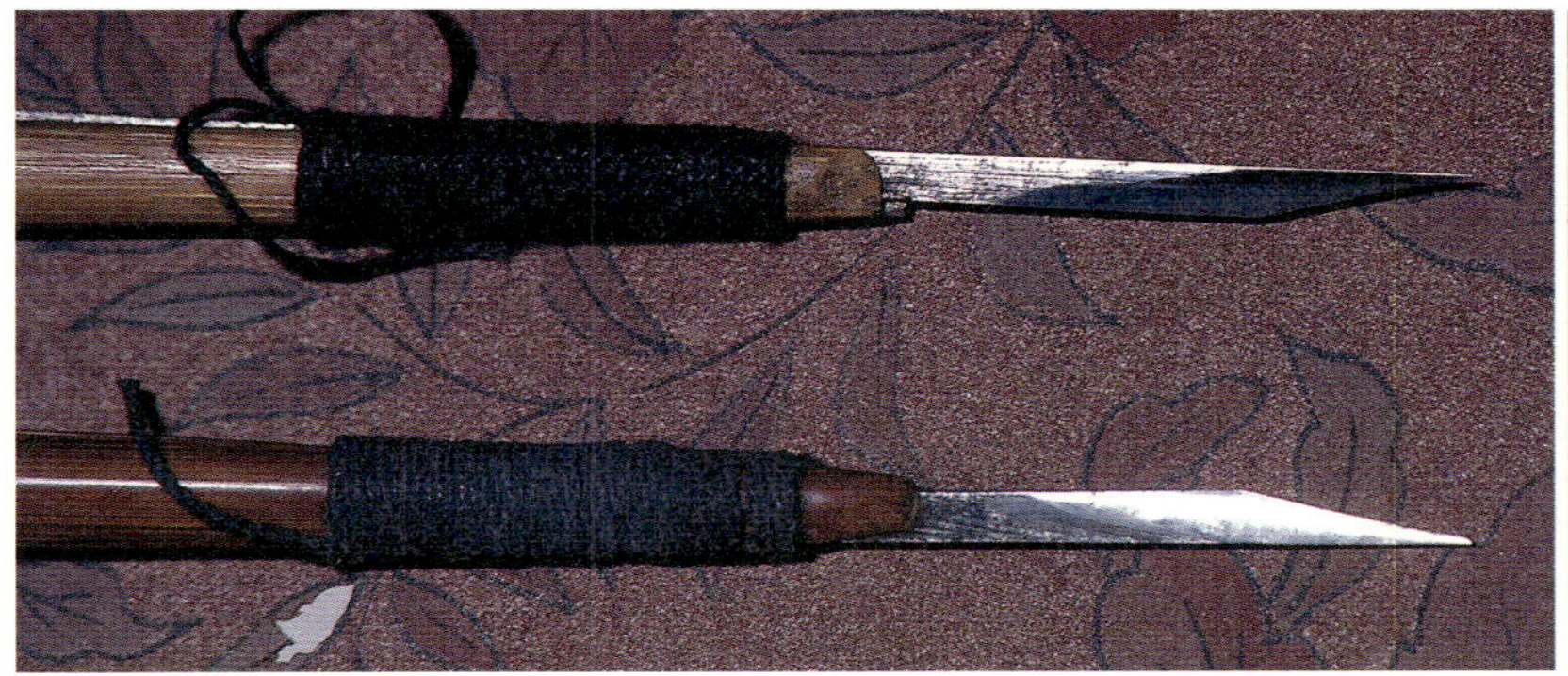

突彫の刃と突彫の刃の研ぎ（光永安一さん）

錐彫と道具彫の道具と、錐彫の道具作り。薄く細い鋼を、鋼の台につけられた溝とピアノ線（昔は針を使ったという）をよりどころにしてたたきながら、半円形をした錐の刃を作ってゆく（宮原敏明さん）

道具彫の刃と、道具の刃の研ぎ。刃先の少し上の位置でくくっている糸をほどき、1枚ずつ分けて研ぐ。薄くて小さな形の刃であるだけに、彫りがいちおう出来る程になった職人でも研ぎに泣かされると聞いた（中村勇二郎さんの仕事場にて）

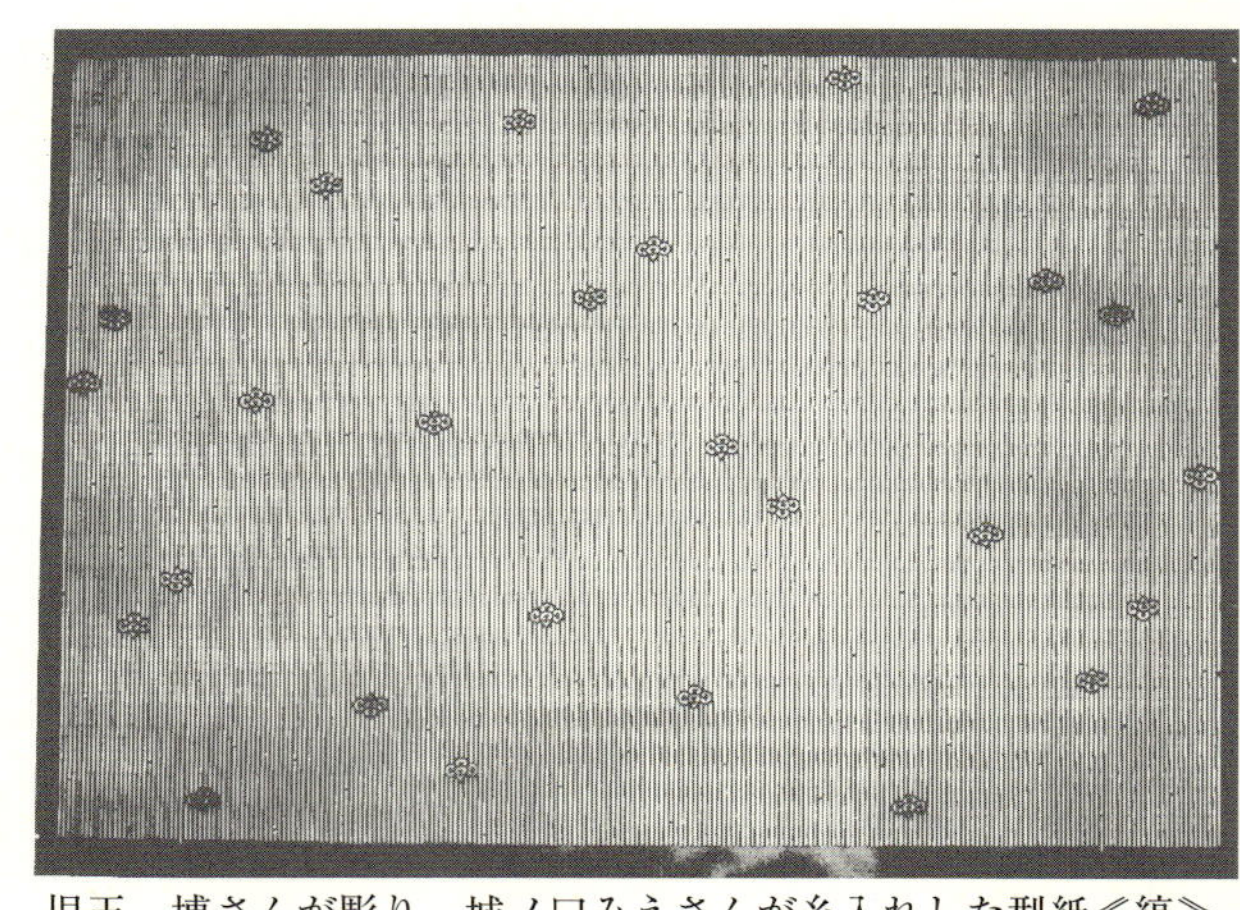

児玉　博さんが彫り、城ノ口みえさんが糸入れした型紙≪縞≫。ガラスごしに撮影したため、光の微妙な具合で縞にモアレが生じている（伊勢型紙彫刻組合所蔵）

そしてこの網を中に挟んで縞柄が表裏一体となるように、濃い渋で二枚目の紙と貼り合わせるのである。

合わせは、中央の一本の縞だけを見て位置を決めてする。その縞を上から下へと指でなぞって貼り合わせると、これを基準に、型紙の中央から隅へと合わせ進む。その後でわずかなズレも刷毛と竹ベラで修正する。糸を切り、型紙を枠からはずす。静かに息を吹きかけて縞の縁に溜っている余分な渋を飛ばす。こうして糸入れがすむと、二日ほど乾燥させてから彫師の手元にもどすそうである。

糸を張る時は神経を使う。均一な調子でなければいけないのは勿論、張りがゆるくてはだめ。逆に張りすぎると乾いた時型紙が丸まり、これまた、使いものにならなくしてしまう。

当然のことながら重ねる瞬間も、緊張する。この時は息を、うっと止めてする。そしてもう一つ、修正は根（こん）をつめる作業である。竹ベラと刷毛でと私は簡単に書いたけれど、これにかかる時間は三時間。渋で固まったらやり直しはきかないので、一本一本の縞に寸分のズレもない様に注意するそうである。

城ノ口さんの竹ベラは、先がゆるい弧を描いていた。紙のズレを永年整えつづけたために、角が丸くなったのであった。

「何年たっても、手が震えまして、終った時は、ほっといたします。無事に糸入れさせてもらえたことを有難く思うのです」

語る城ノ口さんの大きな目に、いつのまにか灯された電燈の光が映っていた。

城ノ口さんの話の中には、「糸入れ」以外にも得るところがあった。

たとえば地紙が良くないと、木枠に水張りするという最初の段階でつまずいてしまう。質の良い和紙か、地紙が念入りに作られているかは、はっきり出るものだそうである。

また、こういうのは糸入れができません、と枠に水張りした状態のままになっている型紙を見せられた。それは、ある部分だけ縞がそり返っていた。彫る時の力が均一でない彫りや、刃物の切れが悪い彫りは、そのままの状態では判らなくとも、水張りすればこうして歴然とするのである。

「自分のした結果が、正直にそのまま出ます。バカッ正直でないといけません」

こう語ったのは小宮さんだったか、山中さんだったか定かでないけれど、改めてこの言葉が思い出された。江戸小紋には強さがある。あの強さは、正直に徹する職人の意気なのではないか。そんな想いが、心を横切った。

江戸小紋の裾は広く奥が深い
——呉服問屋・岡 政太郎

型紙の収集帖を広げる岡 政太郎さん

江戸小紋に関する本は様々な出版社から出されている。が、とおりいっぺんのものが多く、また、数冊手にした立派な資料集は専門的すぎて読むのに努力を要した。そんななかに一冊、これはと思われた本があり、どんな意図で編集されたのかが知りたいと、出版元を訪れてみた。

その当時日本観光文化研究所のあった神田練塀町とは目と鼻の先の人形町（東京都中央区）の呉服問屋「岡巳」が、版元。本の編集者は社長の岡政太郎さんであった。

「うちは江戸小紋を主に商ってきたのですが、商っている人間がだんだん江戸小紋を知らなくなっています。で、まぁ、身近なもんのためにあんな本を出した訳です。内容を深くしたら限りがありませんから、その辺を見計らって編集しまして」と説明された。

しばらく話されるうちに、その辺を見計らってという言葉の意味がのみこめた。岡さんは染織と風俗史の地道な研究者であると同時に、そうした物の収集にも意欲的に取り組んでおられる。ゆくゆくは小紋博物館を自力で作りたいと、型紙や反物が店のすぐ隣の別ビルに相当な量を保管してあるという。

その別ビルに案内され、一反ごとにエピソードのある小紋の反物、彫りの技法別に整理されている型紙を拝見した。

私がこれまで接して来たのは、江戸小紋という山のいわば頂上付近に限られていて、裾の広がりに触れたのは、この時がはじめてであった。

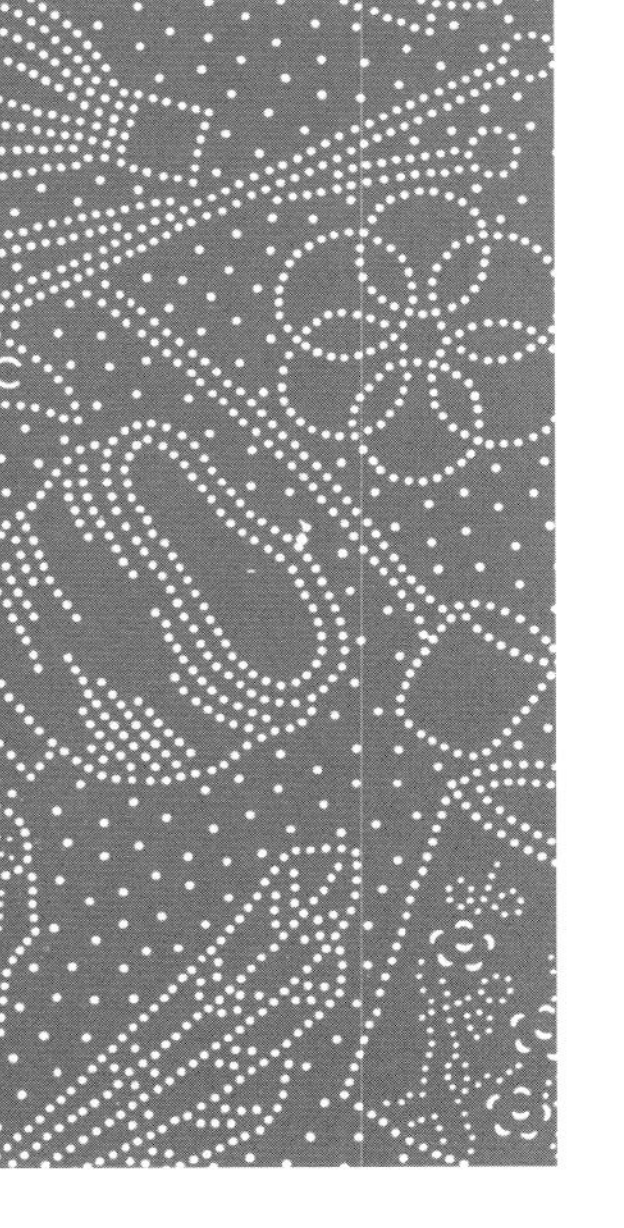
《茶道具》　錐彫＋道具彫

型紙《縄目秋草》の一部分（突彫）。幽かに見える横の線は、柄を安定させるための「糸入れ」によって張られた絹糸（「岡巳」所蔵）

何という多彩な柄であろう。一千枚ほどを繰ったうちで、同じ柄はほとんど見当らない。種々の花、葉、鳥や昆虫。雪、霞、みぞれ。文字。茶道具や台所用具のような身近な道具類……。そして意外だったのは、こうした具象的な絵柄ではなく、幾何学的なデザインが実に豊かなことである。

日本の装飾紋様は建築、工芸、染色のどの分野においても具象的なものが主流だと一般的には言われている。けれど、はたしてそうかと首をかしげるほど、江戸小紋の柄には幾何学紋、少なくとも非具象的な紋様が多い。

丸や三角の道具で彫ってゆく道具彫に格別それが目立つのであれば、彫る刃の形からくる必然性という解釈もできる。けれど突彫や錐彫で彫られている非具象的な型紙を数多く見ていると、何の具体的な形も、意味も持たない、無機質的な世界を求めている心を感じるのである。友禅などが目ざしている、華やかな抒情的な方向とは反対の世界だ。

「実は、千数百枚の型紙が、未整理のままで」と岡さんが明かされた時、そちらの型紙も是非見せて欲しい、整理のお手伝などさせて下さいとお願いした。一つの呉服問屋に集まったそれだけの数の型紙を調べていったなら、紋様について新たに見えて来るものがありそうな気がする。

話が型紙から染めに移って、私の前に三反の《極鮫（ごくさめ）》が並べられた。どれも同じ型紙を使い、染め方をそれぞれ異（ちが）えているという。一枚は現代屈指の染師の染め。もう一枚はスクリーン張りにしてローラーで手刷ったもの。そして残りは機械プリント。

「さあ、どれがどの染めによるかあててごらんなさい」と、岡さんが言われる。

機械プリントはすぐ判った。けれど手染めとローラー染めとでは、私の判断は逆であった。一見すると、ローラー染めの方が点の周囲がすっきりしていて良さそうに思える。けれどしばらく着ると、味気なく感じられて来るそうである。それにひきかえ錐の孔にシャープさのない手染めの布の方は、決してあきがこないと話された。

帰りの道すがら私は、手染めの《鮫》のはしに染めぬかれていた文字を思い浮べていた。染・藍田正雄……白子でお世話になった藍田さんの染めだったのである。そして、あの柄もたしか《鮫》だったと、同じモチーフが彫師の腕によってどうちがうかを見せられた小宮さんのことや、さらにはひんやりとした板場で黙々と働いていた職人さんの姿、染め布を蒸す時に全身からふき出しては流れ落ちる汗、水洗いされている反物のゆらぐ様が、次々と浮んでは消えてゆく。小紋を追った三年という歳月。その流れをあらためて感じていた。

甑島（こしきじま）は藍にかげろふ——葛を織る村

文・写真　竹内　淳子

風と波の潮流が、永い年月をかけて砂を運び、島と島を繋いだトンボロ（陸繋砂州）の上に村がひらけ、空と海がひとつに溶けあって、島は藍にかげろっているのであった　上甑島里村里

葛織りの里・瀬上への道

葛は秋の七草のひとつだが、また、古代から用いられてきた繊維のひとつでもあった。

　をみなへし生うる沢辺の真葛原
　　いつかも絡めてわが衣に着む

と、古い歌にもあるように、昔から葛の繊維で布を織り、衣服にしていたのである。

その葛布を、昭和三十年ごろまで衣料用として織り続けていたのは、鹿児島県串木野市の沖合に浮かぶ甑島だけである。

その甑島へ、私が初めて渡ったのは昭和四十八年の五月であった。

甑島へは串木野港から連絡船に乗るのだが、ひとくちに甑島といっても上甑島、中甑島、下甑島の三島と、周囲の無人島から成り立っている列島なのである。その日、私は上甑島の中甑港で下船し、最後まで葛布を織っていたという上甑島の瀬上まで行く予定であった。

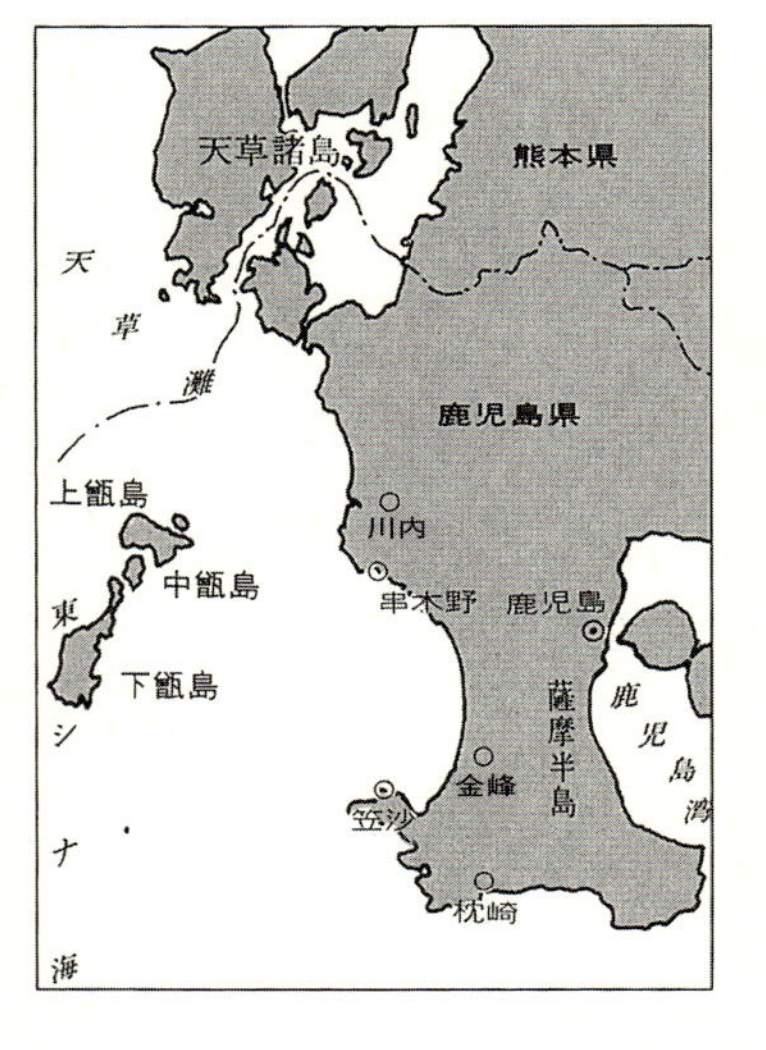

実は串木野は私にとって初めての土地ではない。これまでなん回も行っていたのに、島で葛布が織られていたと知るまでは、海を渡って島へ行くことなど考えてもいなかった。たしかに「海を渡る」ことは、ひどく遠い所へ行くように感じられたのであった。

串木野には、明治時代の中頃から、串木野木綿といって、近在や離島の農漁村の人たちのために、縞木綿を織る機業場や、藍染の紺屋があった。それが丈夫な化学繊維におされて縞木綿の需要が減り、昭和四十五年ごろには串木野木綿は絶えてしまった。私が何回も串木野に来たというのは、そうした串木野木綿の調査のためだったのである。

串木野港に朝の光が降りそそぎ、海はやさしく凪いでいた。きらきらと輝いている細波を見つめているうちに、忘れかけていた想い出がよみがえってきた。たしか、廃業を目前にした福元紺屋を訪ねたときだった。港の近くの長崎鼻公園まで行ったことがある。そのことをおもいだすと同時に、その長崎鼻公園に行けば甑島が見えるかもしれないとおもいついた。

早朝の長崎鼻公園に人影はなかった。ゆっくりと、西の方向に目をうつすと、霞のかかった淡い藍色の甑島が見えたようだった。しんとした公園に人の気配がして振りむくと、年配の女性が一人、甑島の方向を眺めていた。その人は、小学校の同窓会に出席するために、五十年振りで甑島へ行くのだといった。

甑島行きの連絡船は百二十人乗りで、その船に乗客は三十人ほどであった。釣り道具を持った人の姿が目立っていた。船室は畳敷きである。乗客は馴れた手つきで毛布と小さな枕を持つと、おもいおもいの場所を見つけ、毛布にくるまって横になった。私はデッキにあがって、串木野港が見えなくなるまで見ていた。

　串木野港が視界から消えると、あとは小さな島や岩が時折見えるだけである。串木野から甑島まで約三十キロ。里港に寄って中甑港まで、約二時間半の船旅である。私も毛布を一枚借りて船室におりると、救命用具と書いてある箱にもたれ、投げ出した足元を毛布でくるんだ。規則的なエンジンの音が心地よく、船室は静かである。遥かな甑島への旅の想いが、ふつふつと胸の中に湧きあがって、心の底から幸せな気分になっていた。

「ボー」と着岸を知らせる汽笛が、長く尾を引いていた。いよいよ中甑港である。船のデッキから見る港は大きく、港のある湾をとりかこむように、三方に山がせまっていた。この港で十人ほどが下船し、十二、三人ほどが乗船したようだった。連絡船は三角航路なので、この港から乗った人たちは、下甑島をまわって串木野港へいく人が多いのだそうである。

　船から大きな荷物がおろされ、それらの荷物を受け取る人たちが走りより、荷物を持って去ると、港に人影がなくなり、静かになった。

　港に立って、ぐるっと周囲を見まわした。船から港を眺めたときより、ずっと大きい港におもわれた。が、不思議なことなのだが、この港を私は遠い昔、見たような気がしてならなかった。それはちょうど、記憶と現実が重なり合わなくて、もどかしくなるような、夢のなかの風景に似ていた。夢のなかは、実際に自分が知っている風景のほかに、本で読んだり、人から聞いた話が重なりあって、自由にあらわれるからかもしれない。中甑港がそうした私自身の記憶の底にある港とよく似ていた。いってみれば、中甑港はどこかで見たことのある「絵」のようであった。この絵のように感じさせるあるものが、私の心象として蘇ったのかもしれない。

　中甑港は上甑村の中心にあって、港から歩いて五分ほどのところに村役場があり、郵便局があり、病院がある。ここに四百軒ほどの家があって、およそ九百人が住んでいるのだそうだ。港に添った道をはずれて、山裾のほうに五十メートルほど歩いてみた。槇の生垣の住宅がならんでいた。

　気がつくと、船便と連絡をしている瀬上行きのバスが出たあとであった。そのことを知らなかったとはいえ、これは大きな失敗であった。中甑港から瀬上の集落まで約四キロという。四キロの行程にはおどろかなかったが、峠越えの道と聞いて、どうしたものかと迷った。しかし、覚悟をきめて歩きだした。

　小島峠にさしかかる山道の松の木に、葛がからみついていた。やわらかい風が時折、峠の上のほうから吹きおろすかとおもうと、下のほうの海から吹きあげ、そのたびに葛は白い葉裏をひるがえしていた。私は、海の見える峠道のカーブしているところでひと休みし、流れる汗を拭いた。山も海も五月の太陽に輝いて、ひたすら静かである。

と、カサカサと乾いた音がして、びっくりした。音のするほうを見ると、道端のガードレールにからみついた枯れた去年の葛が、風に吹かれていた。静かな、静かな山道では、そのような音まで聞こえてくるのであった。

それまで葛の布のことばかり考えていたが、突然の小さな音で、甑犬のことを思い出した。甑犬のことを知ったのは、ずいぶん前に読んだ『孤島の野犬』（椋鳩十著）によってである。詳しいことは忘れてしまったが、野性化した犬が、やさしい人間とめぐり合って、すこしずつ心を交流させていく話だった。

話のひとつに、三吉（さんきち）という行商人が夜の峠道で、野犬に襲われる場面があった。三吉は傍らの木にとびついて登った

甑島の犬は、野犬になって山野にいる間に狼のような性質になっていったらしい。村の古い記録に、何十頭という野犬の群れが、一団となって家畜を襲って噛み殺したり、山に薪取りに行った少年や、植林に行った青年が噛み殺された、という話が残っている。

三吉がとびついた木は、そんなに太くはない、と書いてあったが、私の立っているこの場所にも、大木は見つからない。たとえ見つかっても、木登りなどできない私には意味がないではないか、と、現実に戻った頭で、ひとり苦笑した。

さて、それにしても先を急がなければならない。峠をくだると小島（おしま）の集落がある。ここから見る浦内湾（うらうち）は、まるで湖のようであった。それもそのはずで、湾は陸地を切り込むようにぐっと深くはいりこんでいるリアス式海岸だからである。真珠養殖の筏が浮かんでいる。

小島の集落で一人の中年の女性とすれ違った。木綿の上衣とトレパンを穿いていたので、山仕事の途中なのかもしれない。その人は、

「こんにちは」

と、ていねいに頭を下げて、足早やに去って行った。中甑港を出て、歩き出してからはじめて会った人である。

小島から瀬上へは、湾をめぐるような山裾の道を歩く。その私を、小型のライトバンが追い越して行った。

瀬上は、浦内湾の入り海の奥の台地にひらけた集落で、約百五十軒の家があり、四百人ほどの人が住んでいる。私が想像していたよりも、ずっと明るい集落であった。

心をこめて、ひたすら丹念に

瀬上の集落は、浦内湾の入り海の奥にある。かすかに細波がたっている藍色の海は、月並みな表現だが、神秘的である。

畑で草とりをしていた年配の女性に、葛布のことを聞いてみた。

「葛をとってきて、布を織った話は聞いているけれど、私は知らないんです」

それでも、その葛布のためにわざわざ東京から来たという私に同情して、

「それは、まあ、たいへんだこと」

と、畑仕事を早めに切りあげ、家にもどって聞いてみて

あげましょう、ということになって、私はその人と一緒に歩き出した。瀬上は山間の集落とはいっても、平地がけっこうあるので、家の近くに田や畑がある。家につくとすぐ、あちらこちらに電話をしてくれて、ようやくわかったのだが、柳セツさんという人が織っていた、と教えてくれたのである。

瀬上には柳姓の家が多いということを、このとき初めて知った。

「わたしの家も柳姓です」

と、親切に、柳セツさんを教えてくれた年配の女性は笑った。

浦内湾を見おろす山道のどこでも葛が生い繁っており、いかにも葛を織る村の風情であった　上甑島

柳という姓の多い村の柳セツさんの家はそれでもすぐわかった。柳さんの家のお嫁さんは私の突然の訪問にちょっと驚いたようだったが、葛織りのことで、おばあちゃんのセツさんのお話を聞きたいという私を、どうぞ、と家の中に招じ入れてくれたのである。そして、奥に向かって、

「おばあちゃん、お客さん」

と大きな声を出した。広い家の中に、新緑の香りをもった風が吹きぬけていった。

「おばあちゃんは、とっても織物が上手なんですよ。記憶もいいのよ。葛の着物は、近いうちに村役場に寄付するといってますけど。もう葛の着物なんて着ることはないでしょうけど、でも、いまでも着れそうな、丹念な糸づくりですよ」

お嫁さんと話していると、小柄なおばあちゃんがにこにこしながら私の傍らに座った。そして、

「葛の着物ねえ」

と、遠くを見るような目で庭の木の葉の動きを見つめて、つぶやくようにいった。

明治三十六年三月生まれのセツさんは、私がおたずねしたとき七十二歳だったが、葛織りは十数年も前にやめていたのである。

「いまになると、みんなが続けていればよかったですね、っていってくれるけど、葛取りがたいへんな仕事なのよ……」

「瀬上では毎年二月になると、一軒から一人出て、区画を決めて、村の共有原野の山焼きをするんです。そのようにすると鹿ノ子(かこ)百合や葛が芽を出して、よく育つんです」

「六月は葛の口明け、十月は百合の口明けです。口明けって知っていますか。葛や百合を勝手にとらないで、決めた日に、決めた人数がそれぞれの家から出て取るんですよ」

繊維の原料になる葛の採取では、瀬上では昭和の初期

まで口明けが行なわれていたというのである。選出された数人の評議員が共有原野を管理し、毎年日を決めて山焼きする。山焼きのときは各戸から一人ずつ出て、区画を割りあてて、一斉に焼く。それで山の葛の育ちがいちだんとよくなるという。

山焼きのあとに伸びた新芽をヤケクズといい、甘藷の植付けが終った梅雨明けに取るのである。その口明けのころの葛は花の咲く前なので節(ふし)の間が長く、軟らかく、よい繊維だそうだ。

瀬上で葛布が盛んに織られていた明治から大正にかけて、葛の口明けの日は、他の人よりよい葛を、できるだけ多く取ろうと、だれもが夢中で大さわぎだったという。

葛は、太くてよく伸びた蔓を、二尋くらいの長さに鎌で切って、葛の根元のほうの切り口から爪や歯で皮をはぐが、そのとき、芯の部分を歯で噛んで、皮を手でひっぱってむく。

セツさんは、

「葛の皮をはぐのに、前歯を使ったせいか、ほうら、こんなにいたんでしまったんですよ」

といった。セツさんがあけた口元を見ると、前歯が二本欠けていた。

私は、蔓の芯を歯で噛む、ということがわからなかった。なぜなら、では、両手はどのように使うのだろうか、とおもったからである。そこで翌日、山に生えている葛を取ってセツさんをたずねて、納得できなかったことを聞いてみた。セツさんはその葛で皮をはいで見せてくれた。つまり、葛は節のところに葉が生えているので、その部分を左手で持ち、右手の爪で繊維を切らないように葉の元をむき、次の葉の節のところまで、すーっとむくのであった。歯で芯を噛んでいるのは、節のところで両手の働きが必要だからである。

セツさんの話によると、昭和二十年ごろになると葛布を織る人が少なくなって、葛の口明けがあっても、口明けに出る希望者はほとんどいなかった。ところが、葛布が盛んに織られた大正時代には、瀬上の葛だけでは足りなくて、里(さと)や江石(えいし)まで葛取りに出掛けたという。

葛の糸績(いとう)みは七月から八月におこなう。瀬上ではこの月を、葛の糸績みの季節とよんでいたらしい。家の中では暑いので、オゴケ（桶）を風のよく通る木陰に持ち出して、四、五人が集まって糸を績んだそうである。こうして、はやい人は、夏から秋小口にかけて十反は織ったという。そして大正時代まで、瀬上のどの家にも葛布を織る機(はた)があったそうである。

『三国名勝図会』（天保十四年刊）に甑島の物産として葛布があげられている。これは島全体の物産なのか、それとも瀬上の産物を葛布としてあげたのかわからないが、葛の口明けが行なわれていたのは瀬上だけのようであった。

ところで、以前から不思議におもっていることなのだが、葛の根から澱粉(でんぷん)を取っているところでは、蔓から繊維をとることをしない。また、蔓から繊維を取って布を織っているところでは、葛の根から澱粉を取っていないのである。

例えば、静岡県の掛川(かけがわ)では、現在も葛布を織っている

が、葛根から澱粉を取る習慣がない。ただ、掛川では衣料用の葛布は明治の中期にやめて、壁紙用などのインテリア用品に転換してしまった。また、吉野葛で知られる奈良県では、葛で布を織っていない。

　ところが瀬上以外の甑島では、葛の蔓から繊維を取り、根から澱粉を取ったのである。しかし、瀬上だけは飢饉のときのほかは、葛の根を食用にしなかったという。このことは、瀬上は葛布に生産の重点を置いていたと考えていいかもしれない。

　瀬上の葛布の販売方法や販路はよくわからないが、生産が盛んであったときは、九州本土からきた行商人によって、各地に売られたのではないだろうか。また自分で背負って上甑村の各集落や、里村までも行ったのではないだろうか。瀬上の葛布の生産や販売は、内職的な小規模なものではなかったようにおもわれてならない。それは瀬上に、「串木野木綿、瀬上のタナシ」という言葉が伝わっていることからの推測なのだけれど。

瀬上ではすでにタナシが織られなくなった。代わって今は真珠養殖が盛んになった　上甑島上甑村瀬上

　セツさんのお宅を辞してから、川に沿った道を歩いて中甑港に出た。港に暮色がただよって遠目山（一九五メートル）の山裾が、串のように西にぐっと伸びて、やがて荒々しい断崖となって海に落ちこむあたりに、いろいろな形の岩がある。その中のひとつに甑岩と呼ぶ大岩がある。甑とは、土器の蒸籠のことである。甑岩は、大昔はたしかに甑に似た形であったらしいが、長い年月の間に一部が崩れ、今ではどの岩を指すのかわかりにくくなってしまっている。

　たしかに『三国名勝図会』に、「上甑に、東西へ潮の通ふ海門あり、串瀬戸といふ、其内に甑形の巨岩あり、島民是を甑大明神と称す。（中略）甑島の名は、是に由って得たりとそ」とあって、島名の甑島は、この岩の名からつけられたことがわかる。

　中甑港の近くに甑島神社がある。小さな神社なので、うっかりすると見過してしまいそうだが、この甑島神社のご神体が甑岩である。社殿から、はるか西の海上の甑岩を遥拝することができる。

　港の防潮堤に立って甑岩のあたりを見ていると、串瀬戸（通称はヘタの串）を通って漁船がもどってきた。

　港はすっかり黄昏ていて、串瀬戸の灯台の灯が、一番星のように光った。

粋で、モダンで

　上甑島瀬上の小島で一夜を明かした翌日、葛織りの着物を見せてもらうために、定期船で下甑島の手打（てうち）に渡り、下甑村役場に向かった。

　南国の早い蝉しぐれを聞きながら、山道を行くと、お

もいがけないところに、鹿ノ子百合の畑がひろがっているのを見かけた。今はほとんど栽培畑になったが、昔は、葛とおなじように共有原野の山焼をした。山焼きすると百合根の成長がよく、質もよくなるのだそうだ。柳セツさんの話にもあったように、百合の口明けは旧十月か十一月であった。明治十年ごろまでは、口明けの日は提灯をともして山に入り、一球ずつていねいに掘って食用にしたという。また明治十二、三年ごろから、百合根を乾燥して中国料理の材料に輸出するようになった。生の百合根をアメリカに輸出するようになったのは、明治三十三年（一九〇〇）からで、アメリカでは百合根を食用にせず飾り花として使うらしい。

　甑島では、七月下旬から八月上旬の盛夏に、道ばたや、庭先、畑などの百合が咲き乱れる。花びらがまるで手毬のようにそりかえり、愛らしく美しい。

　さて、役場では民俗資料担当の石原さんが私の相手をしてくださった。

「葛布は村の大切な民俗資料ですから、村の人に葛布の着物の収集に協力してくれるように呼びかけたら、ずいぶん集まりました。いま二、三十枚はあるとおもいます。まだ、村の人のなかには、持っている人がいるとおもいますよ」

　石原さんは、村内の葛の着物を集めてまわったといっていたが、それだけに葛布の製作工程に詳しかった。

「一尋半くらいの長さの葛の皮を、ひと握りずつ束ねておきます。大きい平鍋に湯を沸かして、葛の皮の束を、だいたい十把分ぐらい入れ、上から木灰をふりかけ、水を加えながら約半日煮ます」

　煮え具合は、葛の皮をつまむと、外皮と繊維部分が、つるりと離れるようになるまでだという。また、一反分の着物の葛の量はひと握りばかりの葛皮の束が、四十把は必要なようで、一日に二十把を二回煮ても、二日はかかるらしい。

「煮た葛皮をカライモベエツ（畑でカライモを運ぶときに使う大型のザル）に入れて、近くの川に持って行き、川の流れのなかで、指でしごいて外皮を取り除きます。葛の繊維は、淡い緑色をしているそうですが、これを天日に干すと、白くなるんだそうです」

　石原さんはそういいながら、一枚の着物をハンガーに掛けてくれた。それは男物の単衣長着で、明治時代の末期ごろに織られたらしいということであった。縦糸も緯糸も葛糸が使われていることからすれば、そうとう上手な糸績みの人の手になったものではないだろうか。しかも、葛糸に縒りをかけるのはむずかしいが、しっかりと縒りがかかっているのである。薄い茶色は、葛の生なり（さらさない、繊維そのままの色）であった。

「いま、この着物を着て街を歩いてもおかしくないですね」

と、石原さん。

　糸を績むのは、糸を縒り合わせてつないだり、ハタ結びにしたようである。一反分の糸ができると、糸に湿気を与えてから、ブンブン（糸くり車のこと。縒りかけ機、というところもある）で、縒りをかけた。機は、明治時代は地機だったというが、大正時代からは、ほとんど

男物単衣長着で、瀬上ではクズユカタなどと呼んだ。
まるで無地に見える細かい藍染の縞織りである

上は上甑村村役場蔵
左3点は下甑村村立歴史民俗資料館蔵

高機（たかはた）が使われたらしい。

二番目に見せてもらったのも、男物の単衣長着であった。緯糸は葛だが、縦糸に葛と木綿の糸を使って、縞を表現していた。葛の糸は生なりで縦糸も緯糸も薄茶色をしているが、これに二本の白木綿糸を入れた縞割りで、着物ぜんたいが明るいのである。

遠目には無地に見えるこの着物は、どこか江戸小紋に似通うところがあるとおもったのだが、江戸小紋の持つ華やぎは、この葛布の着物にはなかった。

三枚目は女物の単衣長着で、緯糸に葛を使い、縦糸に絹糸が使ってあった。その絹糸は、藍と、かめのぞき（ごく薄い藍）に染め分けた糸で、細い縞に織ってある。村の人の鋭敏な美意識が、地方色豊かに工夫されていて、粋であり、モダンであった。こんなに美しい縞をどのような人が織ったのであろう。それにしても、働き着でなかったからこそ大切にしまわれ、今日まで残っていたのではないだろうか。

農作業用の丈（たけ）の短い女用の衣服も二枚あった。どちらも縦糸・緯糸ともに葛糸をつかって織ったもので、衽（おくみ）なしに仕立ててあった。このような仕事着は、一反から二枚つくる。女性がこれを着るには、腰巻のうえにじゅばんを着て、そのうえにこの仕事着をはおり、前かけや細帯、縄などをしめたのである。腰巻も昔は葛布だった。

むかしは下甑島のどの家でも、葛布を織ってクズタナシに仕立てて着たのである

「ニンブ織」のドンザで、ツヅレともいう。着丈は長く、漁師が着た。

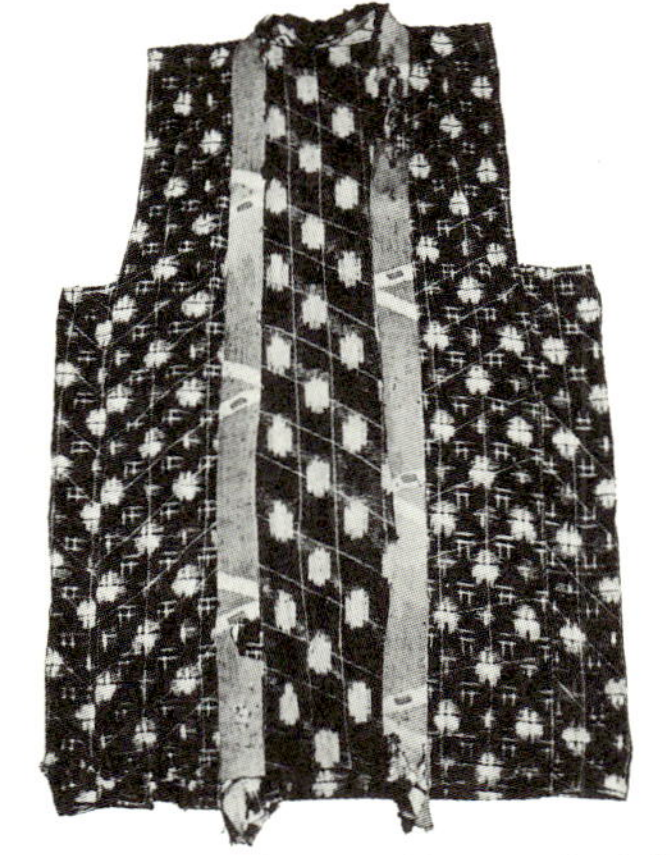

下はニンブと形が同じだが、これは木綿絣でつくった。シカタという。薪などを背負うときの背当て着

一反で腰巻を三枚つくったのだそうである。

これらの葛織りの着物を瀬上ではタナシとよんでおり、長着をタナシユカタ、仕事着をタナシハンテンとよんだらしい。どれも丹念な葛績み（糸づくり）、丹念な織り、そして丹念な仕立であった。東京から瀬上まで、この布をたずねてはるばるやってきたという感慨が、タナシに触れたとき、私の胸の奥からつきあげてきた。それは、まさに時を逆行するように、明治時代を生きた人たちの、心に触れたからかもしれない。

幻のビータナシ

瀬上のタナシをたずねてから、ちょうど九年後の昭和五十七年の二月に、おもいがけず、また甑島に行くことになった。

それは、鹿児島市に住む友人から、「下甑村の瀬々野浦で、世界でただ一枚の芙蓉の繊維の着物、ビータナシ（但し、新聞にはビーダナシとあった）が発見された」という、地元の新聞の切り抜きを送ってきてくれたからである。その記事は、ビータナシに手を通して瀬々野浦の海岸に立つ中村好子さんの写真と、世界中でたった一枚現存していた芙蓉の繊維に対する、新聞記者らしいおどろきでうずまり、その年（昭和五十七年）の一月一日の紙面を飾っていたのである。

九年振りの串木野港は賑やかだった。ちょうど受験シーズンだったのである。船も二百九十人乗りの高速船が就航していて、私が初めて甑島に渡ったときの船は、このとき普通船とよばれていた。

高速船は串木野港から里港を経由して各港に寄港する便と、串木野港から手打港に直行して、里港から串木野港にもどる便とある。いずれにしても串木野港を起点とした三角航路だが、普通船のほうは、手打港を起点とし、串木野港に行って手打港にもどる三角航路に変った。

と、いうわけで、串木野港から手打港まで普通船で約四時間かかるところを、高速船なら一時間一五分で行けるようになったのである。

下甑島は尾岳（六〇四メートル）を最高峰に、青潮岳、勝岳、口岳と島の中央を馬の背のように山が連なって、それが急傾斜して東海岸と西海岸に落ちこんでいる。集落はその山と山の谷間に、肩を寄せ合うようにして家がある。上甑島と下甑島の地形の特徴を対比させて、「上の女に、下男」という言葉が甑島にある。上甑島を女性的、下甑島を男性的というわけである。下甑島に高い山が多く、荒々しい地形を形づくっているからであろう。

下甑村瀬々野浦は、下甑島の西海岸にある集落で、昭和四十七年に手打港と瀬々野浦間に村営バスが通じるまでは歩いて行った。その道は、島の中央の高い山の尾根道で山の等高線をたどるようにつけられている。羊腸とした山の道がどれほど遠まわりであっても、高低差が少なく歩きやすかったのかもしれない。この道を整備してバスが通るようになったので、バスもまた尾岳の頂上近くを走るのであった。

白砂の手打の浜。海ガメの産卵地として知られる　下甑島下甑村手打

手打港から瀬々野浦行のバスで約五十分。バスの乗客は六人であった。途中の片野浦あたりで四人が降り、瀬々野浦まで行ったのは、私と年配の男性の二人であった。

バスは、瀬々野浦の浜に近い、山裾に着いた。ここが終点なのだが、はじめてここに来て、バスから降りたときは、このバス停のあたりが集落の中心なのか、それとも集落の外れなのか見当がつかなかった。それもそのはずで、集落は山と山がつくり出すわずかな平坦部に、肩をよせあうようにして家が並んでいたのである。

浜といっても、砂はなく、丸くころころした礫ばかりである。東シナ海のかなたから肌を刺すような冷たい風が吹いていた。波のうねりは海岸の礫に襲いかかり、また防潮堤に砕けて、白い泡となって散っていた。寒く、寂しい風景であった。

ビータナシを保存している中村好子さんは、旅館の経営者でもある。今夜は中村さんの話を聞きながら、泊めてもらう予定であったから、教えられたとおり、海岸に沿った道をバス停を背にするような方角に歩き出した。すると小さな神社があった。大多羅姫神社（大帯姫神社）であった。神功皇后が三韓征伐のために航海をしていると、大時化にあわれて瀬々野浦に避難されたという伝説があり、この神社は神功皇后を祭神としている。

中村さんの旅館は、その大多羅姫神社のすぐ近くにあった。

通された部屋に世界でただ一枚といわれるビータナシが、無稚作に衣紋竹にかけられて、壁ぎわに吊るされて

甑島列島図

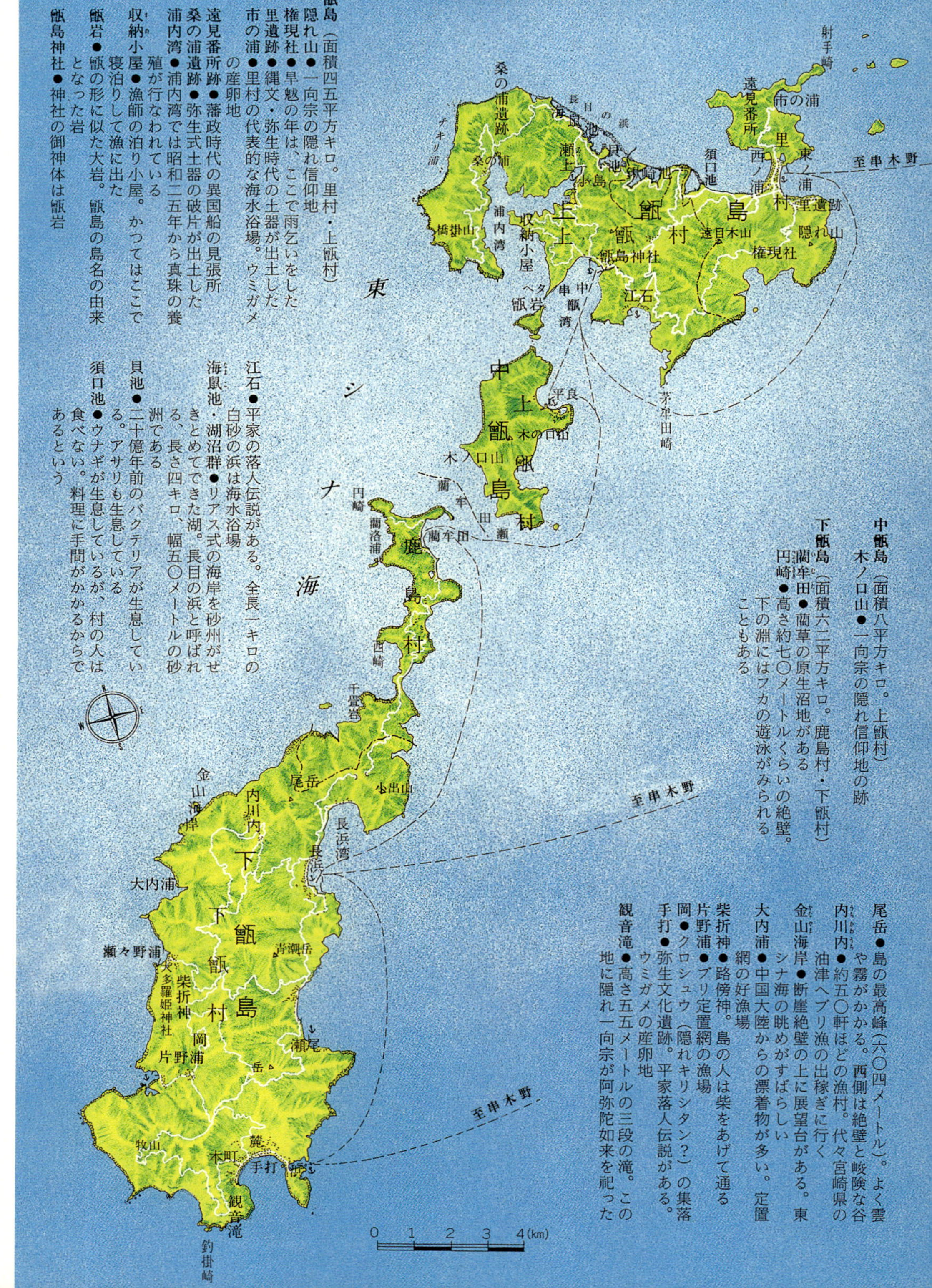

上甑島（面積四五平方キロ。里村・上甑村）

隠れ山●一向宗の隠れ信仰地

権現社●旱魃の年は、ここで雨乞いをした

里遺跡●縄文・弥生時代の土器が出土した

市の浦●里村の代表的な海水浴場。ウミガメの産卵地

遠見番所跡●藩政時代の異国船の見張所

桑の浦遺跡●弥生式土器の破片が出土した

浦内湾●浦内湾では昭和二五年から真珠の養殖が行なわれている

収納小屋●漁師の泊り小屋。かつてはここで寝泊りして漁に出た

甑岩●甑の形に似た大岩。甑島の島名の由来となった岩

甑島神社●神社の御神体は甑岩

江石●平家の落人伝説がある。全長一キロの白砂の浜は海水浴場

海鼠池・湖沼群●リアス式の海岸を砂州がせきとめてできた湖。長目の浜と呼ばれる、長さ四キロ、幅五〇メートルの砂州である

貝池●二十億年前のバクテリアが生息している。アサリも生息している

須口池●ウナギが生息しているが、村の人は食べない。料理に手間がかかるからであるという

中甑島（面積八平方キロ。上甑村）

木ノ口山●一向宗の隠れ信仰地の跡

下甑島（面積六二平方キロ。鹿島村・下甑村）

藺牟田●藺草の原生沼地がある

円崎●高さ約七〇メートルくらいの絶壁。下の淵にはフカの遊泳がみられることもある

尾岳●島の最高峰（六〇四メートル）。よく雲や霧がかかる。西側は絶壁と峻険な谷

内川内●約五〇軒ほどの漁村。代々宮崎県の油津へブリ漁の出稼ぎに行く

金山海岸●断崖絶壁の上に展望台がある。東シナ海の眺めがすばらしい

大内浦●中国大陸からの漂着物が多い。定置網の好漁場

柴折神●路傍神。島の人は柴をあげて通る

片野浦●ブリ定置網の漁場

岡●クロシュウ（隠れキリシタン？）の集落

手打●弥生文化遺跡。平家落人伝説がある。ウミガメの産卵地

観音滝●高さ五五メートルの三段の滝。この地に隠れ一向宗が阿弥陀如来を祀った

いた。私にとって初めて見る芙蓉の繊維の着物が、まるで、たった今まで着ていた着物ですよ、と、いわぬばかりに実に無造作に吊されていたことに、すこしばかりのショックをおぼえた。

そのビータナシは、紫色の地に五つ紋を染め抜いた、女物の礼装用の単衣長着であった。中村さんは、

「明治の末に中村家に嫁に来た母は、姑のサヤさんが器用で、上手に織物や染め物をしているのを知って、姑さんに手助けしてもらって織った、といっていました」

「この着物を母は大切なものだよ。大事に持っていなさい、と私にいっていたことだけを守って、タンスの中に入れておいたんですよ。それが、芙蓉の繊維だなんて、ほんとうに驚いているんです」

芙蓉はアオイ科の落葉低木である。幹は直立分枝し、高さは一・五メートルから三メートルになる。靭皮に繊維が多く、麻より柔軟で光沢がある。中国では古くからこれで紙を漉いていたという。日本でも昔から縄を綯ったり、下駄の緒にしたことがあったのである。

ビータナシは縦糸に絹を、緯糸に芙蓉の繊維が

一枚一枚を石で築いた段々畑が、山裾から頂上の近くまでつづく。その畑が美しいほど、なぜか悲しい＝下甑島下甑村

下甑島西海岸の小さな湾にのぞむ瀬々野浦集落は、山と山の間の谷にあって、山裾は懸崖となって海に落ちている

梅雨が明けるころ、ピンクの花びらの美しい鹿ノ子百合が咲く。この百合は天明、天保の飢饉には、鱗茎が食糧となり島民を救った

使ってあった。ビータナシの着物を手にとると、軽く、やわらかく、透きとおるように薄地なのである。そして布の表面がキラキラと、ちょうどガラス繊維のように艶やかであった。紫色に染めてあったことも、いかにも芙蓉の花の再現のようで、心たのしかった。

「紫色は、紫蘇の葉で染めていたと、兄がいってましたけどねえ」

と、中村さん。私は、芙蓉の繊維がこれほどまでに柔軟でこんなにも光沢があって美しいとは知らなかった。

ところで、下甑村に「芙蓉の繊維で織った着物は、真夏に着ても汗くさくならない」といういい伝えがあるという。そのようないい伝えがあるとすれば、かつては、ずいぶん芙蓉の繊維で布を織り、着物に仕立てて着ていたのではないだろうか。

そしてその布で、どの家でも紋付きの着物をつくったのだろうか。現存するたった一枚のビータナシは、そうしたところまで私に語ってはくれない。しかし、タナシという言葉が現実に残っており、それが紋付きであることに、私は興味をそそられた。

芙蓉の花咲く谷

盆ははち来た　おらなに着よか

ゴート　ゴートの　ビータナシ

「こんな歌があるんですよ」

と、中村さんは、のどかにうたうようにいった。

お盆がきたけど、自分はなにを着たらいいだろうか。山間の谷に生えている芙蓉でつくったタナシを着ましょう。というのだそうだ。

「ゴート　ゴートっていうのがわからないんですよ。でも、芙蓉がたくさんあるところは、ちょっとした谷になってるんです。川が流れていたりするところもあるんですよ」

私と中村さんは、バスの通る山の道を十五分ほど登って芙蓉のある谷まで行ってみた。

芙蓉の木は落葉樹なので、二月の今ごろは葉が落ちてしまっているが、枝の先が何本も分れた特徴のある樹形なのですぐわかる。芙蓉は舗装した道の脇の、山の傾斜地にひとかたまりずつになって生えていた。芙蓉は淡紫紅色の大きな花を、夏から秋にかけて咲かせる。山の木々が深い緑の色に輝き、その間に芙蓉の花が咲き誇るさまを頭のなかで想像してみたが、冬枯れのときに、夏の日のことを想うのはむずかしい。おそらく、頭のなかで想い描く芙蓉の花より、実際のほうが何倍も美しいであろう。

海岸からほんの少し山に登っただけで、百軒の家と三百人が住む瀬々野浦の集落のほとんどが見える。それは、集落が山と山の間の谷にあるからである。集落の中の一番大きな建物は小学校であった。

「あの小学校に今年（昭和五十七年）の四月に、一年生に入学する子どもがいないんですよ。もし四月までに一人もいなければ、廃校になってしまうので、婦人会では、年寄りの家で孫を一時期だけ預かろうという、里親運動をしているんです」

瀬々野浦にある家の半数近くは、年寄りの女の一人暮しだそうだ。

「自分の子どもでさえ、この地で教育できないのを知っている親は、どんなに淋しくても子どもを呼びよせて、ここで一緒に暮そうとはおもわないんです。でも、小学校が廃校になるのはもっと淋しいから、孫だけでも預かって……」

と、中村さんは言葉を切った。下甑村だけでなく、どの村にも中学校まであるが高校はない。高校に進学する子どもたちは島をはなれ、卒業しても島に戻らずに就職してしまうのだそうだ。今のところ、孫たちが何人ここに来てくれるかわからないという。

「そうかといって、私たち親がここを離れてしまったら、子どもにふるさとがなくなってしまいますからね」

夕日は、たったいま、海の彼方に沈んだが、残照で西の空はまだ明るい。目の前にそそり立っている岩がシルエットになった。土地の人たちは、この岩をナポレオンに似ているからと、ナポレオン岩とよんでいる。高さ百三十メートルのその岩は、たしかに海面に首から上を出した人間の横顔に似ていて、圧倒されそうであった。

東シナ海を渡ってくる風は冷たく、波は防潮堤にぶつかって砕けている。が、今日はこれでも静かな海なのだそうだ。

「台風のときは怖いのよ。家のなかにいても、風が屋根の上でうなってます」

中村さんはそういうと、肩を少しすぼめて、こわそうな表情をしてみせた。

中村さんと別れ、私はひとりで薄暮の海岸で、打ち寄せる波の音をききながら、瀬上のタナシやビータナシを想いうかべていた。そのタナシに絹糸が交織されていたことにこだわっていた。

靭皮繊維（樹木の外皮の下にあるやわらかい繊維、あまかわを用いた繊維）のもつ独特のざらついた手ざわりは、どれほど細く糸を績んでも消えはしない。その手ざわりは、いまも私の指の先に残っている。あるときはそれが爽やかな涼感となるが、いっぽうで、女性の肌をいためないとはいえないであろう。そうした特殊な繊維だから、絹糸を交織したのだろうか。

そのようなおもいが私の頭のなかからはなれなかったのである。

たしかに、葛や芙蓉は縦糸づくりに非常な熟練を必要とする。というのはこの種の繊維には縒りがかけにくいからである。縒りをかけるのは、ひとつには、糸に強さを与えるためだからである。そのような繊維のもつ特質のほかに、機に縦糸をかける場合、地機なら多少張力の加減ができるが、高機はその機の構造上、強く引っぱられているので、糸が、その力に耐えられなければならないのである。しかし、かりに、縦糸づくりの手間をはぶくために、わざわざ絹糸を買って織ったのでは、高価になりすぎるのではないだろうか。

では、晴れ着のおしゃれのためだったのだろうか。または、ただ、たんに異質の繊維をあわせて、より軽やかな布地への変身を試みたのだろうか。

以前、甑島の山の道を走るバスの窓から、風に葉をひ

右上　芙蓉の花（写真提供・下甑島・尾崎孝一）
左上　ビータナシを織る中村さん。左手に持っているのが杼である
　　　右中の写真はビータナシの皮を績んでいるところ
　　　（下甑島下甑村瀬々野浦にて）
右下　ビータナシ。違鷹の羽の染め抜き五つ紋付である。
　　　紋を染め抜く技術がむずかしいので染だけは専門家の仕事
　　　ではないのだろうか？　（下甑村村立歴史民俗資料館蔵）

るがえして白く光っている木を見たことがある。たしかめに行ったわけではないから断言できないが、私は各地で野生の桑の木を見ているので、今でもまちがいなく、あれは桑の木であったろうとおもっている。椿や松の木の多い甑島では、よく目立った。なにしろ、桑の葉の表面は光をよく反射するので、山に自生している桑の木の発見法のひとつに、よく晴れた日に高いところにのぼり、葉の良く輝いている木をさがすとよい、といわれているのである。

　桑には約百種の品種があるという。それを大きく分けると「やまぐわ系」、「からやまぐわ系」、「ろそう系」の三種になるのだそうだ。

　だいたい桑は大樹になるのが多い。新潟県両津市にあるのは樹齢千二百年以上のもので、樹高九メートル、根元の周囲は五・二メートルもある。私が見た甑島の桑は、どれほど大きいかわからないが、山の木々の中でも目立っていたので、六、七メートルぐらいの高さはあったのかもしれない。

瀬々野浦で、養蚕についてお年寄に聞いたところによると、瀬々野浦の養蚕は明治時代の中頃からはじまり、大正時代で終ったという。養蚕の桑は山にとりに行ったが、養蚕が盛んになると、桑が足りないほどだったという。繭は九州本土から商人が買いにきたのだそうだ。

これだけでは、タナシになぜ絹が交織されたかという、もっと深い理由がわからない。私は、もう少し養蚕について考えてみたかった。

薩摩藩では江戸時代から、養蚕が盛んだったが、甑島で養蚕をはじめたのは、明治になってからである。そして島内の各地で養蚕が盛んになるのは、明治中期ごろのようである。明治中期といえば、養蚕は国を富ます産業として、おおいに奨励されたときである。そのころの甑島では、家の近くの桑だけでは足りなくて、山を越えて隣の集落まで桑の葉をとりに行った話や、船を出して、ずっと離れたところまでとりに行った、という話を聞いた。しかし私はそれまで、生糸の輸出に甑島の繭がかかわっていたとは気がつかなかったので、なぜ、そんなにまでして養蚕をしたのだろうとおもったのである。

ところが調べてみると、商人によって集められた甑島の繭は、鹿児島県の製糸工場で糸にひかれ、その糸を神戸や横浜で品質検査を受け、国際水準に達した生糸が輸出されていったのである。そのころ、繭は甑島にとって、有望な換金作物であったらしい。

それほどの絹が、なぜ、葛や芙蓉の繊維と交織されたのか、という点について、ますますわからなかった。

この点にこだわりつづけていた私は、後日、筑波（つくば）の蚕糸試験場に行って聞いてみた。すると、湿度の高い土地の繭は糸の層が薄いのだと教えられた。たとえば、良い状態でできた繭なら、八十～九十パーセント糸が取れるが、湿度の高い土地の繭では、三十パーセントぐらいしか糸が取れないという。繭の取引は昔から重さなので、目方が同じで、しかも価格が同じだとすれば、糸の層が薄いほど割高になる計算である。

蚕糸試験場の技師は、

「生糸の輸出が盛んになり、品質と価格で競争するようになって、甑島の繭が自然淘汰されたのでしょう」

といった。

商人に買いたたかれ、あげくのはてには見捨てられてしまった繭の、安住の地がタナシとの交織だったのだろうか。

それにしても甑島の湿度の高さが葛布を育て、繭を失わせたのであった。

私がふたたび瀬々野浦をたずねたのは、幻のビータナシが発見されてから四年後のことであった。

中村さんをたずねると、旅館業のほうは開店休業の状態で、彼女は芙蓉の繊維のなかに埋まるようにして、糸を績んでいた。座卓の上の芙蓉の繊維は、しなやかで艶があった。

「細く糸をつなぐのは、馴れないとむずかしいですね。わたしはハタ結びにしてるんです。それでも縦糸をつくるのはまだまだで、緯糸だけがやっと」

　この日、高機に絹の縦糸をぴんと張って、芙蓉の緯糸ですでに二、三メートルほど織りすすんでいた。

「ちょっと織ってみましょうか」

と、機の前に座った中村さんは、だんだん寡黙になっていった。布に対する女の情だろうか。目の輝きがやさしくなってゆく。部屋のなかに、布を打つ筬のにぶい音だけが聞こえる。

　大正十年生まれの中村さんが少女のころは、木綿の織物が豊富に市販されるようになってすでに機織りは女の仕事ではなかった。母から娘に伝えられるはずの機織りの技が、中村さんの世代で絶えていたのである。ところが母親の織ったビータナシが残されていたことによって、中村さんは母の心に触れようと、機にむかう決心をしたらしい。

「いざやってみると、織るまでの仕事は、女にはきついですね。五月に山に行って、六、七センチくらいの太さの芙蓉の幹を切って、山の中で皮を剥いで、皮だけを持って山をおりるんです」

「皮は川に漬け、その上に石をのせて一カ月くらいそのままにしておきます。その皮をよく洗うと、外皮がとれるんです。これを木灰で二、三時間煮るんです。木灰で煮た繊維はとても艶がでるんですよ」

　木灰は松や雑木では駄目なのだそうで、中村さんはマテとかカシなどの堅木の灰をつかうという。

　いま、下甑村の婦人部の人たちが集まって、ビータナシをふたたびこの村に蘇らせようと、計画が進められているそうだ。ところで、ビータナシをビーダナシと呼ぶ人が多くなった。が、正確にはビータナシというべきではないかと私はおもっている。が、やがてビータナシが転訛してビーダナシと呼ばれることになるかもしれないが。

タナシをめぐって

　ところでタナシとは、いったいなにをいうのだろうか。上甑村瀬上では、葛布や葛衣をタナシとかクズタナシといっていた。女物の長着も、男物の長着もタナシであり、丈の短い仕事着もタナシであった。

　このタナシについて、『服装習俗語彙』(柳田國男編)に解説されているので、少々長いが、現代がなに直して引用してみたい。

「仕事着をタナシという語は、東北にもまだ残っているというが至って稀で、主として九州の南部、たとえば日向の山村薩摩の南端と付近の島々にある。宝島ではタナシは単衣のことといい、又長崎付近の茂木浦でも、以前タナシという刺し子の着物を着たという。『今昔物語』(巻二〇)、猿が名僧を供養したという話に、手無しという布着物を着てとあるテナシも同じものらしく、これを今いう袖無しのことなりとした『松屋筆記』の解は誤りと思われる。少なくとも現在のタナシにはテッポウ袖又はネヂ袖を付けたものが普通で、ただ薩摩の頴娃と中甑島の平良とに、陣羽織の形をしたタナシのあるということが報ぜられているのみである。これには日本語の「そで」と「たもと」という二つの意味が、果して漢字の袖・袂と、一致していたか否かも考えて見なければならぬ。「そで」は振るもの、かえすものであれば、垂れた部分の名であった筈である。従って「たもと」即ち手の元まで全部付いておらぬ着物は、昔ならば決して袖無しとはいわなかったろうと思う。

　タナシ又はテナシは働く人の衣だから、その垂れた部分だけの無いもの、即ち袖たけの極めて短いもののことであったろうと思う。（後略）」

　これに対して、宮本馨太郎は、『かぶりもの・きもの・はきもの』（岩崎美術社刊）のなかで、次のように述べておられる。

「袖無の仕事着は、タナシ・ソデナシ・カタギン・カンキ・ツンヌキなどと呼ばれ、その起原の古いものであることは、いまさら説くまでもない。柳田先生はこのタナシについて、『タナシ又はテナシは働く人の衣だから、その垂れた部分の無いもの、即ち袖たけの極めて短いもののことであったろうと思う』と説かれたが、『今昔物語』巻一五・『古今著聞集』巻二十の記事も、ともに袖無と解すべきで、『松屋筆記』の説の方が正しい。タナシはテナシであり、テとソデは同義であり、タナシ・テナシはすなわちソデナシ（袖無衣）と解すべきである」

　実のところ私は、甑島の葛布をたずねる当初から、先覚のお二人のタナシに対する民俗学的考証をふまえたうえで、出掛けたのである。

　タナシの語源が手無しで、この手は袖の意であるとか、また、袖があるから袂の意であるということについて、浅学の私はなんともいえない。

　しかし、私が甑島で古老に聞いたり、実際に見たりしてわかった限りでは、タナシは袖のある仕事着や、ふつうの長着の単衣ばかりで、袖無しの陣羽織風のものはなかったのである。

　ところで、その仕事着の袖の特徴は、平袖かモジリ袖（モジ袖・ネジリ袖と同じ。袖下を三角形に折って、筋違いに合わせた袖）が多い。平袖を秋田県ではサツマテッポといい、薩摩の国を連想させるが、はたして薩摩の国から流行しはじめたかどうかわからない。しかし、平袖は袖口から風がとおって涼しいので、平袖（広袖をふくむ）の分布が南方の温暖の地に多く、袖口が小さく袖が細い形は、北の寒冷地に多いことからすると、サツマテッポの呼称は、南方から北方へ流行していったといえるかもしれない。

　細袖は、袖の用布の一幅（三十八センチが標準）を縦に折ってつくるので、腕にぴったりつくほどのせまい袖になる。そのため腕を動かしやすいように袖下に襠を入れて、運動量をおぎなうのである。こうした細袖を甑島のタナシに見かけなかったのは、葛繊維の特徴として、袖下の襠部分がほつれやすかったからではないかとおもう。

　もうひとつの理由として、自家用の布の場合、織る布の布幅にも問題がありそうだ。自分の体格に合わせて、標準の三十八センチより狭く織ることがある。実際に私が見たなかに、織幅三十センチというのがあった。三十センチでは細袖にすることは不可能であろう。この仕事着にはモジリ袖がついていた。

なったなし　やれば
はだからむ　さわらん
つしゃのたま　やれば
くびからむ　さわらん

これは沖縄の『おもろさうし』（沖縄本島とその周辺の島で、語りうたい継がれた口承歌謡」（第十三巻）である。

歌の意味は、夏に着るタナシの着物だったら、あなたの肌に触れることができるのに。水晶の玉の首飾りなら、あなたの首にふれることができるのにという恋の歌である。

沖縄の上流社会では、タナシをンチャナシと発音した。『沖縄文化史辞典』（東京堂刊）では、タナシに「田無」、ンチャナシに「美田無」という漢字を当てている。

ンチャナシは王家や上流の士族の夏の礼装で、タナシは中下位の士族の女子の夏の礼装というように、どちらも夏の礼装であることにかわりない。

冬の礼装はワタジンといって、位階によって、細かなきまりがあった。ワタジンに「綿衣」という文字を当てているが、必ずしも木綿の衣を意味していたのではない。

夏の礼装のンチャナシやタナシは、冬の礼装のワタジンと同じように、位階によって色や織りかたにまで細かなきまりがあったが、布の素材の繊維はンチャナシもタナシも、トンピアン（桐板という文字を当て、龍舌蘭の一種からとった繊維といわれる）や、チョマ（からむし）が使われたのである。

トンピアンはすでに幻の繊維になってしまったが、チョマは、精緻な絣（かすり）を織る宮古上布（みやこじょうふ）の原材料である。宮古島にはチョマを栽培している家がまだ二、三十軒はある。その人たちはチョマをブーとよんでいるのである。

チョマのブーと、芙蓉のビーにどこか、かかわりがあるのだろうか。このことについてはわからない。

しかし、タナシ（ンチャナシも含めて）の繊維素材は、沖縄も甑島も植物の靭皮繊維であるという共通点がある。

甑島でタナシという言葉がいつから使われるようになったか不明だが、沖縄の場合は、『おもろさうし』の第三巻以下の編集が一六二三年であり、王府が礼服を定めたのが十七世紀になってからなので、少なくともその頃にはタナシという呼称が一般化していたであろうとおもわれる。

タナシの系譜をこのあたりに仮定すると、タナシとは、植物の靭皮繊維で織った着物の呼び名になり、さらりとした肌ざわりから夏の単衣の着物に位置づけられるのではなかろうか。

甑島で発見された一枚のビータナシが、絹との交織であるにせよ女子の第一礼装の五つ紋付であった。それを私は、絹との交織によって、粗の布が礼服になったのではないかと、と考えている。そして、必要に応じて繊維名をあらわすときに、クズタナシとかビータナシという呼びかたがされたのではないかとおもうのである。

このように考えてみると、タナシという衣服には、はじめ、仕事着という意味は含まれていなかったのではないか。それは、仕事着をシゴツタナシとか山タナシ、コダナシなどと呼びわけ、シゴツ、山、コという語をタナシにかぶせて、初めて仕事着の意になったことを語っているからである。

瀬上には、セガミタナシという呼びかたがある。これは瀬上の人たちが葛布を織って、村人が行商をして歩いたので、産地名がついたのである。葛布をタナシとよぶようになったのは、葛布でタナシを仕立てたことから、葛布の代名詞のように使われたのであろう。

葛布は麻に代って

木綿が一般に普及しはじめた明治時代、鹿児島県内の各町村に紺屋（くやどんといった）や織屋があった。その数は紺屋二百軒、織屋三十軒と伝えられている。そのころ串木野に何軒ぐらいあったかわからないが、昭和二十年代のときで、木綿織物の機業場は五、六軒はあったといわれる。この織物が串木野木綿として、甑島に相当量が売られていたのであった。甑島に今日まで語り継がれている「串木野モメン」という言葉に、当時の甑島での木綿の普及の様子を垣間見ることができるような気がする。その木綿と同じくらい生産され、売られていたのが、「瀬上のタナシ」である。

「串木野のモメン、瀬上のタナシ」という言葉は、木綿を買うなら串木野のものを、タナシを買うなら瀬上のものを、という意味だそうだ。

柳田國男の『木綿以前の事』を例に出すまでもなく、木綿の普及につれて、日本各地で昔から行なわれていた古代からの繊維の織物は衰退し、急速に消滅への道を歩いた。ところが、瀬上タナシだけは木綿と共存して求められ、木綿は冬の衣料、タナシは夏の衣料として生き続けたのであった。

つまり、タナシが夏の衣料として昭和三十年ごろまで、瀬上で織られ続けたのは、島という環境故の、かつての自給自足の生活の名残と考えるよりも、さらりとした質感をもつ葛織りの布が、湿度の高い南の島の夏衣料として適していたからであった。

夏の衣料としては、一般的には麻があるが、甑島の場合は耕地が少ないため、麻の栽培はほとんど行なわれていなかった。そのため麻の繊維（アサオといった）を、串木野や宮之城（みやのじょう）あたりまで買いに行ったという。また、麻の繊維をもって、甑島に売りにくる行商人もいたという。行商人のもってくる麻の繊維は、板状になっていたのでイタオといった。いずれにしても麻の繊維は非常に高価だったので、カタビラ（麻織の夏の単衣長着）がつくれるのは、資力のある家であった。

甑島で衣料以外に麻をつかうのは、おもに漁網用であった。キビナゴ網やトビアゴ網つくろい、イカ釣用のヨマ（釣糸）などである。漁網修理につかう麻の繊維は、網元が串木野、宮之城、鶴田町あたりに行って仕入れてきたのである。それを主婦たちが糸に績んだ。漁網の修理用の糸は柿の渋で染めたという。

強い風に干したイカが躍る。イカはスルメに加工したほうが高く売れるのだそうだ　上甑島里村里

漁から帰ってきた漁船。クロダイ、イシダイ、ミズイカなどのほかにキビナゴも水揚げされる　上甑島里村里港

上甑村の古老に聞いた話だが、明治末期から大正初期にかけて、甑島に蚊帳（かや）が流行したことがあった。しかし、どこの家でも蚊帳をもっていたわけではなく、麻の蚊帳はそうとう資力がないとつくれなかったので、家を一軒建てるのと同じくらいの大仕事だったそうである。

こう考えてみると、甑島では、麻にかわるべきものが葛であったといえるかも知れない。

海の彼方への祈り

葛布で背広をつくった人が里村にいる、と私に知らせてくれたのは、下甑村の手打港に行く連絡船で一緒になった、漁網のセールスマン氏である。

「昔は古い漁法のカツラコギなんていうのがあったんですよ。イソオイコミ網と地引網とを一緒にして大きくしたようなものですがね。クズカズラを使ったんです。今はナイロンロープです。漁網もナイロンですね。私たちは漁網でもロープでも、古いものを引き取って、新しいのを売るんです」

といっていたので、私は葛の漁網を引き取ったら欲しいとおもい、連絡してくれるように頼んでおいたのである。ところが、「漁網は見つからないが、葛で背広をつくった人がいると聞いた」というハガキが届いたのである。

私は、上甑村のセガミタナシ、下甑村のビータナシに続いて、里村の葛布の服をたずねて旅に出た。七月の暑いさかりであった。里村へは里港で船をおりる。港は弓なりになった湾内にあり、ひどく明るい。

山裾の段々畑とわずかばかりの平地に水田がある。水田から海辺はすぐ側だ
上甑島里村里

港のすぐ前の、高い護岸壁に守られた道は、村の中心へ通じる道である。道に面してならぶ家は、どれも寄せ棟の屋根で、台風による波浪の被害から守るため、その屋根がかくれるほどの高い塀を築き、出入り口は狭い。台風のときは、その出入口を鉄の扉や板で塞ぐ。出入口の柱に溝がつくってあるのは、そのためである。一軒の家をのぞくと、高い塀の内側で、ご主人が鉢植をたくさん並べて、手入れをしているところであった。

「そろそろ台風シーズンですからね。台風がきたら、この植木鉢は小屋にしまうんです。そうしないと塩でやられるんですよ。井戸だって塩からくなります」

この湾はトンボロ（陸繋砂洲）によってできている。トンボロの長さは約一キロ、幅は約三百メートルで、里村はこの上にひらけているのである。村の戸数約六百戸のうち、トンボロの上に約四百戸の家が建ちならんでいる。

港のすぐ南には津口番所跡と書かれた立札があった。薩摩藩では文禄年間（一五九二〜九五）、十六代藩主島津義久の時代に、鎌倉幕府以来約三百七十年間甑島を治めてきた小川氏を田布施（現金峰町）に移封し、甑島を直轄する。里村はその統治の要となった所で、津口に番所を置き、出入りの船を改めたという。

津口での出入りの船の改めは大変厳しかったらしい。それは薩摩藩が幕府の密偵の侵入に、ことの他注意を払っていたこともあったろうし、また、慶長二年（一五九七）に、十七代藩主島津義弘が藩民の一向宗を禁止したことにも関係があろう。

島津氏が一向宗の禁制にのり出したのは、織田信長や徳川家康が、一向宗徒の武力に執拗に悩まされているのを目のあたりに見ていたからではなかったろうか。それればかりか、島津氏みずからも手痛い目に会った。天正十五年（一五八七）、豊臣秀吉による薩摩征伐の際、伊集院幸侃はまず降服して、後に一向宗徒とともに島津氏に反逆したのである。

以来、薩摩藩では、ますますきびしく一向宗の禁圧をはじめる。

隠れ山に登ったのは晩春と夏の二回だが、不思議なことに、小鳥の声を聞いた記憶がない。ひたすら静寂であった　上甑島里村里

神仏分離で打ち壊しになった西昌寺の跡に本願寺派（一向宗）西願寺が建った。後の山は香炉段と呼ばれ、桜の名所　上甑島里村里

寛永十二年（一六三五）十一月一日、宗門改掛をおき、禁圧の責任を家老が受け持った。同じ年の十二月には、宗門手札を藩内領民のひとりひとりに与え、一向宗徒を検断し、津口番所では一向宗徒の潜入を監視したのである。

しかし、一向宗を弾圧すればするほど、村人の信仰は強くなっていく。説教の集会場所は土蔵の二階や山中のガマ（洞穴）などで、しかもその集会は、暗夜や風雨の強い日が選ばれたのである。雨の降る日は傘の柄の中に本尊や、お経を隠し持って集まったらしい。そして、集会場所のそとに「お番」と呼ぶ見張り役を立てて用心したといわれる。

天保六年（一八三五）のときは、甑島に限らず、藩内の各地で一向宗の弾圧が起った。このとき、下甑島の長浜では、村人を拷問したが、どこからも、本尊どころか経文も発見できなかったため、民家に火を放って村を焼き打ちにしてしまった。これは火事に驚き、本尊を持ち出した人がいたら捕えようという意図であったらしい。焼かれても、なにも出なかったといわれる。それは、宗門改掛の役人が船でやって来るのを見つけると、いち早くご本尊を隠れ山などの安全な場所に移したからである。村人の警戒も厳重で、港に村人以外の者が来ると、卓木を叩いて警告したという話が伝わっている。

信仰の場、ご本尊のかくし場所は島の以下の各地にあった。

上甑島・里村――隠れ山

麓の集落のはずれ。石垣の上にユスノキやマサキが植えられている。旧郷士の集落らしい落着いたたたずまい　上甑島里村里

庭の片隅に祀られたウツガン。御神体は海から拾ってきた石なのだそうだ　上甑島里村里

上甑島・上甑村――池の平
中甑島・上甑村――木の口山
下甑島・鹿島村――隠れ迫（せこ）
下甑島・鹿島村――念仏発祥地
下甑島・下甑村――隠れ里洞窟、湯穴、観音堂

里村の東の村はずれの山に、一向宗のかくれ信仰の跡があるので行ってみませんか、と里村の原田さんと早瀬さんに誘われた。土地の人は「隠れ山」と呼びならわしているところである。

山裾の道端に「隠れ山」の標識があった。ここから、つまさきあがりの山道を辿る。ところどころ登りやすく段をつけて整備されているが、その段々に、うっそうと繁ったシイや雑木の落葉で、じめっと湿った道は、うっかりすると足をすべらせてしまいそうだ。そう思って用心して歩いていたのに、足を滑らせ尻もちをついた。カメラを放り出してしまわなかったのが、せめてもの幸いであった。

落葉の間から、ツワブキが艶やかな緑色の葉を伸ばしていた。原田さんは足もとのツワブキを一本折ると、「旨いんですよ、これが」といった。秋に野菊に似た黄色い花を咲かせるツワブキは、東京の私の家の庭にも植えてある。だから鑑賞用の植物だとおもっていたのだが、ここでは食用であった。私はツワブキを食べてみたいとおもい、ツワブキを手折りながら山を登った。

下から山稜の鼻にある灯台を見あげたとき、ずい分高いところにあるとおもったが、その灯台は、すでに目の下になっていた。凪がなく、群青色の海は凪いでいて、まるで湖のような海面を連絡船が行く。

流れる汗を拭いながら、前こごみの姿勢のまま、さらに山の道を登る。

隠れ信仰の跡は、山を登りつめた頂上の、畳三帖ほどの広さの凹地に、石を積みあげ、正面に仏像を安置するための、平らで、大きな石が置かれているだけであった。ここは、あるときは集会の場所となり、またあるときはご本尊をかくした場所であったという。昼でも太陽の光を遮るほどの大木に、うっそうと葉が繁っていて、その根元の石垣のかこいは、仏像を安置するのにふさわしいたたずまいをみせている。石垣の石に苔が生えていた。傍らに竹箒が置かれているのは、今でも村の人が時折登ってきて、清掃しているのであろうか。

隠れ山で念仏を唱え、西方浄土を信仰したとすれば、この隠れ山のご本尊を安置した背後の西方に、海が見えるかもしれない。と、その場所から、大樹の間を二十メートルほど西に行くと考えていたとおり、凪いだ美しい海がキラキラと太陽の光を受けて輝いていた。

葛布で縫った背広

隠れ山を下り、里村の集落を歩いた。津口番所の近くに武家屋敷跡がある。玉石を積みあげた石垣が道の両側に並び、整然として美しい。道は当時の馬場で、いまでは馬場筋と呼んでいる。

藩政当時は、こうした郷士（士族）の集落を麓とい い、農民の集落を在、漁民集落を浜といった。が、麓の郷士も、在の農民も、浜の漁民も、半農半漁の暮しであったらしい。

麓の郷士は、在の二軒から十軒ぐらいと、深いかかわりを持っていたらしい。麓の人は、そうした在の人を「コモン」といった。コモンの方では麓の主人をダンナサマといい、奥さんをゴジュウサマといった。

コモンは麓の家の稲刈り、田植え、薪割りなどの手伝いをするほか、麓の家で取り込みがあると、必ず手伝った。麓のダンナサマやゴジュウサマが死ぬと、コモンはお棺に納めたり、墓場まで担いでいった。また、コモンの主人が死んだ場合は、ダンナサマが精進料理をコモンの家に届けた。

この他、新年、お盆、八朔といった節目にも麓の家とコモンの間では、食物などの贈答がみられたといい、麓と在とのつき合いは、主人と小作人という間柄よりは、もっとずっと人情でつながっていた、という。

麓の集落の中の何軒かの屋敷地には、ウツガンという自然石を御神体とした地神が祀られていた。ウツガンは、内神、氏神とも呼ばれ、ウツガンがあるのは麓の家々でも本家筋に当たるという。また、昔は旧暦十二月に本家にイッケ（一族）が集まって、ウツガン祭を行なったという。供え物は、粢、赤飯で、あとでみんなで分けた。現在はそうした祭は行なわれなくなったとのことであった。

家を他所に移すときは、ウツガンはそのままその屋敷に残していく。空き屋敷に残されたウツガンは、近隣の人が花や水を供えるのだという。

馬場筋の突き当りに、本願寺派の西願寺があった。明治初期に排仏毀釈で打ち壊された西昌寺の跡に建立されたものである。このあたりは湧水が多く、シューシューガワをはじめ、チュウゴガワ、マガリガワ、クマガワなどがある。

カワというのは井戸のことである。甑島では、カワはほとんど共同井戸だが、麓の家では屋敷井戸をもっている家もあり、また、二軒で共用する井戸もあったらしい。

里村では、海に近いところでも、井戸を掘って水脈にさえあたれば、水が出たという。が、その水は塩分を含んでいた。ことに台風でもくれば、井戸の水に、より塩分が加わった。飲み水には、塩分の少ない良い水を汲みに行ったのだという。だいたい山麓にある井戸（湧水）が良い水で、女たちはそうした場所まで水汲みに行ったのだった。

山裾の井戸は湧水だから水位が高く、底が浅く、周囲にかんたんな石を組んだだけで、柄杓で汲みとれたという。

井戸のない家の女達はカワに水を汲みに行くのが日課であった。子どもたちも小学校から帰ると、小さい子は水汲みの順番待ちの行列にならび、大きい子は水を汲んで家まで運んだ。嫁は子どもが生まれると、その子を背負ってでも水汲みをしたらしい。カワを見ていると、かつての女達の苦労

上　海岸に近い家は、道から1～2メートルほど掘り下げ、石垣を高く築いて台風から家を守る。石垣の厚さも2メートルを越えるものが多い　上甑島里村里

下　むかしは水汲みの上手な娘を嫁にもらえといわれたほど、水汲みは女の大事な仕事だった。カワと呼ぶ山裾の湧水は飲料用だった　上甑島里村里

のほどがしのばれてくるのだった。

さて、私は公民館で保管しているという葛布の背広を見せてもらった。背広の布地は葛の生なりで、葛は細かく績んである。手触りがしゃっきりして、いかにも涼しそうだ。こんなに細く績んだ糸は、オサ目がいくつなのだろうと思った。

布の粗と密は、オサ目の数によるのである。布幅を一定にした場合、布の織り目の細かいのは縦糸の本数が多く、反対に布の織り目の粗い布は、縦糸の本数が少ない。この縦糸はすべてオサ目を通すわけだから、オサ目の多いオサは、布目が細かいのである。葛布を織るオサは、だいたい次のようである。

六ヨミオサ……粗目
七ヨミオサ……ふつう
九ヨミオサ……少し糸が細かい
十ヨミオサ……細い（木綿や絹にも使う）

ところで、オサ目の基準になるのがヨミ（算）で、四十目をヒトヨミという。それで六ヨミは二百四十目ということになるが、一目に上糸と下糸の二本の縦糸が入るので、縦糸四百八十本というわけである。参考までに、精微の代表のような宮古上布や越後上布は十四ヨミ以上である。

ところで、葛は中国や韓国にも多く生育する。中国では紀元前約八〇〇年の周代には、すでに葛布が製織されていたという。試みに漢字を調べたら、細かく織った葛布を「絺」といい、粗い織り目の葛布を「綌」というとあった。

葛糸で背広をつくった磯道トメさんをたずねると、

「あの背広を見てくれたんですか。あれは私が若いころ織った葛布があったから、戦争中に、主人の夏服に縫ったんですよ。さあ、ヨミ数は九ヨミでしょ」

「縫い方が上手って？　洋裁は尼崎（兵庫県）の紡績工場で働いているとき習ったんです」

トメさんは若いころから、織るのも縫うのも好きだったそうだ。

「わたしは明治四十年生まれで、そのころ母はずいぶん葛を織ったらしいですよ。わたしも小学生ごろから、葛の皮はぎや、糸績みを手伝ったのよ。葛の皮をはぐのは、葛をとったらすぐ、その場ではぐんです。葛の蔓は、乾燥したら皮がむきにくいんですよ」

「葛は糸にするまで手間がかかって大へんだけど、葛布は水に濡れても、乾くとパリッと張りが戻るんです」

「手でざぶざぶ洗って、そのあと、パンパンとたたいたり、引っぱったりして皺を伸ばして干すだけ。アイロンをかけなくても、ピーンとしてます。村役場に置いてもらっている背広は、しまっていたので皺だらけだったでしょう。そのうち、洗って皺を伸ばしておきましょう」

葛布が湿気に強いといわれている理由は、水に濡れても乾きが早いことと、乾けば布の皺までも伸ばす復元力にあるのであった。

トメさんは、昔、織った布がどこかにあるはずだからと、押し入れの中をさがしはじめた。庭のヤマモモの木に小鳥が飛んできて、小さな枝に止まった。メジロであった。

こんな布しか見つからないんです、といって、私に見せてくれたのは、藍染の美しい葛布であった。この布を織ってから、もう何年になるかしらと、トメさんは昔をなつかしむように目を細めた。

「戦争が激しくなって、尼崎にいては危ないからと、この里村に戻ってそれっきり。戻ってきたときは、機は無いですからね」

　トメさんが葛を織らなくなってから、四十年以上がたっていたのだった。

港の別れは

　甑島は、美しい島である。清澄な空気につつまれ、緑の山々と碧玉のような海がひとつになって、島を深い藍の色に染める。

　甑島はまた、小さい島である。私の友人で両親が甑島出身の人がいた。

「小学生のとき、黒板の前に吊された日本全図で、父母のふるさとを指で示すようにいわれて、甑島を指でおさえたら、クラスの友だちが、「そこは海よ」と、笑ったんですよ。地図の上とはいっても、小学生の小さな指の、その下にかくれてしまう島なのね」

と、彼女は述懐した。

　その島に、私は六回も渡った。島の滞在日数は、延べ四十日ほどになるだろうか。いま、その旅のあとを振りかえってみると、いつでも布のことを考え、布に魅せられ、布に惹かれた旅であったようにおもわれる。が、布をとおしたからこそ、心やさしい村の人たちと深くかかわりあえたとおもうのである。

　しかし、四十日の旅では、すべての集落、島のすみずみまで歩くことができなかった。それは、ほとんどの集落が、山々のつくるおぼれ谷の、小さな湾にのぞんでいるからで、山が交通をはばんでいたからであった。が、その山は、村の人たちにとって、大事な畑地なのである。「耕して天に至る」の言葉のとおり、一枚一枚を石で築いた段々畑が、県道のすぐ傍らの山裾から頂上の近くまで続いている。

「昔は、わしらも山の上の畑まで行ったんですよ。でも、いまは百姓をする若い者がいないし、残された者は年をとりすぎて、山の上の畑仕事ができなくなりました」

　山を振り仰ぐと、頂上に近いところに雑木が生え、雑草が生い繁って、なん年も手を入れていないことを語っていた。そういえば、頂上に近いバス道路からすこしはなれた旧道を歩いたことがある。身の丈以上の茅が生い茂っているなかを歩いて、ようやく見つけた旧道だったが、その道の脇の崖下に、雑草におおわれた、いくつかの洞穴があった。それは、山の畑から収穫したカライモ保存の室（むろ）だったのである。こんな高いところに畑があったのだ、と、遥か目の下を見ると、東シナ海が、白い波頭をみせていた。

　鹿児島県下の離島のなかでも、甑島は過疎の激しい島であった。その過疎現象がようやくとまったようです。と、村役場の人は明るい顔でいった。

　甑島に高校は一校もない。島の中学を卒業すると、親

カライモ畑の草取り。カライモは昔から冬から春にかけて食べる重要な作物だった。今は焼酎用とて、大量に売れるようになった
上甑島里村里

もとをはなれて九州本土の全寮制の高校にゆく。高校を卒業すると、そのまま京阪神方面に就職し、結婚してしまう例が多いそうだ。

「毎年三月の中旬をすぎるころから、船が出るときにな、どの子もどの子もぽろぽろ涙を流してな」

と、おばあさんはいったが、この人の三人の子どもたちも、港で別れて島を出て行ったのである。どの子も、どの子もというとき、心なしかこの年老いた母の目がうるんだように見えた。

手打港に向かう連絡船のデッキで、楽しそうに話している二人の女子高校生と一緒になった。二人とも川内（せんだい）市内の全寮制の高校に行っていて、休みを自宅で過すために帰るのだ、といっていた。寮生活の場合、どのくらい親から仕送りを受けるのかと聞いたら、月に七万円だという。

長浜港をすぎるころから、船のデッキを吹き抜ける風が冷たくなってきて、海は夕暮れ色を深めていた。瀬尾崎、曲瀬の断崖が、夕闇のなかで黒々としていた。その黄昏のなかで、私は七万円という金額にこだわっていた。というのも、前に山の畑で雑草取りをしていた中年の夫婦に、子どもの養育費について聞いたことがあったからである。

「昔は、この島から高校に行く子は少なかったです。いまはだれでもみんな行くから、いかせなければならないの。高校の教育費で親はたいへん。だから、子どもが生まれたとたん、親は子どもの教育費で頭がいっぱいになるんですよ」

と、いっていたのである。半農、半漁の暮しのなかからの七万円は、やっぱり大金であろう、とおもった。

船が手打港に近づくころ、イルカが泳いでいるのが見えたが、たちまち波間にかくれてしまった。

「高校を卒業したらどうするの?」

「会社に勤めて、お母さんに仕送りするんです」と、二人の高校生。

「甑島で勤めないの?」

「働くところがないんです」

この二人の女子高校生は、二年生だといっていたが、甑島から巣立っていく姿勢を、すでに持っていた。

私は下船の準備で、荷物をまとめに船室にもどると、女子高校生の母親が、毛布をかぶって横になっていた。そして、自分の娘と私が親しそうに話しているのを見て、ちょっと怪訝そうな顔をした。その母親は、買物があったので串木野まで行ってきたのだと、問わずがたりに話しはじめた。

「高校に通わせる教育費が、たいへんですね」

と、不躾にいう私に、

「そう、家は漁師だけど、わたしは土方をしてるんです」

といった。

さっき、「お母さんに仕送りをする」といっていたのは、こうした母の苦労への恩返しなのであろう。

「さようなら」

船を降りると、少女たちとその母親は、父親らしい人が迎えにきた小型のライトバンに乗って、去って行った。

ところで、私はこの手打で珍しい人に出会った。偶然わかったことなのだが、私とは二年下の小学校の同窓生が、甑島の人と結婚し、村に住んでいたのである。

東京で生まれ、東京で育った彼女が、父母のふるさとの甑島へ父母とともに戻ったのは、戦争が激しくなって、東京が危険になったために疎開したのであった。

やがて彼女が、村の青年と結婚することになったとき、彼女の母は、彼女を家の外につれ出して、跣（はだし）になりなさい、跣で暮すことに馴れないと、村人としての暮しができない、と諭したそうである。それから三日間は、下駄も、靴も取りあげて、彼女にはかせなかったという。

「私も母の年になって、ようやく母の心がわかるようになりました。母は若いときから東京で暮していたので、今さら娘を跣で暮させようとは思いもしなかったでしょうね。跣で暮しなさい、っていいながら、母の目に、いっぱい涙があふれていました」

東京で暮していた彼女の母が、甑島に戻ってなにに一番心を砕いたかといえば、村の人たちとの融和にあったのであろう。そのころ多くの村人たちは跣で暮していたのである。

二十日の月の出やすまで
十日の月の入やすまで
ツウホウすれば
ホウサは着せん

これは、その昔、母から娘へ語り継がれてきた、一種の娘のしつけであった。二十日の月の出るのは午前一時であり、十日の月が沈むのも午前一時ということから、おそくまで夜なべにツウホウ（裁縫）をすれば、家族の者にホウサ（ボロボロの着物）は着せなくてもすむ、というのである。囲炉裏の傍らで、ランプの灯りで、母は繕い物をするというのが、ごくふつうの母の姿であったようだ。

それにしても、私が甑島の風物や風景を想い出すとき、忘れることのできない光景がある。

長浜の港で、ベビー毛布に赤ちゃんをくるんで、大切そうに抱いている中年の女性を見かけた。

「お孫さんですか」

「いえ、近所の人の子ども」

「何ヵ月になるの……」

「一ヵ月」

「まあ、一ヵ月になるのね」

赤ちゃんの顔をのぞくと、暖かい春の日をうけて、赤ちゃんはすやすやと眠っていた。

「この赤ちゃん、間もなく大阪に帰るんですよ。ここでは、娘さんが結婚して、出産が近くなると村に戻ってくるんです。そして、九州本土の病院で生んで、身体が恢復すると、迎えにきた旦那さんと、赤ちゃんを連れて帰って行くんですね。」

「村にいる実家の母親は、娘の出産といっても、長いこと家を空けて娘の家に手伝いに行くなんて、できないですから」

そういえば、何年か前に目にしたのだが、手打港で赤ちゃんを抱いた若夫婦が、その母親らしい人と、別れを惜しんでいたのである。

やがて、若夫婦は船に乗り、母がひとり港に取り残された。ハッチがはずされて、若夫婦を乗せた船が、串木野港にむかって出航しはじめたそのとき、船窓から手を振る娘にむかって、

「なんもしてやれんで、ごめんねえ」

と叫んだのである。

船は速度を加え、すでに港から離れ、船がつくり出した白い波が、港の桟橋に打ち寄せるばかりであった。若い二人に聞こえるはずのない母の言葉が、人影のなくなった港で、むなしく海面に流れて、消えてゆく。成長して島を去っていく子どもに、別れの港でなにを詫びたのであろうか。子に詫びる母の哀しさは、離島に暮しつづける母の悲しさでもあるのではないだろうか。

刻々と小さくなる船影は、一直線に串木野港を目ざしている。その船を、いつまでも目で追いつづけている母親の姿に、私はひどく感傷的になっていた。

「なんもしてやれんで、ごめんねえ」

という母親の詫びは、母親として、子供に何もしてやることができないまでに年老い、すべてに非力となった自分自身への、諦めの言葉なのだろうか。

美しく、藍色にかげろふ甑島を想うとき、

「なんもしてやれんで、ごめんねえ」

と叫んだ母の哀愁をおびた声が、私の耳に蘇るのであった。

高校で寮生活をしている仲良し二人。学校が休みになったので、下甑村の家に帰るのだといった＝下甑島の手打港付近

藍をめぐる旅

文・写真　竹内　淳子

藍の種畑で藍の白い花が咲いている。藍の花は赤色と思っている人が多い。きっとタデ科の赤マンマと呼ぶ草からの連想であろう。藍には赤花と白花とあり、白花種のほうが青藍の含有が多いのだそうだ。

藍の色

私は「藍色」が好きである。

ひとくちに藍色といっても、淡い青色から紺色に近いほどの濃い藍色まで多くの段階があるが、淡ければ限りなく優しく、濃ければ逞しく、そのどの色もそれぞれに美しい。

しかも、それらの色は日本人らしい情感をこめて呼ばれ、もっとも淡い色を「かめのぞき」という。藍の染液をくぐっただけ、つまり、藍甕をちょっと覗いただけの色、というほどのことであろうか。ところが染織家の志村ふくみさんの著書『一色一生』の中に、この「かめのぞき」について、次のような一文があった。

「白い甕に水をはってのぞいてみる。その時の水の色をかめのぞきというと最近知らされた。長いことこの仕事をしていてそんなことも私は知らなかった。藍甕にさっとつけて染まった色をかめのぞきという位にしか思っていなかったが、よく考えてみればそんな筈はないのだった」と。

私もまた志村さんのこの文を読むまで、かめのぞきという色が、甕の中に汲み入れられた水の色のことだとは知らなかった。

さらに、志村さんはいう。

「……偶々一月すぎ二月すぎても藍は衰えず、中心に凛乎とした紫暗色の花を浮かばせ、純白の糸を一瞬にして群青色に輝かせる青春期から、しっとりと充実した瑠璃紺の壮年期を経て、かすかに藍分は失われてゆくが、日毎に夾雑物を拭い去ってあらわれるかめのぞきの色は、さながら老いた藍の精の如く、朝毎に色は淡く澄むのである」と。

かめのぞきが、藍を使って染めた青色の中で一番淡い色であり、順次、水色、空色、花色（縹色（はなだ））と濃くなっていく。水色と空色の間には千草色と呼ばれる色もあるが、いまではこうした色の呼び名を知る人も少なくなってしまったようだ。

布を藍の色に染めるには、合成藍が発明されるまでは植物の藍草からしか染料を得ることができなかった。植物の藍の葉は緑色である。その緑の葉から、清澄な青色に布を染めた最初の人は、驚きとともに、大きな感動で胸がいっぱいになったのではなかろうか。「青は之れを藍に取りて、藍よりも青し」（勧学篇・荀子）とある。

長板中藍染。清水幸太郎作

その意味は「青い色は藍という草から取ってできたものであるが、それは、そのものである藍よりもさらに青い」（中国古典名言事典・諸橋轍次著）である。「出藍の誉」という言葉もこれから出た。

『延喜式』に青緑という色がある。染料は藍と黄蘗（きはだ）である。

同じく『延喜式』に浅黄がある。浅黄は文字通り黄の薄い色のことだが、やがて浅黄を浅葱と書き、明るい青緑色のことになった。さきの青緑と同じように藍と黄蘗を重ね染めしたのである。

中世になって藍色を搗色（かちいろ）とか勝色と書いた。これは藍染の色をよくするために、染めあげた布を臼や板の上で叩いたので、それを「搗（か）つ」といったことから、「搗つ」を「勝つ」にかけて勝色という文字を当て、武具に用いたのである。

縹色は、『延喜式』に深縹（こきはなだ）というのがある。藍甕の中に何回もくぐらせ、天日にさらし、風を通して、その果てにいきつく色である。

縹色を花色というようになったのは江戸時代ではなかろうか。木綿に染めて花色木綿といった。この花色の「花」とは露草の花のことで、露草の花の汁を絞った色と同じような色だからである。『万葉集』に読まれているつきくさがこれで、古くはこの花で摺染にした。しかし露草の花の汁は水溶性なので、水で洗えば消えてしまう。後になってそのことを生かし、友禅染などの下絵用に使われた。「青花（あおばな）」というのがこれである。

ところで藍といえば阿波藍がよく知られている。それというのも阿波の蜂須賀侯が藍作を奨励し、藍商人に全国を売り歩かせたからである。その結果「阿波二十五万石、藍五十万石」といわれるほどになったが、それは折よく、木綿が庶民の衣服として普及するようになったからで、木綿と藍が結びついて藍の需要が多くなったことにほかならない。

しかも、藍染の布は「虫」が嫌うといわれ、野良着から手拭まで身につけるもののすべてを藍で染めたのである。それまで衣料の多くを自給自足していた女たちでも、藍を建てて染めることまではできず、そのために藍染専門の紺屋が村々に増えていった。

明治七（一八七五）年に東京帝国大学（今の東京大学）の前身、開成学校に招かれた英国人教師のアトキンソンは、その頃藍染の衣服を着ている日本人のあまりに多いのに驚いて、『藍の説』（明治十一年）を書き、藍をジャパンブルーと名付けた。

また、アメリカ人は歌川廣重の『東海道五十三次』の、空や水の鮮やかな藍色を見てヒロシゲブルーと名付けたという。版画の藍の色もまた、植物の藍から得た色である。

私の手元に藍染の古布が何枚かある。長い年月使われ続け、洗いざらされた布のため、同じ藍から生まれた色でありながらヒロシゲブルーと呼ばれた青色ほどの華やかさはない。が、どこか凛としていじらしいのである。

そして、この「藍」にひかれて私の旅は西へ東へと止むことを知らずに続いている。

「北へ、そして北から」

北海道、伊達市の藍栽培

現在、藍の産地といえば、前述のように藩政時代以来、阿波の徳島がもっとも知られているが、そのほか、北海道でも藍の栽培が行なわれていたのである。しかし、北海道の藍作について、私は深い関心をもたなかった。というのも、各地の紺屋を訪ねた折りに、必ず使用している藍の産地を教えていただくのだが、異口同音に「阿波藍」という返事が返ってきていたからである。

ところが、ある日、東北の紺屋で「わたしとこは北海道の藍です。徳島は遠いから……」という答を聞いた。加えて「北海道では相当広い面積で栽培しているらしいですよ」とのことであった。

このときから私は北海道の藍との出会いを熱望し始めたのであった。

昭和六十二（一九八七）年九月、私の望みは叶えられ、北海道に旅立つことになった。北海道で藍の栽培が行なわれているところは有珠山の麓、伊達市にあり、現在では篠原家ただ一軒がその灯を守り続けている。

伊達市は北海道の西南部に位置し、人口約三万余人、内浦湾（噴火湾）に面し、気候は温暖で北海道の湘南と呼ばれている。また、地味は豊かで農産物に恵まれ、住宅地、工業地としても北海道の新産業都市圏の中にあり、発展の途上にあるところだ。

東は北海道唯一の重化学都市室蘭市と、温泉郷登別に接し、北は昭和新山が煙を吐く壮瞥町、西は洞爺湖を隔てて羊蹄山を望む、美しい風景に包まれてもいる。しかし、その始まりは過酷なまでに苦しいものであった。

明治維新とともに北海道は拓地殖民や士族移住者を迎えたのだが、仙台藩亘理伊達家の移住は全く別のものであった。

明治二（一八六九）年有珠郡の支配を命じられた伊達邦成は、一族郎党二千八百余人を引きつれて海を渡る。戊辰の兵乱の責めを負い、領地を失った伊達主従には、この開拓がもし失敗であったとしても帰る途は無かったのである。また、移住に関しては何の補助も与えられず全てを自費でまかなった。そのため、移住を完了するまでに十一年の歳月を要した。その後、数々の辛酸に耐え、荒地を開墾していった伊達家の人々の努力が現在の伊達市の基礎を築いたのだった。

伊達市における藍の栽培は、伊達小史によると「明治七（一八七四）年、当郡柴田意成（旧仙台支藩船岡城主）代人鎌田惣五郎は藍作の利を郡民に勧告し、自ら其の種を輸入し…」とあり、また鎌田惣五郎は藍の種を希望者に配布し、収穫した葉藍を買い取り、蒅にして東京方面で販売したといわれる。しかし、蒅の製造技術が未熟であったため、うまくはいかなかった。

日高郡静内には徳島県淡路洲本出身の稲田藩の人々が入植しており、北海道開拓使の保護を受け、明治十一年から藍の試作を開始していた。そこで、伊達では静内から仁木太郎ら四名を招いて、その指導を受ける。

明治十二年、「柴田意成製藍所」が設置され、藍草の試作がすすめられた。明治十三年、埼玉県から移住してきた商人、浅見四郎左衛門は農民に藍作に必要な種や肥料、農具などを貸与すると同時に葉藍の販売を一手に引き受け、東京方面に移出を開始した。

栽培がひろまったのは明治十五（一八八二）年八月に徳島からの移住集団が長流村（現永和町）に入植してからのことで、この集団移住の責任者、鎌田新三郎が藍作に精通しており、独自に栽培研究や販路を求め移住者を指導したことによる。長流村に入植した人たちは、末永（現末永町）、関内（現東関内町）、舟岡（現舟岡町）へと栽培地をひろげていった。

明治十八（一八八五）年頃から急速に藍の作付面積は増えていく。これは伊達の気候、風土にあった品種の選択や藍の栽培の研究がなされ、品質のよい藍が普及したので、東京、大阪などに地元商人の手によって進出していったためである。当時の朝日新聞に「北海道紋別の製藍は、性質、光沢、肉質ともに十分なるを以って、往々は日本第一等と称する阿波産にも幾分関係を及ぼすに到らん」とある。

明治二十一（一八八八）年、地元商人や内地藍商人との取引の円滑化や藍作奨励の共同販売機関として「有珠郡製藍組合」が組織される。

翌二十二年には作付面積は三百八十九町歩と増加する。

明治二十三年、前記組合負担金未納による組合解散や大豆、小豆、ビートなどが確実な市場性を持つようになったなどの事情が重なり、藍の作付面積は六十一町歩と激減。

しかし、明治三十年頃、作付面積は三百六十町歩と拡大する（現在のところ、原因は不明）。が、一方国内産藍だけでは需要を満たしきれずに、明治初年から輸入が始まっていたインドや中国産の藍が販路をひろげ、明治三十年代には国内産を圧迫し始めていた。さらに一八九七年にはドイツで合成藍が工業的に生産され、明治三十七（一九〇四）年には大量に輸入が開始された。

このことは日本中の藍作に大打撃を与える。伊達も同様で、作付面積は年を追うごとに減少し、明治三十九年八十四町歩、四十年五十六町歩、四十一年には皆無に等しくなる。

作付面積が減少した原因には、ほかに長流川流域の開田事業がすすみ、水田が広く耕作されるようになったこともあげられる。（参考資料＝伊達小史、北星学園女子短期大学紀要、22号別冊）

篠原家の藍作

篠原家の初代、つまり現当主である茂氏の祖父、茂次郎が北海道に移住したのは、戸籍簿によると、明治二十六（一八九三）年であるという。

出身地は徳島県板野郡川内村字中の島である。茂次郎は嘉永二（一八四九）年の生まれなので四十三歳のときに妻子を伴って北海道に渡ったことになる。

「北海道に入植した人たちというのは、たいてい二男か三男で、だれもがボロボロの着物を着てたっていいますよ。ひどい貧乏してここに来たんでしょう」

茂さんの奥さんは、そんな昔話を伝え聞いているという。移住当初は幌別に入植したが、農作物の作柄が悪く生活は苦しかった。茂次郎は妻子を幌別に置き、単身札幌に出て一年間働いた。このときの収入を元手に、徳島の先輩花村某をたよって伊達村に移り、当時高橋是清が管理していた田村顕允（旧伊達家家老）の農場の一部を借りて居をかまえた。現住所、伊達市北黄金である。ここで茂次郎は藍作に励んだのである。

伊達のこのあたりは内浦湾に面し、背後の山はゆるやかに傾斜して平地を作る。近くにオヒルネップ川が流れ、その河口付近に農地がひろがる。オヒルネップ川はときによって氾濫することがあったが、むしろ上流から有機物を運んでくるので、地味は肥沃であった。この点は吉野川（徳島県）の藍作地とよく似ている。吉野川の氾濫によって畑地は荒らされたが、かわりに上流から有機物を運んでくるために地味は豊かになり、藍を育てたのである。

オヒルネップ川のことを、いまは牛舎川と呼ぶが、それはこの近くに広大な牛舎があったからだそうだ。

内浦湾は別称を噴火湾というが、それは湾内の海底から湯（温泉）が湧き出ているからで、このあたりの温暖な気候もそうしたことによるのかもしれない。

北海道にしては温暖な土地に移った茂次郎の藍栽培は順調であったらしく、その利益で土地を買い増し、一代で三十町歩（約三十ヘクタール）の田畑を有するまでになった。二代目の愛太郎の代になると田畑百三十町歩（約百二十九ヘクタール）を所有し、藍畑は小作人に栽培させたという。

現在、篠原家には茂次郎の藍作に関する資料はほとんどない。昭和十八（一九四三）年に茂氏が現在の家を新築した折りに、不用の物として焼却してしまったからである。かろうじて残っていたのが、初代茂次郎の『所有地面控帳』と『蒅藍売上帳』であった。前者の表紙に明治四十四（一九一一）年弐月吉日とあり、後者には大正十参（一九二四）年壱月吉祥と記されている。

『所有地面控帳』の最初の頁に、

明治四拾参年弐月拾六日登記済み
有珠郡伊達村大字西紋鼈
字タテヤマ弐百参拾参番地
一、畑弐町壱反七畝壱歩
　買取金参百五拾圓也
一、小作料
　一カ年　金壱百四拾参圓也
　小作者　鎌田　繁太郎

とある。

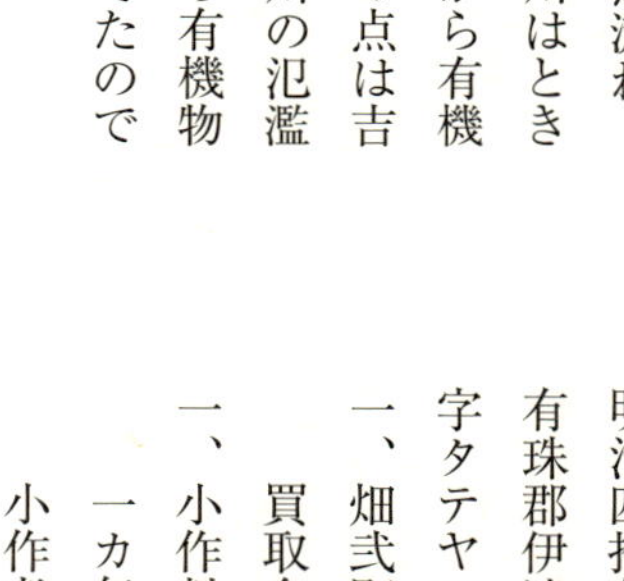

北海道に移住してから二代を経て、三代目の茂氏の代になり、ようやく暮しが安定した頃、昭和初期の戦争が勃発する。そして、戦後、様相が一変してしまう。農地解放で篠原家の田畑は、かつての六分の一の二十町歩以下になってしまった。その上、合成藍のめざましい普及である。それでも昭和三十一（一九五六）年から昭和三十六（一九六一）年頃まで北海道の藍は東北のほか、北

初代茂次郎の『所有地面控帳』と『蒅藍売上帳』

見渡す限りの藍畑。藍は酸性土壌をきらうので、本畑は消石灰でアルカリ土壌にしてから移植しないと、苗は枯れてしまうのだそうだ。また、連作すると青藍の含有量が少なく、染着力も弱く、品質の劣る藍になるという。肥料は牛糞などがよいそうで、酪農をしているところから分けてもらっているという　北海道伊達市

陸、信州、関東方面に販売されていたというが、肝心の天然藍の価格が暴落し、生産の費用にも満たない価格であったという。そうした中で、茂氏は昭和四十六（一九七一）年まで藍作を続けたが、合成藍、化学藍の普及に押されて市場が減り、ついに同年藍作をやめ、酪農に転換する。

「藍はわし限りと思い、長男に、酪農の勉強をさせたんだわね。だけど、わしは藍が好きで、心の中ではどうしても藍作を止めたくなかったんです。毎年、相変わらず藍の種を蒔いて藍を育てましたよ」

「おじいさんの代から藍を栽培してきて、ようやく北海道の気候風土に合った藍になったのに、この種だけは絶やしたくなかったんですよ」

藍作で生計をたてなくなっても、茂氏は藍の種を絶やさなかった。

そして、九年後の昭和五十五（一九八〇）年、思いがけず本格的に藍作を再開することになる。その理由は、

「それまで、国の施策として乳牛を増やすということがあった。わしのところも五年計画で牛舎を増築し、六十頭の牛を百から百二十頭にする予定だったんですわ」

「ところが昭和五十五年になると牛乳の生産調整制度が施行され、牛を増やすことができない。これでは牛舎を増築した借金が、酪農業を続ける限り予定通り返せなくなるんです。収支のバランスがとれなくなっているところに、畑の代替品の作付けを余儀なくされるということがあったし、世の中が安定し、生活に余裕ができてきた消費者が、本物の藍染を希望するようになったことなどがあります」

話を終った茂氏は、私を藍畑に誘った。見渡す限りの藍畑には生き生きと元気のよい藍が、今日か明日かと刈り取りの日を待っていた。

「むこうにあるのが種を取るための藍畑」という、その方角に目をやると、藍の白い花が、かすかな風に揺れていた。

藍の種は、その年のものを翌年の春に蒔けば発芽するが、一年でも越年した種は発芽しない。

「この畑の種は、全部蒔いてしまうのですか」

三百坪（約十アール）もあるという藍の種畑と、十町歩（約十ヘクタール）以上もある広い藍畑を見た直後だ

ったので、私は、まったく素朴な質問をしてしまった。

「いや、随分捨てますよ。種を取るときは、元気に育っているのから順に採取するんです。そうしてよい品種にしていく。」

「北海道の藍を使ってもらうためにはよい品質の藍を生産するしかありません。阿波藍に負けないものをですね」

茂氏によれば、阿波の藍、阿波の蒅（すくも）が現在でも品質は一番よいという。その阿波藍に少しでも追いつきたい、というのが茂氏の悲願であるようだ。

明日は帰京するという日の夜、茂氏は一枚の木札を私に示した。見るとその木札の表に、「膽振（いぶり）国有珠郡伊達村大字黄金蘂（オコンシベ）篠原茂次郎殿」となっている。黄金蘂というのは、現在の北黄金の旧字名である。木札の裏を返すと、「徳島県阿波郡市ば畀　三橋貞吉」とある。差出人の名であろう。その余白に「農産種子至急用荷行　雨水火御用心頼置舛」と墨書されている。つまり、木札は荷物の絵符であった。

「農産種子」というのは、間違いなく藍の種であろう。この種をいつ依頼し、受け取ったのか、年月日の記入がないので分からないが、北海道というひろい、見知らぬ大地に移り住み、故郷の徳島から藍の種を取り寄せ、藍栽培に専念したであろう茂次郎の姿が、この古い一枚の木札からいろいろに想像できて、胸が熱くなった。そして、その木札は私を阿波へと導いたのである。

●藍の種類

布や糸を藍色に染める含藍植物は、後藤捷一氏によれば、植物学上の科別にして、世界中で十三種あるそうだ。このうち日本国内で染料として使われたのは、

・ハマタイセイ（エゾタイセイともいう。アブラナ科）
・アイカズラ（ソメモノカズラ・ガガイモ科）
・リュウキュウアイ（ヤマアイともいう。キツネノマゴ科）
・アイ（タデアイともいう・タデ科）

以上の四種だが、国内で今日まで、染料用として栽培されているのは、アイ（藍）とリュウキュウアイ（琉球藍）だけである。

このほかには特殊なものとして、小忌衣の摺染に用いられたヤマアイ（トウダイグサ科）がある。このヤマアイは、後藤捷一氏によれば色素の青藍分を含有しないとされ、浸染に使用された記録は無いそうだ。ところが上村六郎氏は、青藍分を含むとはいえないが藍色を得ることができると主張している。このことは田辺市（和歌山県）の辻村喜一氏の研究発表がある。辻村氏は、山藍（トウダイグサ科）の地下茎を乾燥し、地下茎に含まれている葉緑素を除去して、淡い藍色を得る方法を発表した。が、この藍色に、藍（タデ科）や琉球藍（キツネノマゴ科）が含有しているのと同質の青藍分が無いことから「藍」とは異質の「藍」であるという意見もある。

藍の色、または藍に対する計り知れない不思議な魅力が、この辺にもひそんでいるような気がしてならない。

つまり、どのような植物でも、藍色に染めることができれば、「藍染のできる植物」といえそうだが、後藤捷一氏のいうように青藍を含有しているかどうかが、「藍」の決め手になるとすれば、現在日本で藍染に使われ、しかも栽培されている植物は、藍と琉球藍の二種だけになるのである。

タデ科の藍は、藩政時代に阿波国の徳島藩が、藩の物産として全国に販売したので阿波藍と呼んだのである。藍（藍草）は古代に中国から伝えられた染料植物で、原産地はインドシナ半島の南部といわれている。一年草で六十～七十センチぐらいになり、九月頃に穂状の小花をつける。種類が多く、花の色も白花種と赤花種があるが、白花種のほうが収量も多く、染料にしたときに品質がいいそうだ。種は黒褐色の小粒で、採種した翌年だけしか発芽しない。

キツネノマゴ科の琉球藍は多年草で、原産地はインド東北部のアッサム地方とされている。台湾やインドシナ半島、マレー半島の北部に自生している。染色用として栽培しているのは、沖縄本島の北部の本部町でただ一軒、二万坪の畑を作っているに過ぎない。多年草なので、タデ科の藍のように種を蒔く必要はないが、品質のよい藍草を得るためには、二年に一度は挿し芽で育てたものを刈り取る。

琉球藍

阿波藍の藍師　佐藤家の人びと

初代、平助さんの話　1

阿波藍の種を伊達に送っていた木札の主、「三橋貞吉」ゆかりの家は、市場町役場の住民課長、一村氏のご助力で判明した。三橋家は市場町の中心地の町筋に、昔から住んでいたのである。

貞吉も、その長男もすでに亡くなっていたが、長男の嫁のマサエさんが健在で、嫁に来てから三年ほど、舅の貞吉と暮したという。

「うちでは藍は作らなんだけんど、藍の種で商売してたんでしょう。嫁のわたしにはなにもいわんかったけんど、手紙をよう書きよりました。

おじいさんは田畑に出て農業するより、商売するのが好きだったようですよ」

マサエさんの娘婿、義明さんの子供の頃の記憶によると、市場町の藍作農家は、家の前庭に莚を敷きならべ、その莚にひろげた葉藍を乾燥させていたということである。戦前まで藍を栽培していたらしい。

現在、市場町で藍栽培をしている農家はない。

四国第一の大河吉野川。四国の中央を貫流して紀伊水道にそそぐ。川の水は豊かで、蒼い。この川が藍に計り知れない恵みをもたらした。右手の山が眉山である

三橋家を訪ねた日の夜、旅館の窓辺で私は、私と阿波藍との出会いの頃の記憶をたどっていた。

木札に導かれるようにして市場町へ行ったのだが、私が初めて阿波の藍師、佐藤平助さんを上板町に訪ねたのは、今から二十年も前のことであった。

徳島県の藍栽培地は藩政時代から明治中期頃まで、「芳水七郡」といわれた吉野川沿岸一帯の、名東郡、名西郡、麻植郡、板野郡、阿波郡、美馬郡、三好郡の七郡で、村の数にすると二三七村に及んでいたのである。ところが、私が訪ねた二十年前は板野郡と名西郡だけが藍作を行なっていたのであり、それも両郡合わせても藍作農家は十軒にも満たなかったのである。栽培面積にいたっては全部で四町歩足らずであった。やがて藍が絶滅してしまうかもしれない。と、その時はそんな気持が私の心の中にあって、徳島への旅に出たのであった。

その日は、真夏の太陽がギラギラと照りつけていた。徳島駅を出たバスは吉野川をさかのぼるようにして、川に沿った道を西にいく。見渡しても藍畑はなく、かわりに稲田がひろがっていた。このあたりは、昭和初期に藍畑が稲田にかわったのである。

「どこ、いっきょんで？（どこへいくんですか）」

バスの窓に貼りつくようにして外ばかり眺めている私を、土地不案内と見てとったお婆さんが声をかけてきた。

「この先に藍を栽培している人がいるので、そのお宅まで」という私の言葉に安心したのか、ほっと表情をゆるめ、若い頃藍作農家の手伝いをしたといった。

「よう働きました。忙しいことを、昔は、『藍こなし

（藍の乾燥）のようだ』といいましたのじゃ。私は娘の頃ソラからキタガタに出稼ぎにきて、こっちに嫁入ったん。随分昔のこと」といって笑った。

「空？」と聞き返した私に、「西の山の方のこと」と答えてそのお婆さんは悲しげにも見える表情で、また笑った。

藍の栽培から刈り取り、藍こなしと続く藍作農家の労働は、非常に過酷なものであったという。

阿波の北方　おきゃがりこぼし
　寝たとおもうたら　早やおきた
嫁にやるまい　板野の村へ
　夏の土用に　足踏み車

阿波に古くから伝わる歌である。北方というのは、お婆さんのいっていたキタガタで、藍作の中心となっていた板野、阿波、麻植、名東、名西を指している。また、ソラというのはソラスジ（空筋）のことで、吉野川の中流以西のことであった。そして、南の海岸線沿いを南方、山地を山分と呼んでいる。北方への出稼ぎは耕地の少ない山分からの人が多かったようである。

孫に会いにいくのだといって、膝の上の風呂敷包みを持ち直すとお婆さんはバスを降り、私の乗ったバスが通り過ぎるまで手を振っていた。

佐藤平助さんの家は、吉野川の北岸で、六条大橋の近くにあった。このあたりは藍作の中心地だったところである。平助さんは私の顔を見るなり、「藍に会ってやって下さいよ」といって、藍畑に案内してくれた。私はこのとき初めて畑に栽培されている藍を見たのだが、刈り取りを前にした藍は、真夏の太陽の恵みを受けて、深い緑色であった。

明治十八（一八八五）年生まれの平助さんは、このときすでに八十歳を過ぎていたが、若々しく、明るく、元気だった。

「わしが子供の頃、洪水で家も畑も流されたことがあった」

と、平助さんは昔の話をしてくれた。

大きな被害に会ったのは平助さんが十四歳（明治三十二年）のときで、田畑も家屋も流失し、一家は財産の全てを失ってしまった。やむなく平助さんは単身大阪に出て藍を扱う会社に勤めて、藍の品質を鑑定する手板法を習った。十九歳（明治三十七年）のとき、藍師になる決意を固めて故郷、徳島に戻る。四十歳（大正三年）の頃には「藍を揉ませれば一番」という評判を取り、阿波藍の検査役に選ばれる。平助さんの藍にかけた情熱のほどがうかがわれる。

しかし、阿波藍の需要は、明治初年からインド藍の輸入が開始され、さらに明治三十三（一九〇〇）年頃からはドイツで製造された合成藍が市場に割り込んできて、徐々に下降線をたどり始めている。その後、日露戦争（一九〇四〜一九〇五）や第一次世界大戦（一九一四〜一九一八）等の社会的影響を受けつつ、阿波藍の需要も浮沈をくりかえした。そして、第二次世界大戦中には食糧の増産を行なうために、藍の生産は不可能になってしまった。

しかし、こんなときでも平助さんは「いつか再び藍を作れる日がやってくる」と信じ、山中に密かに藍を作り続け、藍の種を絶やさなかったという。

戦争が終ると、長いこと兵隊にいっていた長男の儀一さんが復員してきた。一家をあげての藍作りが始まった。が、需要が少なく、藍を作れば作るほど家計は逼迫する。「転業」という言葉が心を過る。しかし平助さんは「藍師から藍をとったら何も残らない」と頑張り続けた。その頑張りも報われず、遂に「今年限りで藍作をやめよう」と家族の意見がまとまった年、平助さんは例年にも増して精魂を傾けて藍を作った。藍は上出来であった。そして、予想外の高値で売れたのである。

「藍がわしを助けてくれたんです。よい藍は、これからも決してのうなりません」

と、平助さんは藍畑に立ちつくし藍をいとおしむようにながめていた。いまでも私の脳裏には藍を見やったときの平助さんの慈愛に満ちた眼差しが強く焼きついている。

吉野川流域でみかける元藍師の家。左の建物が藍の寝床

藍を植え、藍を育てる
——平助さんの話 2

平助さんはまた、大正末頃から昭和初期の板野郡の藍作について話してくれた。その作付面積も収穫量も最盛期には比ぶべくもないが、昭和四十年代よりもずっと藍作が盛んな時代のことである。

「藍の栽培は、一月の寒のうちに苗床の整理をすることから始まるんですよ。苗床の土を細かく砕いて、元肥の乾鰯（ほしか）と堆肥を施します」

「苗床に種を蒔くのは、二月の節分の頃です。藍の種は小粒なので、風に吹き飛ばされたり、小鳥に食べられてしまうこともあるので、この種の蒔きつけのときに藍が丈夫に育つようにと、神棚に山海の珍味と、かき餅を供えます。お供えしたものは、種蒔きが終ったあとで下げて、みんなで食べたものです」

「発芽は約一カ月後の三月上旬で、本畑への移植は、苗が二十センチ前後に成長した四月中旬から、五月中旬の間に行ないます」

「だいたい藍の前作に麦作が行なわれているので、その畝と畝の間に移植することになるわけです」

「苗の植え方は、苗を五本から八本くらいを一つの穴に植えるんです」

本畑に移植する作業になると、朝の五時半頃には起きて、茶漬けを食べてから畑に出る。畑から一度戻って九時頃に朝食を食べて、また畑に出る。

午後の二時から三時の間に昼飯を食べる。それからまた仕事。夕飯は夜の八時から九時。夕飯のあとには収穫のときに必要な縄作りなどの夜なべがあるので、寝るのは十一時半を過ぎてしまう。

収穫までに何度も施す肥料は金肥（きんぴ）といわれて、北海道や関東産の干鰊や乾鰯などを買って使った。

この間に潅水と駆虫という仕事がある。潅水は水取りといって、川はあっても用水路のない藍畑には絶対に必

要な作業の一つで、井戸の水を足踏み車で汲みあげる仕事だ。

「夏の土用に　足踏み車」

と歌の文句にあるが、親は藍どころの板野の村へ、娘を嫁にやりたくないというほど大変な仕事だった。

しかし、なんといっても、刈り取りとそれに続く藍こなしのほうが、もっと辛い作業である。

刈り取りは、本畑に植付け後の七十五日から八十日ぐらいがよいとされ、七月上旬が一番葉の刈り取り時期である。刈り方は、地際から二、三センチ上を刈るが、二番葉を取る場合は、地際から十二、三センチ上を刈る。刈り取りの労力は、一反歩当り男二人、女三人で、男が刈り、女が束ねる。

刈り取った藍は、その日のうちに一センチぐらいに刻む。昔は藍切鉈であったが、のちに込切（こみきり）となり、三枚の刃がある三丁切となった。三丁切を使って一反歩（約十アール）分の藍切りをするのに、男で一人役、女なら二人役の作業にきまっていたが、この作業は深夜の一時、二時までかかったという。

切った藍は、翌日の朝早くから筵の上にひろげて、カラサオで打ち叩いて、藍すりという道具を使って藍の葉に傷をつけながら、上下に反転させて充分に乾燥させる。葉に傷をつけるのは、傷ついたところから汁がにじみ出て空気にふれて酸化する。それを干すことによって上質の藍を得ることができる。この作業を「藍こなし」という。

刈り取りから、藍こなしまで一気呵成の作業なので、たいへんな忙しさであったから、藍こなしという語は、多忙の代名詞のように使われた。藍作農家ではこの期間だけ、臨時の労働者を雇ったのである。出稼人は徳島県の西部の山分や阿南地方や香川県から来たという。

「乾燥した藍は葉（葉藍という）と茎に分けなければなりません。このあたり（上板町）では、朝は西風（じあらせ）、午前十時頃は南東の風（こち風）、夜は北風（よぎた）が吹くんやね。その風を利用して葉と茎を分ける。方法は一間半（約二、二メートル）くらいの高さから乾燥した藍を落とすと、軽い葉は風で遠くまで飛び、重い茎は真下に落ちるので、葉と茎を分けることができる。これをかざやりと呼んでいます。風だけで不足するときは扇風機を使うわけですよ」

二番刈りは八月二十日頃に行なう。ふつう二番刈りまでで、三番刈りまですることもあり、その場合は九月下旬に刈る。葉藍の品質はやはり一番刈りのものが一番よく、二番、三番と品質が落ちる。収量も一番刈りの葉藍で一反につき約八十貫、二番刈りではその半量の約四十貫、三番刈りは二番刈りの半量の約二十貫ぐらいになってしまう。

種を採る時期は十一月下旬で、種を採る藍は採種用として別の畑で栽培する。

平助さんの話は、ざっと以上のようであった。

藍作農家の仕事はここまでで、叺詰（かます）にした葉藍を業者に売る。業者から葉藍を買って、蒅や藍玉に加工するのが藍師であった。藍師の中には、自分の藍畑を持っている人もいた。

藍師から蒅や藍玉を買って販売するのが藍商人の仕事。藍商人のなかには、小作人を使って藍栽培し、蒅や藍玉にして売った商人もいたということである。

蒅作り――三代目昭人さんの仕事

昭和五十一（一九七六）年、藍作りに情熱を傾けた平助さんは他界された。後を追うように、儀一さんも亡くなった。現在、佐藤家では三代目の昭人さんが精魂を傾けて藍を栽培し、藍作りから蒅（すくも）作り、販売までを行なっている。

昭和六十二（一九八七）年十一月、市場町からの帰りに、ふと思いたって佐藤家に電話してみた。

折から佐藤家は蒅作りの真最中とのこと。藍の独特なにおいが私の記憶の中に蘇り、矢も循もたまらず佐藤家にむかった。

蒅作りの第一歩は寝床作りから始まる。寝床と呼ぶ建物の床に籾殻を約三十センチの厚さで敷きつめる。その上に砂を三十センチ、またその上に粘土を約三センチならし、更に細かく砕いた粘土を振って、表面を平らにしてから水を打ち、中高になるように整えて仕上げ、乾燥させる。

九月の中頃、この寝床に一番葉を入れる。水をかけ、約一メートルの高さに積み上げる。この作業を寝せ込みという。いよいよ蒅作りの始まりである。

その日、佐藤家では折よく切返しという作業を行なっていた。

寝床には二床に分けた葉藍が既に発酵していて、その発酵熱で寝床の中はむんむんしており、発酵時の独特の匂いを放っていた。それをオニクマデで切り崩すと、黒くなった葉藍から、もうもうと湯気が立ちのぼり、強い匂いが鼻をつく。

切返しのコツは、この匂いで発酵熱の温度を見分けて水を与えることにある。

ランニング一枚に裸足で葉藍の山を切り崩している昭人さんの背に汗が流れている。

この作業は十二月まで続く。九月に寝せ込みを開始してから、初めは五日目ごとに、そして気温が下がるにつれて、六日目、七日目ごとに水打ち、切返しを繰り返す。藍が蒅になるまでに二十回以上の切返しを行なわなくてはならない。四回目か五回目の切返しのときに二番葉を加える。切返しは藍を均等に発酵させるために行なう作業である。

雪の降る日も寝床の中は藍の発酵熱で暑く、ほとんど裸、裸足で作業を行なうそうだ。

「いまの藍の熱は六十度」

昭人さんは藍を切り崩している手を休めずに、私にいった。この発酵熱の温度が摂氏四十度と低ければ藍は育てやすいのだそうだが、布への染め付きは弱いそうだ。染め付きのよい、品質のよい藍を作るには、発酵熱を摂氏六十度に管理するのである。

そのため水を与える仕事もむずかしく、昔は「水師」と呼ぶ、蒅作りのときに水打ちの仕事を専門にする人がいて、藍師の家をまわった。が、佐藤家は初代の平助さ

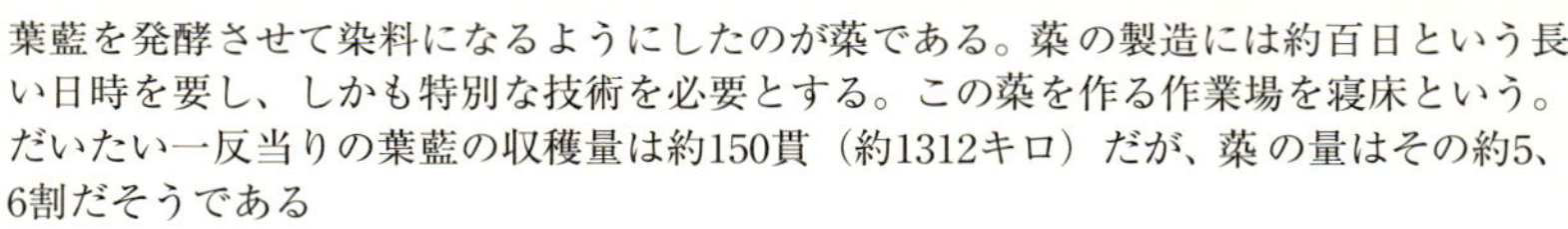

葉藍を発酵させて染料になるようにしたのが蒅である。蒅の製造には約百日という長い日時を要し、しかも特別な技術を必要とする。この蒅を作る作業場を寝床という。だいたい一反当りの葉藍の収穫量は約150貫（約1312キロ）だが、蒅の量はその約5、6割だそうである

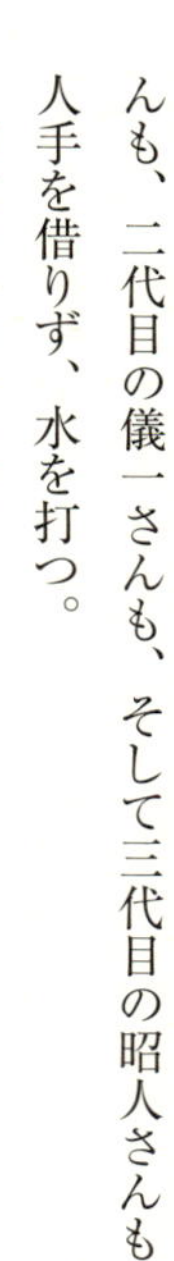

んも、二代目の儀一さんも、そして三代目の昭人さんも人手を借りず、水を打つ。

初代の平助さんは、

「寝床に入れた葉藍を蒅にするには、赤子ひとりを育てるよりむずかしい。水を欲しがる藍の心は、もののいえん赤子と同じじゃ」

といっていた。また二代目の儀一さんは、

「藍には命がある。藍の気持が分かり、藍と話が通じんとできん仕事でな」といい続けていた。

佐藤家では、いま水師の仕事を昭人さんの長男で、四代目を継ぐ好昭さんが受け持っている。水は適量を、満遍なく藍に与えるのである。好昭さんは上半身裸で、ないい（桶）から杓で水を汲むと、一気にばっと藍にかける。好昭さんは昭和三十八年生まれだから、まだ二十五歳である。年齢は若いが、小学生の頃から家業の藍作りを手伝い、藍については厳しい父の昭人さんに仕込まれてきた。若くても藍についての知識と技術は身についている。

「初代、二代、そして三代の父の技を越えた藍師になる」

好昭さんは、きりっとした口調で私にそういった。

藍師・佐藤家の初代平助さんは、阿波藍製造法と手板法で徳島県の無形文化財であった。二代目儀一さんは阿波藍の栽培と蒅の製法、及び手板法で上板町の無形文化財の指定を受けた。三代目の昭人さんは藍製造の国選定技術保持者として、国の認定を受けている。そうした父祖の業績を乗り越えるには、四代目の好昭さんは、並々

でない努力が必要であろう。

床の切返しが終ったとき、昭人さんはオニクマデを持っていた手を私の目の前にひろげ、

「ほら、こんなにマメができて、それが潰れて、固くなってる」

といった。がっしりした大きな手にさわると、その手は掌とは思えないほどの固さであった。

切返し作業を繰り返して、葉藍から蒅に加工するのに、約百日の手間がかかる。だから出荷は十二月を過ぎる。出荷してから蒅の状態が気になる、と昭人さんはいう。そして嫁入り先の娘の安否を気遣う親のように、販売先の紺屋に電話をかける。丹精して育てた蒅が紺屋の技によって建ち、期待どおりに染めついていると聞いて、昭人さんはようやく安心するという。

それでも、と昭人さんは言葉を続け、「私は、今後もずっと藍を作り続けます。そのためには、伝統的な藍の建て方、染め方のできる人がいなくなってはいけないので、娘の婿に勉強してもらっています」といった。

天然灰汁発酵建（あくはっこうだて）について

染師の矢野和仁さん（徳島県板野郡在住）は佐藤昭人さんの娘婿である。矢野さんは埼玉県八潮市在住の大澤石雄さんに古くから伝わる藍染の技法「天然灰汁発酵建」を学んだ。

藍染の歴史は古く、また、藍ほど日本人の生活に密着した染料はほかにない。江戸時代に木綿の発展と結びつく以前には特定の階級の人々にしか用いられなかった藍であったが、木綿の発展とともに、一気に庶民のものとなった。着物はもちろんのこと、印半纏（はんてん）、法被（はっぴ）、手甲（てっこう）、脚絆（きゃはん）等々ほとんどの衣料品は藍一色といってよいほどに普及したのである。

しかし、藍染はほかの植物染料を用いて行なう染物とは技法を異にしていたこともあり、自家で染めることはむずかしく、そのため、各地に紺屋（こうや）の発展を見たのである。染物屋は分業になっていて、十六世紀初め頃には紫草（むらさき）を使って染める紫屋、茜を使って赤を染める緋色屋などが文献に見られるが、いつしか姿を消して、藍を染める紺屋が染物屋の代名詞になっていた。

藍がほかの植物染料と異なるのは藍の色素が水に溶けないため、還元という操作によって不溶性の藍の色素を可溶性の化合体に変化させて染めつけることである。これを藍を建てるといい、発酵によってこの結果を得るので発酵建という。

天然灰汁発酵建の作業工程を矢野紺屋、大澤紺屋のお二人から、うかがうことができたので、ここに記しておきたいと思う。

天然灰汁発酵建の手順

〔灰汁の取り方〕
二千リットル入りの灰汁樽に、二十キロの木灰四俵分を入れ、湯で溶く。木灰用の木は樫、黒檀や椿などの照葉樹がよく、宮崎県から仕入れているそうだ。

灰汁樽の中の液をよく攪拌し、そのまま二十四時間ほどおいて、上澄み液を取る。これが一番灰汁である。

灰汁樽にふたたび新しいぬるま湯を入れ、二番灰汁を取り、同じようにして三番灰汁まで取る。

一番灰汁がもっともアルカリ度が高く、灰汁の中に手を入れるとぬめりがあり、その液を口に含むとピリピリと舌を刺すような感触がある。二番灰汁、三番灰汁になるにしたがってアルカリ度が低くなり、ピリピリと舌を刺す感触も少なくなる。

〔蒅を仕込む準備〕

阿波藍の蒅を一甕に半俵使う。一俵は十五貫（六十キロ）入りなので、約三十キロ分を使うことになる。

半俵の蒅に熱湯を注ぎ、シャベルで返しながら均等な湿りがよく行き渡ったところで、足で五、六時間踏みつけ、粘りのあるネトネトの団子状にする。

〔元石（もといし）〕

藍甕は鳴門市（徳島県）の大谷焼が広く使われているようで、矢野家の甕も、大澤家の甕も大谷焼の一石五斗（二百七十リットル）入りのものを使っている。

藍甕の中に、前に使った残液などが残っていないよう、杓（しゃく）できれいにかい出しておく。

この甕に先刻足で踏んだ蒅を入れ、摂氏四十度ぐらいに温めた三番灰汁を、甕の半分まで入れる。同時に酒を約五合と、石灰を入れる。この一回目に入れた石灰を元石という。このとき、藍液の温度が二十五度から二十七度ぐらいに保つように、外気温が低ければ火壷に火を入れ、よく攪拌して、二、三日おく。

〔中石（なかいし）〕

仕込んでから二、三日たつと、甕の中の液の色が茶色から青味がかった色へと変化し、発酵が進む。発酵が進むと甕の中の菌が酸を生成するので、それにつれてアルカリ度が低下する。そのため、ふたたび甕の中に石灰を約二、三合入れてペーハーを調整する。このことを中石とか、中石を打つとかいう。

藍の染め色ばかりか、その寿命にも関わってくるという中石を打つタイミングは、藍液の視覚的変化のほかに、匂いと味によって判断する。青味から紫色を帯びた藍液に粘りが見え、ところどころにウバという表皮ができ、光沢のある泡を浮かせる。この泡を俗に〈藍の華〉と呼ぶ。

〔灰汁あげ〕

一番灰汁をぶらんように（溢れないように）入れる。これはアルカリ度を維持するためである。この段階で攪拌すると、甕の中の液の表面は紫金色に輝き、泡の被膜にも濃度がみえる。

〔留石（とめいし）〕

灰汁あげをして一昼夜寝かせたあと、石灰を約四合入れる。これが最後の石灰なので留石という。

藍の発酵が十分すすみ、アルカリ度が安定したところで、栄養分としてフスマ（小麦を粉に挽くときにでる皮のくず）一升と、うどん粉を糊状に煮て静かに入れる。このあとは攪拌せず、静かに寝かせておくと、翌日から染めることができる。

私が矢野さんの甕場をのぞくと、留石を終り、静かに寝かせている状態の甕があった。矢野さんは甕の蓋を開けると、「よく建ったでしょう」といって、目を輝かせた。藍甕の中で、完全に発酵した藍液は、見るからに深く、重い紫紺色を呈している。表面に浮かんでいる泡〈藍の華〉も、紫紺色に輝いている。

徳島市で糊染をしている古庄宣輝さんは、

「藍甕は、空も海も一つになって、全宇宙が凝縮しているようだ」

と、語っていたが、張りつめた気持の連続から、ようやく思うように藍が建ってくれたとき、染師の感激はひとしおであろう。

絹の絞りを染める藍の甕場。扱う布が汚れてはと、甕の周囲がきれいに拭いてあって、いかにも清々しい
左は甕に石灰を入れているところ。甕場の片隅に日本酒の瓶が見えるのは、藍の機嫌によって与えるため

以上のような天然灰汁発酵建を俗に「地獄建（じごくだて）」と呼ぶ。うまく発酵するまで甕の管理がむずかしく、蒅を仕込んでから染めることのできる状態にするまで十日から二週間を要し、その間、身のひきしまる緊張の連続で、まるで地獄の責苦にあっているような心境になるところから「地獄建」などと呼ばれるのであろうか。

後述する栗駒町（宮城県）では、木桶を使って藍を建てるが、その方法は地獄建である。ただ木桶のため火壷による加温ができないので、外気温の高くなる五月（旧暦）に藍を建てる。が、東北ではまだ気温の低くなるときもあるので、そのときは木桶を毛布などで囲うのである。

この地獄建に対して「誘い出し」という建て方がある。こちらは、すでに建てて使った残液を、新しく建てる甕に加えて発酵を促す方法である。すでに建っていて、しかも発酵菌が元気であれば藍を建てるのに失敗が少ない。その方法は灰汁発酵建に準じる。

ところが、明治時代になって、灰汁発酵建にかわって、灰汁を使わずに手軽に建てることのできる苛性ソーダーや亜鉛末が使われるようになった。また染めに使った藍液が疲れて元気がなくなっても、このようなアルカリ剤で簡単に蘇らせることができる。

八潮市（埼玉県）で印半纏を染めている紺屋の三代目、相沢東一朗さんが、「親父から聞いた話ですが」と前置きして、

「私の祖父がまだ修業中の頃、親方がこっそりと白い粉のようなものをポイと甕に投げ入れるのを見たんだそう

うまく建った藍甕の中の藍液を、円を描くように攪拌して見事な「藍の華」を得た。が、藍の液が赤銅色であることを知る人は少ない。それは藍が空気に触れるとたちまち酸化して藍色になってしまうからだ

です。しばらくすると、機嫌の悪かった藍が元気を取り戻した。あの魔法の粉は何だろう、その粉の秘密を是非知りたいと思っても、親方に聞くわけにはいかない。その頃の職人は、親方の技を盗め、といわれていた時代ですからね。ようやく分かったところで、何のことはない、苛性ソーダーの粉だったということですよ」

アルカリ剤を使うと、藍は一日で建つのである。それでも、現在、天然灰汁発酵建で藍を染めている紺屋は、さきの大澤さんや矢野さんのほかに全国各地に何十軒もある。なぜ、いまだに、神経をすり減らすような灰汁発酵建を続けているのか、という疑問が生じる。その答えは、灰汁発酵建のほうが、糸質や布質を痛めず、藍の定着がよいからである。

「藍染の古布(こぬの)が、年月を経てもなんともいえない美しさをとどめている秘密がここにある」と、佐藤昭人さんはいうのである。

藍の里を巡る

■宮城■

木桶（コガ）で藍を染める

「昔のまんま、昔のまんまでがす」というのが、亡くなった千葉あやのさんの口癖であった。その「昔のまんま」の藍染法を知りたくてあやのさんを訪ねたのは、いまから十二、三年も前のことであった。

まだその頃東北新幹線は開通していなかったので、上野駅から東北本線で石越まで行き、石越から栗原電鉄に乗った。この電車は栗駒山の裾野に広がる田園地帯をゆっくりと走る。このあたりはササニシキの産地で、線路のすぐ際まで稲田があった。栗駒駅で電車を降り、さらにバスに乗って文字（もんじ）までいくのである。

あやのさんが「正藍冷染」で国の重要無形文化財になったのは、昭和三十（一九五五）年五月である。そのときの理由書には、次のように書かれている。

「……自ら麻を植えて糸を取り、これを織って作った麻布を、同じく自ら種子を蒔いて作った藍を用いて染めるという完全な一貫作業……。しかも藍を建てるのも純粋な木灰を入れるほかは何も加えず、人工加温を行なわず、六月半ば頃から自然の大気の温度によって、発酵を待つ……」とある。

当時、こうした方法で布を織り、藍で染める人はあやのさんだけになっていたが、このあたりでは大正時代まで、どの家でも普通に行なわれていたという。あやのさんは子供の頃から、こうしたことが好きで、母親のすることを手伝っているうちに覚えたという。以来、ずうっと麻を植え、藍染にかかわってきた。麻を績むときのあやのさんの明るい顔、藍を建てている間の心配そうな顔、無邪気な折り折りの顔が想い出される。

あやのさんが植えていた藍はタデ科の「ちぢみ葉」であった。七月に刈り取り、刈り取ったらすぐに葉をしごき取って筵にひろげて干す。葉がしなやかになったら、掌で静かに揉む。これを日に二回くらい繰り返す。こうして充分乾燥させたら俵に詰め、その俵をよく乾燥する場所に置く。

十二月の寒に入ってから藍を寝かす。藍が発酵してきたら水をかけ、四月頃に蒅ができる。このあたりのことは徳島の蒅作りと同じである。蒅を臼でぺたぺたと搗い

藍染の布を干す千葉あやのさん（上）と、あやのさんの作品（下）

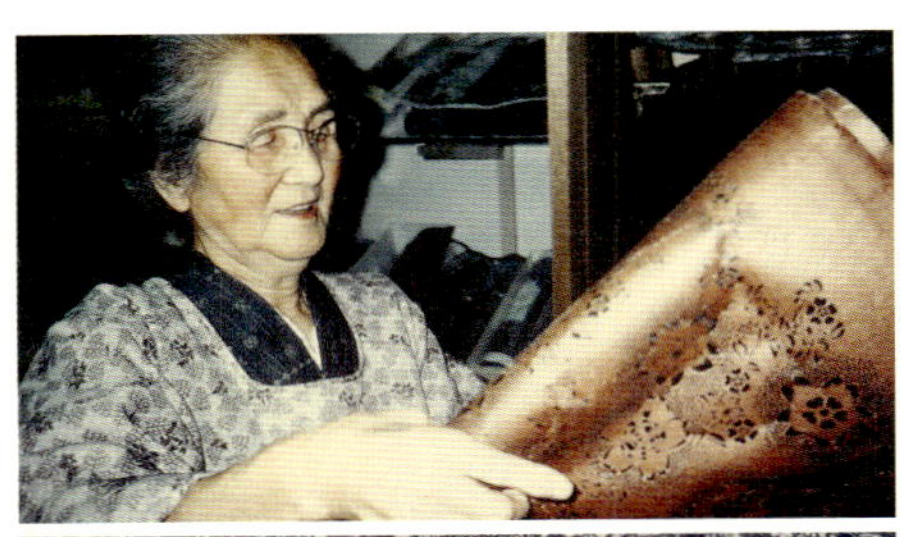

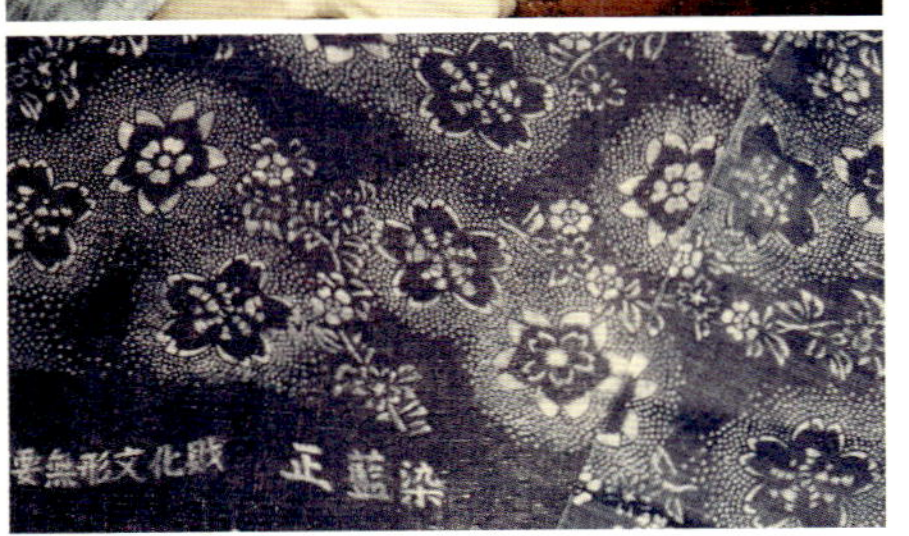

型紙を見るあやのさんの長女よしのさん（上）と、下は、よしのさんの藍染

て、手で丸めて藍玉にして保存する。

藍は五月一日に、コガ（木桶）で建てる。

「五月一日に出した（藍建てを始める）のが一番いいんでがす。五月一日といっても、日柄のいい日を選ぶんじゃ。いい日というのは大安とか友引で、いけない日は近所の家に不幸があって、その家に悔みにいってものを食べたとき。そのときは、その日から一週間というもの、自分についた忌がなくなるまで待たねばなんないんじゃ」

染め用の木桶は口縁の直径七十五センチ、深さ百十五センチの大きなもので、小柄なあやのさんでなくとも、台の上に乗らなければ染めることができない。この木桶に藍を2、木灰を1の割合で入れ、手を入れても熱くない程度の湯を注ぐ。このあと、約一週間は毎日ぬるま湯を加える。「正藍冷染」というので、冷やして染めると思っている人がいるようだが、藍を建てている間、加温をしないという意味である。

染め始めるのは藍を建て始めてから二十一日ぐらい経ってからである。

「染めるのによいときは、コガの中をかんまがしたとき（かき回したとき）、コガのまん中に出来た泡がかっこ花（花しょうぶの方言）の色になったときでがす」

藍が建ってから一カ月で染めは終る。

■関東■

阿波藍の売場のうちもっとも大規模に移出されたのは、大阪売と関東売である。明治七（一八七四）年の積出し俵数を『阿波藍沿革史』によってみると、大阪売は四万俵で全国一、関東売は三万五千俵で二位である。五畿内移出でさえ一万俵だから、相当の量が積み出されていたことが分かる。

藍と木綿

その関東の一角の埼玉県は、現在でも藍染が盛んな土地である。藍染が行なわれているところは、東京都に隣接する草加市や八潮市であり、また、利根川を境にして群馬県に接するあたりの、県北の羽生市や行田市である。これらの地が藍染の里になったのは、その周辺に木綿の栽培地がひろまったことによる。

『武州文書』によれば、天正八（一五八〇）年には、すでに木綿の売買宿があったといわれる。が、本格的に関東地方で棉が栽培されるようになったのは、他の地方と同様に、庶民の衣料に木綿が用いられるようになった江戸末期以降であろう。

関東地方の棉の栽培地は、大和地方（奈良県）や河内地方（大阪府）のように、広く一帯に栽培されたのとは違って、関東平野を流れる大小の河川の氾濫によって沃土が堆積した土地を、新田として開いたところである。したがって棉の栽培地は、川の流域に帯状の地形となってひろがった。つまり、利根川流域の棉作地は、羽生（はにゅう）、館林（たてばやし）、佐野、行田（ぎょうだ）、加須（かぞ）、岩槻（いわつき）であり、思川（おもいがわ）の流域は栃木付近、鬼怒川及び小貝川の流域は真岡（もおか）、益子（ましこ）、結城（ゆうき）、下館、谷和原、石下などであった。これらの土地で織られた織物は館林木綿、佐野木綿、真岡木綿、結城木綿などと土地名を冠して呼ばれた。真岡木綿は上質の晒白木綿であったから、これに型を付けて藍で染め、浴衣地としてよろこばれ、浴衣地といえば「真岡」といわれるようになった。それで真岡は晒木綿の代表のように使われ、現在では真岡で晒木綿を生産せず、ほとんど遠州（浜松）で生産しているが、相変わらず「真岡木綿」と呼ばれている。真岡のほかの木綿織物は、糸を藍で染めた縞木綿が多かった。

　このように、白地の晒木綿地や糸を藍染にするため、阿波藍を大量に消費したが、移入した藍だけでは足りず、盛んに藍を栽培したのである。

　埼玉県では明治二十三（一八九〇）年に、秩父郡などの山間部を除く県下全域で、農業指導員の指導のもとに阿波藍を試植させ、阿波藍の適地の研究をしたのである。私の手元に『埼玉県榛沢郡中瀬村（現深谷市）藍作調査』（諸農会報・明治二十六年八月十日）がある。「現時ニテハ藍作ハ甚タ盛ニシテ人民一年間ノ生活ハ主ニ藍作ト蚕業ニ依ル今同村ノ該作物反別ト桑園反別トヲ比較スル総耕地百五十九町六反ノ内藍作地三十八町五反、桑園六十二町（明治二十五年調）ナリ……云々」とあり、続いて桑園は年々増加しているが、藍作は明治二十三年は四十町、二十四年は三十八町、二十五年は三十八町五反と年ごとに減少していると同書は報告している。なお藍の品種は「八十貫」種で、明治初期に徳島県より伝えられたものであるという。

　埼玉県で藍の最高の生産高を記録した年は明治三十一（一八九八）年で、その後は逐年ごとに減少していった。

中島紺屋
——足袋から剣道着へ

　私は羽生市の中島紺屋を訪ねてみた。羽生の町を出ると、見渡す限り稲田のひろがる田園風景。現在羽生には、この中島紺屋のほかに紺屋は二軒しかないが、かつてここの藍染は、利根川流域にひらけた棉栽培とともに歩んできた。各農家は新田として拓いた畑に棉を植え、糸を取り、その糸を紺屋に出して藍に染め、夜なべに織って野良着にしたのである。その端布で手甲や脚絆を作った。明治時代の庶民の生活は、このように平和で、おだやかな自給自足の暮しがあったのである。柳田國男の『木綿以前の事』に、「村里には染め屋が増加し、家々には縞帳と名付けて、競うて珍しい縞柄の見本を集め、機に携わる人たちの趣味と技芸とが、僅かな間に著しく進んで……」とある。

　織りの腕のいい女たちは、反物を風呂敷に包んで背負い、市の立つ日に持っていって売った。商人は路上に筵を敷き、それらの反物を買い取った。羽生の市は四と九の日に開かれる六斎市であった。市にはアメや菓子などの店も並ぶ。反物を売った代金で、年寄や女たちは孫や子供たちへの土産を買って帰った。市は農家の嫁が金を手にすることのできる唯一の場であり、また、それを自由に使える喜びの場でもあった。

糸を染める（滋賀県・野州市）

印半纏の衿の部分の型付け（埼玉県・八潮市）

藍甕を攪拌する（東京都・八王子市）

染める前の精錬
（福島県・会津若松市）

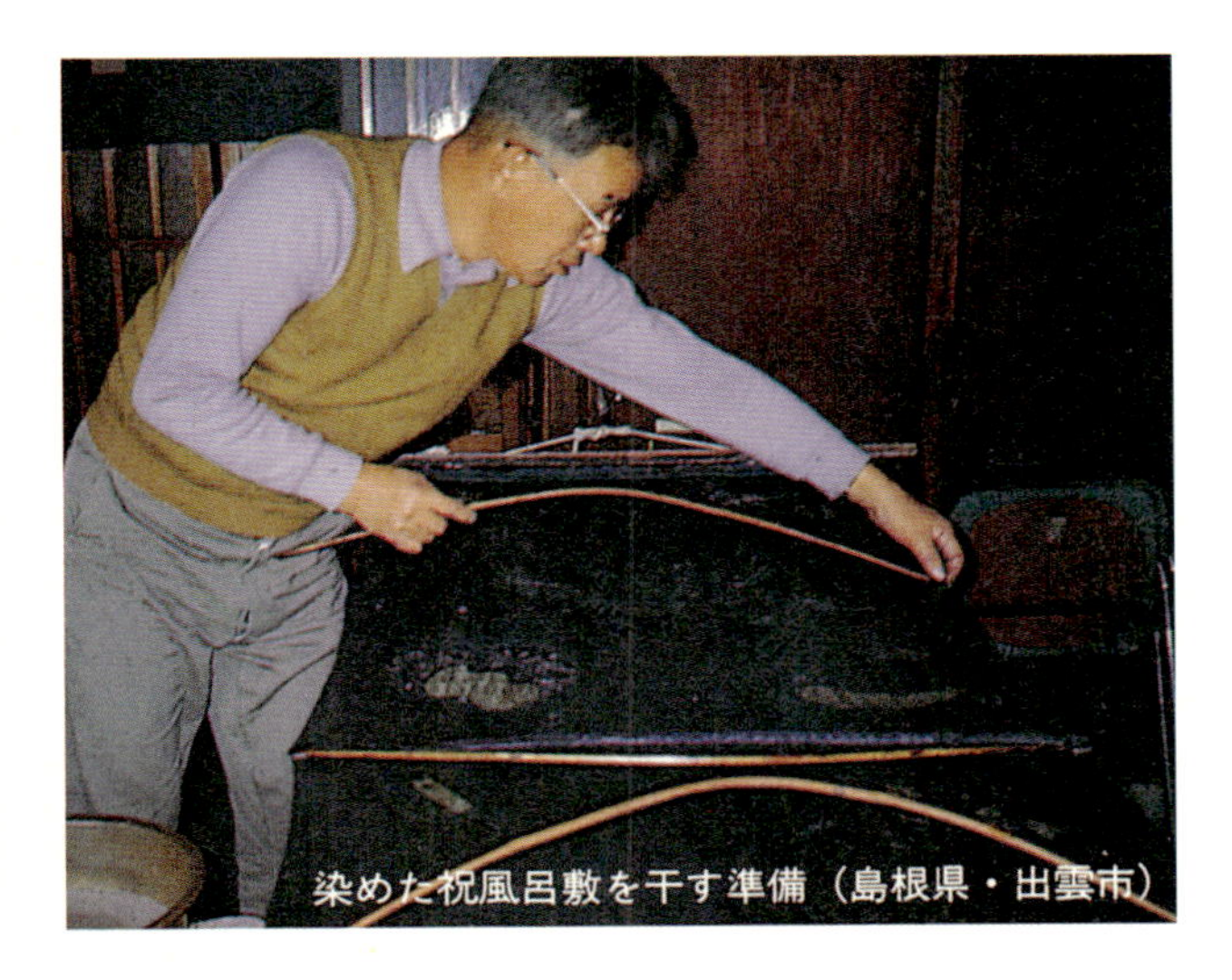
染めた祝風呂敷を干す準備（島根県・出雲市）

絞りを染める（埼玉県・草加市）

長板中型の糊落とし
（東京都・八王子市）

型置きした布を染める（東京都・八王子市）

職人仕事

藍を染めるには、藍甕のなかに浸ければいいのだが、染めるものによって染めかたはさまざま。

糸染は、綛糸を竹の棒に通して、甕の中に繰り入れていく。型置きした布は、伸子を使って布を屏風だたみにして甕の中へ。また、絞りの布は甕の中に手を入れて、絞った布襞に液が入りやすいように扱う。

長板中型の型付け（浴衣染）の糊落しは水の中の作業で、手ぼうきで落す。このほうきを作るのも職人の仕事だそうである

紺屋。藍で染めた糸を干す　埼玉県羽生市

「学校から村を抜けて発戸（ほっと）に出る。青縞を織る機の音がそこにもここにも聞こえてくる」

と、田山花袋は小説『田舎教師』に書いている。この舞台が羽生であり、青縞（あおじま）がこの地の織物であった。

青縞というので「縞織物」と思う人がいるかもしれないが、縦糸も緯糸も藍で染めた先染の紺無地の綿織物である。天保八（一八三七）年の創業という中島紺屋は、糸染を専門にする糸紺屋であった。四代目の当主の中島安夫さんは、昭和六十二年、埼玉県指定の藍染の無形文化財になった。安夫さんはいう。

「明治の初期は、ここらに百五十軒ぐらい紺屋があって、藍で手が青く染まった人が大勢町を歩いていたっていいますよ。手を青く染めた職人は働き者で収入も多かったから、嫁に行かすならそういう人へ、なんて話もあったそうです」

青く染まった爪や手は、一種の勲章であった。

「それが、明治の末期頃になると、もっと紺屋が増えたっていいますよ」

紺屋が増えたのは、隣町の行田で青縞を表地にした木綿足袋を生産するようになったからである。しかも足袋屋は、青縞の中でも特に上質のものを仕入れて使った。また、足袋のほかに、職人の半纏や腹掛け用としても上質の青縞が使われたのである。紺屋は染めても染めても、注文に追いつかないほどであったという。そうした盛時を物語るように、中島紺屋の甕は六十四本あったそうである。

ところが、大正期になると合成藍が普及し始めたうえ、足袋の材料が木綿の青縞からベッチン（綿ビロード）になって需要が減り、それにつれて紺屋の数もぐっと減った。昭和二十年頃はそれでも二十軒あったというが、昭和四十七、八年頃に五、六軒になり、先に書いたように現在は三軒である。

甕場で中島さんの糸染を見せてもらった。まず藍甕の蓋をあけ、そして、櫂で藍の液面に美しく浮いている泡（華）を甕の縁近くまで動かし、踏み竹に糸かせを通す。踏み竹は甕の縁のところで、両足で踏んでおさえる。糸かせを両手で持って、静かに藍甕に沈め、糸かせを静かに繰り回して、全体がよく染まるようにする。

糸かせ全体に藍が染まったら、ぎり棒に糸かせの輪を通し、両手で持ちあげて右に二回半ほど力を入れて、ぎりぎりと絞る。それを戻して、次に左に二回ほどぎりぎりと絞る。絞った糸を左手で押さえ、右手でぎり棒を回して糸の捩れを戻し、糸を手でさばいて、空中でパッパッと風を切る。風を切るというのは、糸の一本一本の間に空気を通し、酸化を促すのである。このあと天日で干す。こうした作業を何回もくり返して濃い色に染める。

いま、武州（埼玉県）藍染は足袋から脱して、剣道着を染めているのだそうである。

相沢紺屋――印半纏を染める

埼玉県南部の草加市や八潮市には、浴衣染や印半纏を染める紺屋が多い。そのうちの一軒で、印半纏を染めている相沢紺屋を訪ねた。現在は三代目の東一朗さんが当主である。

相沢紺屋は、初代の連蔵さんが東京、神田紺屋町の「紺繁」という染工場から独立して、東京府南葛飾郡亀戸村に染工場を創立したのが始めである。創立当初から、着物の裏地を染める布紺屋であった。それが現在のように印半纏を染めるようになったのは、二代目の兼吉さんが絵が好きで、絵羽屋に奉公しているときに、下絵を書くことを覚えたからだそうだ。

下絵というのは印半纏の絵（文字）のことである。下絵に対しての上絵は、着物の紋付きの家紋をさす。さらに、家紋に対して、印半纏の背の文字を大紋というのである。

型付したあと豆を引く　東京都八王子市

また、印半纏用の独特の文字を、江戸文字とか太文字という。このような文字は印刷用の活字にはない。

「無い文字をこさえるのが、江戸文字の面白さ」と、兼吉さんはいうのである。その文字を組み合わせ、判じもののように屋号などを染める。

ところで、昔は紺屋に屋号があったそうだ。昔聞いた話ですが、と、東一朗さんは次のようなことを話してくれた。

「うちの屋号は伊勢屋ですが、伊勢屋って屋号の家は、小幅物を染める紺屋が多かったっていうんですよ。つまり、着物の裏地なんかを染める紺屋。藍壷を使って染めます」

「尾張屋は風呂敷や油単（箪笥を覆う布）なんかをね。ええ、幟も。小幅はやらないで広幅ものばかり。二幅。ヤール幅。広幅なんてね。だから刷毛引きで染める」

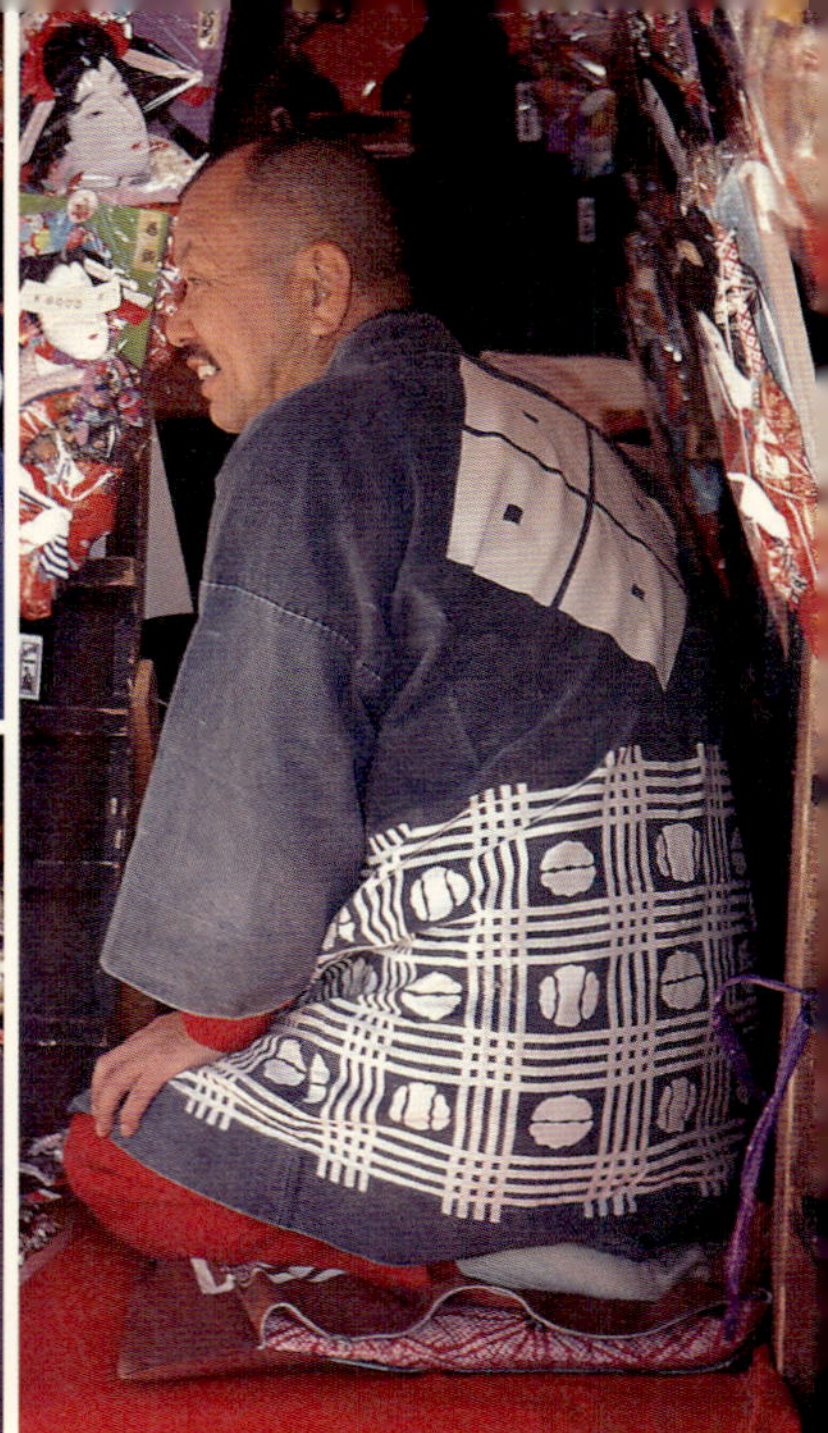

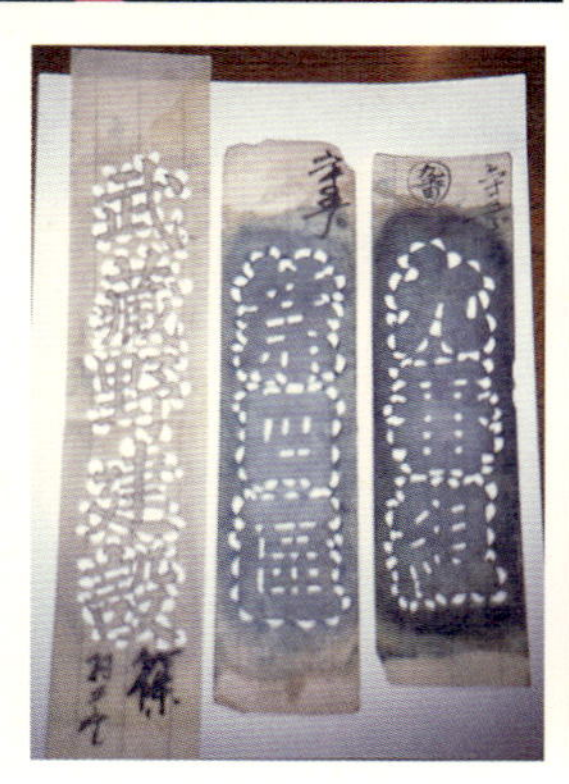

印半纏

半纏を染める紺屋のようすを見たら、半纏を着ている人たちに会いたくなった。そこで鷲神社の「酉の市」と浅草寺の「羽子板市」にでかけた。羽子板市で半纏を着て座っている人が、「長いことこの半纏を着てるんで、すっかり藍の色が薄くなったけど、着やすくてね」といった（写真右端）。この人の半纏は、典型的な江戸の洒落を裾に配したもので〈小西〉と読む。読めますか？

ところで半纏にも流行があって、無地染にしたり、総型といって全体に柄をつけたりする。全体に柄をつけるのが流行したのは昭和三十年代だそうで、今は無地染が流行しているそうである。半纏の地色は藍染に限らず茶色もあって、これは渋木で染めた。

左下は印半纏の衿の型紙　埼玉県八潮市

「鍵屋っていうのは、染めものといっても洗い屋が多かった。でもね、ふだんは屋号を呼ばないですよ。うちの親父だったら兼吉だから紺兼ね。紺屋の仕事は忙しいから、伊勢屋なんて呼ばれるより合ってます」

三代目の東一朗さんも器用な人で、注文の印半纏の下絵を書き、型を彫り、型を付けて染め、仕立てて納めている。

「昔はこういう仕事でも、みんな細かい分業で、下絵を書いてもらって、型彫り屋に渡して型を彫ってもらい、型付け屋にまわって型を付け、紺屋が染めたのです。うちは紺屋なんで、染めだけ頼まれたんですよ。でもそれでは急ぎのときは間に合いませんから、父の代から一貫して引き受けているんです」

紺屋の仕事は、日のあるうちは忙しい。東一朗さんがようやく手を休めたころ、近くの中川に暮色がただよっていた。

1月26日、縁日の日曜寺　東京都・板橋区

初染を供える
埼玉県・羽生市

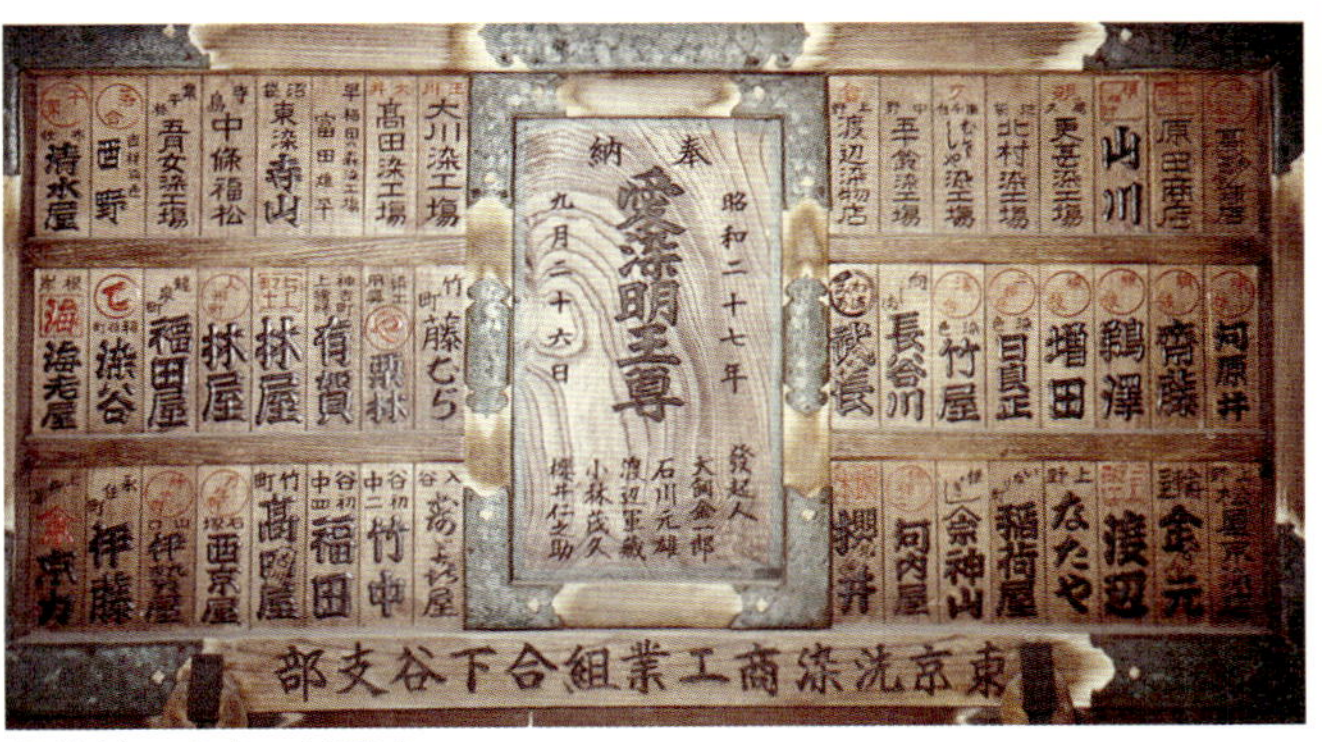

奉納額　東京・日曜寺

信仰

藍染関係者は、おもに愛染明王を信仰し、甕場に神棚を設けて祀っている。この神棚は東向きか南向きとし、一月二日の初仕事の前に和紙で衣型をつくり、その裾を藍甕の液に浸けて神棚に供え、今年も藍がよく建ち、染まってくれるように祈った。

愛染明王の縁日は二十六日で、特別の月は正月、五月、九月だがいまは正月二十六日に懇親会を兼ねて愛染講の人々が集まっている

■出雲■

表紺屋と綛紺屋

出雲地方の藍染は、筒描き藍染を行なう表紺屋と、糸を染める綛紺屋に分かれる。表紺屋は出雲地方特有の文化と風習を生み出し、それを支えてきた。綛紺屋は縞木綿や絣織りを生み出した。

表紺屋の仕事は、嫁入り仕度の品々の注文を受けることから始まる。それはふとんの表地、大夜着、ゆたん、傘袋、風呂敷や袱紗などであった。風呂敷は二幅、三幅、四幅の大、中、小を少なくとも三枚は持参したが、その風呂敷にはすべて家紋を染め抜き、大きな風呂敷には家紋のほかに鶴や松竹梅などのお目出たい図柄を筒描きしたのである。しかもその紋様の配置にも特徴があって、四角の風呂敷の一隅から一隅に竹などで対角に区切ったのである。

この風呂敷を土地の人は「嫁ごさん風呂敷」といかにも優しく呼んだ。現在のように、祝風呂敷と呼ぶようになったのは、この風呂敷の美しさが見直されるようになった昭和初期からのこ

とである。
さて、嫁入りが済み、孫が生まれると、「孫ごしらえ」と呼ぶ品々が嫁の実家から婚家先に届けられる。それらの品は、おむつ、湯上げ、背負い帯、足拭きなどである。また、男の子の初節句には武者幟も届けられた。
出雲の表紺屋が、「お得意さんを十軒持っていればよい」といわれたのは、嫁入り仕度の品々の藍染に始まって、次々とこのように注文があったからである。ところが、こうした風習は嫁の実家の負担が大きいと、昭和三十年代におこった生活改善運動によって消滅し、それにつれて注文が減少した紺屋は次々と廃業していった。
『島根県文化財調査報告書』（昭和四十一年刊）によると、
「簸川地方では明治時代五十九軒（うち表紺屋十三軒）、

染めている。

40～42. 徳島県〔40. 徳島市　41. 上板町　42. 藍住町〕
徳島県は阿波藍の産地だけに市内には藍染の仕事をする人が多い。角岩染工場では昔ながらの藍染をする。後継者もいる。上板町では藍師の佐藤昭人さんが藍栽培に情熱を燃やしており、その娘婿が本格的な藍染をしている。徳島県の物産のしじら織りは、一部藍染をしている業者もいる。

43. 福岡県〔久留米絣の地域〕
久留米絣の一大産地として広い地域で糸染や織布がされているが、本藍で染めているのは主に国の総合文化財指定を受けている人たちである。

44. 宮崎県〔綾町〕
絹織物を藍に染めている工房があり、綾町が力を入れている。

45. 鹿児島県〔名瀬市〕
大島紬のうち、藍大島を藍染している工房がある。

46～49. 沖縄県〔46. 那覇市　47. 大宜味村　48. 南風原町　49. 平良市その他〕
那覇で染めているのは紅型の藍色と藍型。芭蕉布の藍、琉球絣の藍染。宮古上布、八重山上布などは琉球藍を使っている。琉球藍を栽培しているのは、伊野波家１軒である。

信仰－愛染明王と紺姫様

東京都・板橋区
光明山日曜寺。愛染明王を祀る。縁日は1月26日。

埼玉県・熊谷市
宝乗院。日曜寺と同じで、1月26日が縁日で紺屋の参詣がある。

島根県・松江市
須衛郡久神社に紺姫神社がある。山陰方面は古来より紺姫信仰がある。

島根県・出雲市
阿須利神社の境内社に紺姫神社があり、木花咲夜姫を祀る。

鳥取県・倉吉市
松崎の一の宮　紺姫神社あり。

●著者の歩いた藍の里

＊ 記載は全て本誌の発行された昭和63年まで著者が歩いた藍の里であり、記述事項も本誌発行時のものである。

1. 北海道〔伊達市〕
明治時代は徳島からの移住者によって盛んに藍栽培が行なわれたが、現在、藍作農家は一軒のみ。

2. 岩手県〔盛岡市〕
藍の後染で、領主の南部家の旗指物や裃を染めていたお抱えの染師であった。当代で17代を数える。

3. 宮城県〔栗駒町〕
故千葉あやのさんの「正藍冷染」でよく知られる。現在はあやのさんの長女のよしのさんが技術を継承。

4. 山形県〔米沢市〕
織物どころの米沢で、主に絹を中心に糸を藍で染め、織っているところが一軒ある。

5. 6. 福島県〔5. 会津若松市とその周辺　6. 田島町〕
会津若松から只見川の流域にかけて、明治中期頃から藍の栽培が盛んで、その地藍で糸を染め、縞木綿を織った。いまでもこのあたりに4、5軒の織物工場がある。

会津若松の山田木綿（織元）には、愛染明王が民俗資料として保存されている。

田島町には祭用の袢や幟を染める紺屋がある。

7. 8. 茨城県〔7. 結城市　8. 谷和原村〕
このあたりは棉と藍の栽培地であったので、紺屋も多かった。現在も藍甕を持って藍染を行なっている。

9. 栃木県〔益子町とその周辺〕
益子はかつて棉を栽培し、木綿布を生産していた。明治35年創業の紺屋がある。

10. 千葉県〔館山市〕
館山といえば唐桟でよく知られる。この唐桟も藍色は藍染である。

11. 東京都
神田紺屋町がよく知られるが、昭和40年代に最後の紺屋が移転して、いまここには1軒もない。主に台東区、江戸川区、葛飾区、墨田区などで印半纏を染めたり、長板中型型付（浴衣）をする工場がある。この型付は八王子で藍染している。葛飾区四ツ木には人間国宝の清水幸太郎さんが91歳で健在。

12〜15. 埼玉県〔12. 草加市　13. 羽生市　14. 八潮市　15. 三郷市その他〕
埼玉県には藍染紺屋が多い。棉の栽培地と藍の栽培地があったことにもよるが、東京という一大消費地に近接していたことにもよる。特に羽生市の場合は青縞が足袋の表布地として使われ、その生産地が隣接の行田にあったことにもよるようだ。現在、羽生は剣道着の生産では東日本一で、紺屋も2、3軒ある。剣道着の染めには合成藍を使っている。

16. 17. 群馬県〔16. 高崎市　17. 伊勢崎市〕
草木染研究所で藍染しているほか、伊勢崎で2軒ほど藍で糸を染めている。

18. 神奈川県〔川崎市〕
86歳で元気に印半纏を染めている人がいる。また、作家活動をしている人もいる。

19. 長野県〔松本市〕
養蚕地帯の恵まれた松本で、絹糸を藍で染め、織物を織っている家が2軒ある。

20. 新潟県〔小千谷市〕
木綿地や絹紬を藍で後染めしているところが1軒ある。

21. 富山県〔福光町〕
日本民芸協会理事の高坂さんが藍染を行なっている。

22. 静岡県〔静岡市〕
静岡は型絵染の人間国宝の故芹沢銈介さんの故郷であり、いまも筒書きや型絵染が盛んで染工房も多い。

23. 愛知県〔名古屋市〕
有松絞で有名な有松地区が名古屋市内なので、この有松絞を藍染にする工房と、作家活動をする人が2、3人いる。

藍染でよく知られていた片野元彦さんが亡くなり、その娘さんのかおりさんが跡を継いでいる。

24. 岐阜県〔八幡町〕
菱屋14代目の渡辺庄吉さんが、相変わらずいい仕事をしている。

25. 三重県〔明和町〕
糸染紺屋が一軒あり、染めた糸を無地や縞に織っている。

26. 27. 滋賀県〔26. 野洲町　27. 甲西町〕
野洲町の森紺屋は畑で藍を栽培し、自分の家に付属して建つ寝床で蒅（すくも）にし、藍を染めている。

甲西町には紺屋は1軒。糸を藍染して織っている。

28. 29. 京都府〔28. 京都市　29. 美山町〕
染織のメッカ京都だが、本藍染をしている人は少ない。市内に2人と美山町で1人ぐらい。

30. 奈良県〔室生村〕
明治時代は近隣の人たちの木綿の糸を染めていた。現在もほそぼそと続けている。

31. 兵庫県〔篠山町〕
糸染紺屋が1軒だけ健在。

32〜34. 鳥取県〔32. 倉吉市　33. 米子市　34. 境港市〕
上質の伯耆綿と地藍の栽培地があって、藍染の紺屋が多かった。
倉吉市の増田紺屋は数年前に廃業、米子市の角紺屋も後継者がなく廃業、河田紺屋も廃業。境港市で糸を藍染し、絣を織っている人が1人いる。

35〜39. 島根県〔35. 松江市　36. 安来市　37. 出雲市　38. 広瀬町　39. 斐川町〕
松江市で伝統のある福原紺屋も染色の仕事が少なく、当主は勤め人になった。安来市の佐々木紺屋では荒島石の藍甕だったが、3年前に廃業。出雲市で祝風呂敷を染めていた2軒の紺屋のうち1軒は廃業。斐川町では自家で棉を栽培し、糸を紡ぎ、藍で染めている人がいる。広瀬町の広瀬絣を守っているのは天野紺屋。割建て（藍と合成藍）で糸を

大正年代二十八軒、昭和八年十六軒、第二次世界大戦直後は、平田一、久木一、出雲市二軒」であった。いまは出雲市に長田紺屋、浅尾紺屋の二軒を残すにすぎない。

一方、八束地方でも、明治時代には松江市十七〜八軒、島根半島部十軒くらいあったものが、大正に入ると化学染料にかわったり、廃業して全体で十軒となり、それでも第二次世界大戦直後まではまだ数軒あったが、いまでは松江市秋鹿町の福原紺屋のみを残す、と記されている。

私が初めて出雲市の紺屋を訪ねたのは昭和四十年頃で、この記録にある長田紺屋も浅尾紺屋も筒描専門の表紺屋として仕事をしていた。二軒の紺屋は、出雲市の市街地の町並みに沿って流れる高瀬川のほとりにある。この川は文政二（一八一九）年に潅漑用水として斐伊川から引いたのだが、長田紺屋も浅尾紺屋も、藍染をした布の水洗いに使っていた。

昭和六十二年十二月、しばらくぶりで出雲地方の紺屋を訪ねる旅に出たのだが、長田紺屋は盛業であったが、浅尾紺屋の浅尾常市さんは三年前に病気になり、跡を継ぐ人が無いまま廃業していた。

廃業したとはいっても、井筒屋という看板はそのままである。入口を入るとすぐ甕場で、十八個の藍甕も昔のままだが、すっかり挨をかぶっていた。が、書きかけの鶴の文様の風呂敷が紺屋のたたずまいを匂わせている。

浅尾さんは鶴の絵柄がとりわけ得意だったのである。筒描きの下絵に型紙を使わずに、ぴったり同じものが何枚でも描けるのが自慢だった。

弓浜絣。　写真は全て反物のよこ幅をほぼそのまま縮小して掲載。

上　唐草文様蒲団かわ　木綿　島根県
下　唐草文様藍染蒲団かわ　木綿　中国地方　明治時代
右頁3点　出雲の祝風呂敷　島根県

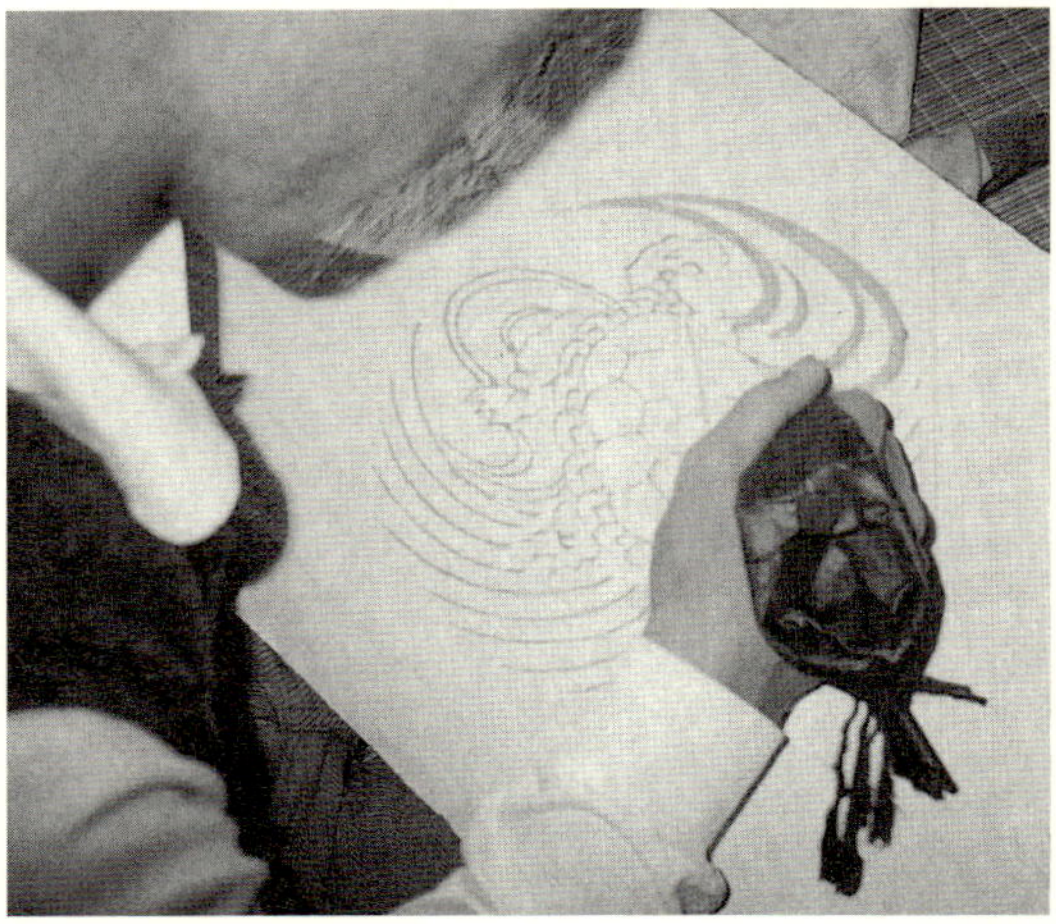

「倉敷の民芸館の外村館長が、型紙を使って描いたでしょう、というから、目の前で描いて見せたら、よく分かったって……」

元気な頃、浅尾さんはそんな話を私にしてくれた。それほど仕事の腕はよかったが、それでも、その当時、染の仕事だけでは生活は苦しく、畑の一部を駐車場にして生計の足しにしたそうだ。

「いまになって藍染が好きだといって訪ねてくる人がいますが、もう少し早く藍のよさが大勢の人に分かってもらえたらと、思いますよ、遅すぎました」と、奥さん。

浅尾さんも、

「藍だけで染める昔のやり方を残したかった。いまじゃ藍の匂いをつける程度しか藍を使わない紺屋が多くなって」

「病院からマメになって（元気になって）家に帰ってきたけれど、染の仕事は力仕事だから、もうできない」と、声をおとした。

「秘伝というもんは、ちょっとしたコツがあって、口ではいえない。筒紙は楮でないと駄目。だから古文書の楮の紙を中にして、上と下に新しい楮の紙を使った。貼り合わせる糊は、柿渋とわらび糊を使う」と浅尾さんは語った

長田紺屋では、三代目の当主の安史さんが藍染の風呂敷に呉汁を刷毛引きし、後継者の茂伸さんが風呂敷の筒描きに余念がなかった。

出雲地方には、この二軒の紺屋のほかに多々納桂子工房がある。棉を栽培し、その綿から糸を紡ぎ、藍で染めている。

多々納さんを訪ねた日、すでに綿の収穫が終っていて、摘み取った綿が、よく日の当る縁側に山になっていた。

■沖縄■ 琉球藍と泥藍

沖縄本島の北部の国頭郡本部町で、伊野波盛正さんが栽培している藍が、琉球藍である。かつては国頭郡のほぼ全域の、本部、今帰仁、名護、大宜味、恩納などで栽培されていたというが、現在では伊野波さんただ一軒で、その栽培面積は二万坪（六・六ヘクタール）であるという。

琉球藍は徳島県で栽培しているタデ科の藍とは異なり、キツネノマゴ科の多年草である。多年草なので、種を蒔いて栽培するのではなく、収穫の刈り取りのときに、元気のよい穂先を選んで植える。つまり、刈り取りと、植えつけが同時期になるので、このときがもっとも忙しいのだそうだ。

刈り取りは春と秋で、年に二回の収穫である。春の藍を「五月藍」、秋の藍を「九月藍」と呼ぶ。が、五月、九月といっても旧暦によるので、実際の収穫期は六月と十月である。この春と秋の品質を比較すると、「五月藍」のほうが「九月藍」より良質で、しかも収穫が多いのだそうだ。

また、風も藍の品質に影響するという。春に吹く東風は藍の含有量を増進させるが、北風に吹かれるとよくないという。そのため、風よけにミカン畑のミカンの木の間に藍を植える。

刈り取った藍は蒅や藍玉にせず、「泥藍」にする。泥藍という名称は、琉球が薩摩藩の領下に入った後の慶応元（一八六五）年に、鹿児島藩生産局奉行藍玉所長の

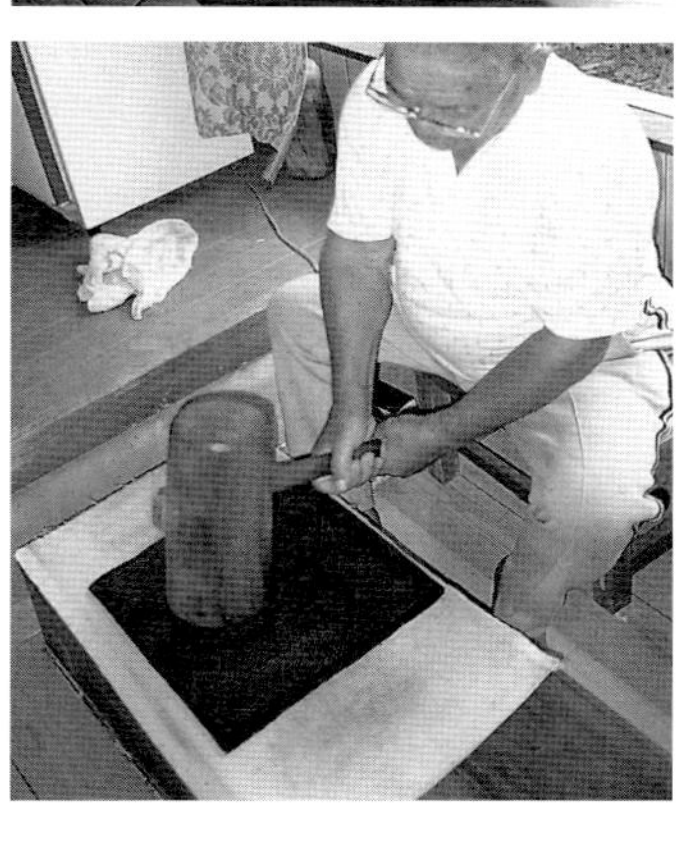

上　藍染の宮古上布を織る
下　宮古上布の仕上げ（せんだく）、折り畳んで木槌で打つ　沖縄県

有馬藤兵衛によって定められた。それまで藍蝋（あいろう）と呼んでいたのである。泥藍の呼び名について、関係者たちは、泥濘混入のイメージで、藍の品質の低級さを意味しかねないと反対したものの、有馬は絵画の「金泥」という言葉もあると押し切り、やがて「泥藍」という呼び名が定着して今日に至っている。

泥藍の製造は、藍畑から刈り取ってきた藍の生葉を、すぐに大きな水槽に入れ、生葉が浮きあがらないように、上から丸太で押さえる。この状態で発酵させるのだが、藍の発酵が強いと、そのガスの噴出力で押さえている丸太が、へし折られることもあるそうだ。

水槽に入れた生葉はそのまま二、三日間放置する。だいたい二日目で水は青色となり、水の表面に青い膜ができる。三日目になると赤紫色に輝く無数の点ができる。これは藍分が葉の内部から出て、水中に混合したことを意味する。この日数は「五月藍」で三、四日だが、「九月藍」では五〜六日はかかる。

藍が充分発酵したら、藍の枝葉を絞る。伊野波さんの泥藍製造所は、蒅を製造する「寝床」とは違って、大きな水槽が並んでいて、水槽の底に取りつけたバルブをゆるめると、別の水槽に藍分を含んだ水が移る。この水槽に石灰を加え、よく攪拌して六、七時間経過すると、液は還元されて鮮やかな青い色になり、やがて藍分は水と分離して水槽の底に沈澱する。水槽の上水を捨て、底に沈澱している泥状のものを麻布で漉して不純物を取り除いたのが「泥藍」である。泥藍はビニール袋に入れて染色家に届ける。

藍の収穫から泥藍のできあがるまでの期間は約一ヵ月。一つの水槽に入れる藍の葉は約三トンなので、刈り取り時期を少しずつずらしながら製造するため、何日かおきに同じ工程を繰り返す。

私が訪ねたのは四月だったので、泥藍の製造はまだである。それなのに、ガランとした泥藍製造所の中は、藍特有の匂いでいっぱいだった。水槽に藍の匂いがしみついているのであろう。

伊野波さんは、

「数年前のことですが、藍がうまく発酵しないことがあったんです。関係者や研究団体の人たちと原因を調べたんですが、まったく原因不明なんですね。何年も藍を作っているのに、不思議なことでした。」

「それで、いまでも父のことを思い出すんですが、父は藍草をシワ木といってました。シワとは沖縄の方言で、心配するっていう意味です」

といった。また、お父さんは藍作りそのものを「シワ作り」といっていた、とつけ加えた。

伊野波さんは琉球藍の栽培農家の四代目で、奥さんと二人で泥藍を製造していて、東京の薬科大学を卒業して沖縄に戻った娘さんがときどき手伝っているのだという。

終わりに

「藍」を訪ねて二十余年。日本の各地をめぐり歩いた私の、ささやかな調査だが、その間、天然藍の衰退と復活を目のあたりに見ることができた期間であり、天然藍と化学藍の葛藤の歴史を肌で知り得た貴重な時期でもあった。

が、それにしても人類最古の染料といわれる藍が、現代まで生きつづけているのはなぜなのか。柳宗悦は、「化学染料では絶対に出せない色。それは藍だ」といったが、たしかに天然藍は、その成分内の含有物が複雑であるため、色相に深みが生まれ、しかも洗うほどに青が冴えてくるからであろう。

江戸小紋の人間国宝の小宮康孝氏も藍に魅せられた一人である。その子息の康正さんは江戸小紋のほかに長板中型の型付けをし、それを藍に染めさせている。藍に魅せられた私と康孝氏と康正さんの三人は、ある日（昭和六十三年六月）、藍について延々と十時間も語りつづけた。それでも足りず、近々また語り合う約束でその日は別れたのであった。

「藍」には尽きぬ魅力がある。まだこれからも私の「藍をめぐる旅」はつづくのである。

染のあがった反物　東京都八王子市

紺屋さんの語り

―茨城県真壁郡真壁町―

文・写真　小林　稔

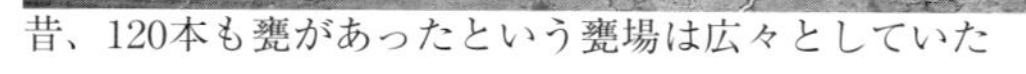

昔、120本も甕があったという甕場は広々としていた

藍を染め、耕し染めて

筑波山の裾野に真壁町という町がある。桜川の流れに沿った美しい町。近世においては綿作地帯であり、木綿の集散地であったところ。その木綿は仲買人の手を経て真岡（もおか）に運ばれ、灰汁（あく）で晒され白木綿となり、名高い真岡木綿となった。

その真壁の町のはずれに、一軒の紺屋がある。白い壁のある家の道を挟んだ向こうには染め場があり、主人と老職人の二人が仕事に精を出している。主人は市村初男さんで、五十八歳。老職人は七十歳ほどであろうか、親方と呼ばれ、市村さんが頼みとしている人だという。

この六月〔昭和六二年〕、その紺屋に市村さんを訪ねて、藍染めの話を伺った。

*

――うちはね、土地の人のものを預かって染めたり、うちで染めたものを農家に売ったりしたものですから、商売っていうほどの商売じゃないんです。わたしら今でもそうですけど半分百姓ですからね。農作業で使うものを染めるわけですから。農家の人が糸を持ってきてそれを染めるのが七割くらいで、あとはうちで染めて、織って反物にしたものを買ってくれた。今はあんまりそういう野良のものを染める仕事はないんですけどね――

紺屋といっても町場にあるような染めだけを専門にしているわけではない。鍬を持ち、畑を耕す傍ら、染めをなりわいのひとつとしてきたのである。かつて町内には同じような紺屋が他に二軒ほどあった。そして隣の明野町には二軒、大和村には一軒と点在していたという。

――わたしで三代目ですよ。うちは爺さんの代に分家したんです。細かいことはわかんないんですけど、農業の他に何か仕事持った方がいいということではじめたんです。明治の三十年ごろっていってましたね。

昔は職人が四人いましたね。わたしが二十歳ぐらいのときからしばらくの間。まあ、親父は忙しくって議会なんかにも出てたりして、うちに半分もいなかったからねえ。だから職人たちと一緒にやって覚えましたよ。

今は二人で染めています。一人は近所のお爺さんに通いで来てもらっているんですが、親方って呼んでまして、もう五十年以上の経験者で、まあ、名人ですよね。わたしらには、まだまだわかんないことあんですよ。藍出しは勘ですよ。計算やなんかでやんじゃないですからね――

市村さんは穏やかな人である。そして親方は寡黙な人である。若い日のことを思い出してか、市村さんは次から次に話をしてくれる。

藍を育て、藍を買い

――藍も作っとったですよ、昭和四十八年まで。藍は四月に蒔いて床付けしたものを、六月上旬ころ畑の麦の合間に植えるんです。ここではそうやってました。それで八月にとれますからね。お盆前には刈りとっちゃうんですから。九月末になると仕込みがあって、十、十一、十二、一、と四ケ月ぐらい寝せ込むんです。今は物置になってますけど、そこの前の小屋、寝せ場でやったんです。寝せ場の下は六十センチくらい掘って、籾殻入れてあるんです。水分が下に滲みちまうように。それ

でその上に竹で編んだ網代を敷いて藍を寝せたもんです。藍の床は温度が六十度くらいになっから、やがて網代がぼけちゃうんだよね。だから一年に一遍くらいは寝床を作り直しましたよ。まあ、それで一月の末から二月のはじめの頃に、近所の若い衆頼んで藍搗きすんです。乾くのに、そう、一週間から十日かかりますね。今はやらないけど、その臼は今でもありますよ。

うちでは六反歩ぐらい藍を作っていましたね。そうね、一反歩で藍玉十俵がようやくとれますかね。使ったのは一年に百二十俵くらいでした。足らない分は他から買ったんですよ。徳島から。今使うのはだいたい年間五十俵くらいですよね、藍玉で。一俵は六十キロです。

この辺にも阿波の藍商人が来たんです。他にも紺屋ありましたから。藍を作ってないで染めるだけのとこもあったからね。石川っていいましたけど、その人はやめちゃいました。昭和五十年ころからは佐藤っていう人から買ってますよ。徳島の板野郡上板町の人。今はもう、あの辺には四軒くらいしかないんですよね。昔は、北海道の藍商人も来ましたよ、北海道の伊達市から。

それで一月中旬のころに前の年の集金、新たな注文を取りにくるわけだ。カマスに入れて藍玉を送って寄越すのは二月のはじめのころになりますけどね。

紺屋を点々と廻って歩くんですね。来るといつもわたしのところに一晩泊まって行ったもんです。今はホテルでも何でもあるけど、昔はなかったからねえ。うちに泊まって明日出たらいいでしょうということで。泊まってもらえばわたしらもいろいろ話が聞けますからねえ。そう、そのときに手板ってのを持ってきたんです。

藍玉を取って手のひらで練って、餅みたいにしたものを和紙につけるんですよ。それ見て今年は藍のできが良いとか悪いとかいいましたね。それを手板っていったんですが、うちあたりでも藍を随分寝かせましたから、やりましたね。もちろん、昔は商人も持って来ました。手板見てどれにするか選んだんですよ。わたしの代になってからは良いも悪いもねえですよ。これしかないっていわれれば、それくれって言うより仕方がない。選べるってことじゃなかった。だから藍商人が泊りに来ることもなくなったんです――

藍を生かし、藍に生き

――藍染めは一年中やってます。藍っていうのは使わないとおかしくなる。一週間くらい経つと変わるし、違う人が面倒みたりするとまたおかしくなっちゃう。まあ、藍の顔色見てるのと同じようなもんですよね。

藍は毎日夕方に攪拌して、一晩休ませるんです。藍搔き棒っていう木の棒があるんですがね。甕の下の方に沈んだ藍をそれで搔き回すと上にあがってくるんですよ。夕方搔き回してやると、朝までかかってスッとする。スッとしたところで仕事をして、また夕方搔き回してやる。毎日欠かさずに搔き回してやんなくちゃなんない。たとえば今日休んじゃって藍搔きできないとすると、明日は必ずやらなくちゃなんない。だからそんなに家空けたこともない。三、四日もいねえなんてときは、親方なんかに、「いねえから藍搔き頼むよ」って頼んで出掛けたですからね。

ただ、藍は搔き回すだけではだめなんですね。五日に一遍、順繰りに仕込んでますよ。染める量にもよりますけど、濃い色に染めた場合なんか藍は薄くなっから、どんどん仕込んでいかなくちゃなんない。

まったく新たに仕込むってことはやらないんで、薄くなったら、そこへ新しく仕込んだ藍玉を入れます。中間ぐらいの濃さの藍でうめていく。これを順繰りにやって、絶やさないことだね。だから何十年もどれかは続いているわけですよね。他に、石灰とフスマと灰汁なんかも入れるんです。この辺は煙草の産地なんで灰汁は煙草の殻を燃やしたものを使っています。今はトラクターでうなっちゃうんでできないんですけど、昔は殻を取っておいてもらって、鉄板を置いてその上で燃やして、灰汁を作ったものなんですよ。今はソーダ灰を使っていて、灰汁はもう使いません。それから、以前はブドウ糖も使いました。水飴も戦時中から戦争の直後ぐらいまで使いましたね。これは配給になったんです。年がら年中使ったわけじゃないですけど。水飴もやったし、お酒もやりました。お酒を入れると元気がいいようですね。藍の華に張りがあるんですよ。今は使わないですけど。

それとインジゴは入れてますよ。これは相当古いでしょう。親父の代くらいからでしょうねえ。今は多少入れてないと藍が狂っちまうんですよね。結局少し入っていればね、腐敗に抵抗力がありますから。要は、藍ってえのは醗酵状態にさせておく、それが生きてるってことなんですよ。

藍を建てるときに使う藍玉の量は、甕四本

一坪分で藍玉一俵ぐらいかな。それにフスマを一升五合くらい入れっかなあ。この辺はうまく説明できないね。そのときの状況で違うこともあるし。何よりも経験と勘だからね。

人によって違うでしょうが、頭の働く人だったら、四、五年で藍を建てられるようになるんじゃないでしょうか。ただ、昔の職人ってえのは、何を何升入れるとか、石灰何升入れるとか勘でやっちゃうからね。温度だって指突っ込んで計ったりすっからね。一年くらいじゃあ指突っ込むくらいで温度はわかんないよね。藍の醗酵のさせ方覚えて、面倒みれるようになれば一人前かな――

藍を見て、藍を思い

――藍の状態が良いか悪いかを見るのはね、甕の中の藍を掻き回したときの音と華の具合です。直感的にわかるんですよ。フスマが多いとか、石灰が少ないとか、そのときによってかなり音が違いますよ。それと藍の華ですね。華の色というよりも、その泡の膨らみによってわかるんです。あまいやつはピチャンとなっちまうし、石灰が効いてるやつはボーンとしてる。それとあとは指入れて舐めてみて、味があるってわけじゃないけど、何ちゅうか、石灰が効いてるやつはピリッとしてますよね。舌が真っ黒になっちゃうときもあるしね。

染め上がった糸が重ねられている

そうそう、新潟からうちに遊びに来てる人があったんですが、この人も名人でしたね。手は使わないで、甕の中に直接舌を入れてそれでみるんです。「これあまいよ」なんて言ってね。あまいっていうのは辛い、甘いっていうことじゃなくて、ゆるいってことですね。

藍は使ってればもちろんゆるくなっていくんですから、普段からいろいろ気を使ってないとだめなんだよね。藍は生きてっから。ほったらかしといてはだめになる。あんまり風なんか入れねえ方がいいですよね。藍は飛ぶからね。藍が飛ぶっていうのは薄くなるんですよ。使うときに甕の蓋開けて、あとはすぐ閉めとけっちゅうなことといったですね。今はめんどくさくてできねえなんていってやらないけど、昔はそういいました。だからいちいち蓋をとっちゃあ糸を入れて、で、終わればまた閉めておく。まだ若いころ、うちからよそへ習いに行ったときにね、「蓋取りっぱなしにしていると、だめだよ、藍とんじゃうから蓋しとけ」なんて言われましたよね。

真夏だと藍は腐ることがあっからねえ。石灰強く入れてれば大丈夫なんだけど、強過ぎっとまたおかしくなっちゃうし。まず冬は狂ったり、腐るってことはねえけど、ただ、染めつけは夏の方がいいよ。狂うっていうのは藍の醗酵が止まっちゃうこと、死んじゃうときがあんですよ。

狂っちゃうときはもう、どうにもしょうがないよね。あれは困るんだよね。ここ何十年もそういうことはないけど。ただ、たまに色が出ないなんてときはありますよ。そのときは、他の甕の藍と抱き合わせたりしますよね。いいのを六分くらいにして、だめなのを四分くらいにして、混ぜていけばまた建ってね。フスマを入れてみたり、温度をとってみたりすると、結構いい方にいい方に出てきますよね。それでもどうにもしょうがねえっちゅうときには、近所の紺屋からドラム缶で藍水を貰ってきてそれで新しく仕込んでやりましたよ。向こうの方で困ればこっちからくれてやったりしてね。今はこれがなかなかできねえんですよ。紺屋が少なくなったし。何でもかんでも自分でやんなくちゃなんねえんですよ。

珍しく「藍水くれ」なんちゅってね、去年あたり来たことあったね――

藍で染めて、藍に染まり

――糸を染めてますよ。今は浅葱（あさぎ）が多いんですよね。木綿四・五キロが一束ですけど、それを何十束も埼玉から持ってきて、こっちで染めてまた向こうへ持っていくということで、染めの委託加工をやってます。ま、うちで使うのもありますけどね。もう二十年になりましょうかね。そうするようになってから。

甕はこの辺で作ったものじゃないと思うけど、前は一石五斗くらいの甕が百二十本ありました。今はコンクリートの水槽を使っているんですよ。昔の甕でいうと一槽が七本分くらいで、それが十五ある。だから百五本分でしょ。だから前よりも少なくなったんですが、もう、これは重くてうまく掻き回せないんです。

今は機械を使うんですよ、染める機械を。

簡単なものなんですけど、特許があって随分値が張っちゃうんですよね。糸の染め具合によっては、機械使って染めちゃう方が早い。一気に幾つも幾つもやんですよ。だいたい全部で十五回くらい染めるんですよ。ただ、親方は今でも糸操ったり、絞ったりして手でもやってます。管棒で絞り下げっていってね、下へ棒やって、足でふんがけて手で絞って、それで染めてますけど、昔はそのときに「藍波立てんな」なんてよくいいましたよ。それから水洗いするんです。水は別に塩素分が入ってなければいいんじゃないでしょうか。鉄分はあった方がいいかもしれません。うちでは井戸水を使ってますけど、それほど構わないんじゃないですか。ただ、川を使えば水の量はいくらでもあるから得だね。まあ、それで中途で干して色分けするんですよ。濃くするにはもう一回染めなおします。

たとえば、こう、染めて、そしてツヅミを入れますよね。ツヅミっていうのは邦楽で使う鼓のこと。あれを叩くときのようにしてパタパタやって空気を入れるんです。空気中の酸素を入れてやるんですが、温度があって染まったやつは糸そのものがフワーッとする。それを寒いときにやったんではフワーッとしねぇんですよ。いくら絞ったってピチャピチャ、ピチャピチャくすばってね。やっぱり温度は高いときの方がよく染まんじゃないかと思うね。でもまあ、冬でも温度とってあれば差し支えありませんけど。

温度をとるにはね、火床を使うんですよ。甕のころは四本ひと組で真ん中に火床があってね、それを一坪っていったんですけど、口があって、その下の中はからっぽになってる。コンクリの水槽にしてからもありますよ、一槽ごと両側にね。片側でも間に合いますけど、仕込んだときには両側から火を入れちゃうんですよ。ただ、夏場の六月から十月ごろまではいらないですけどね。

火床の中にはオガ屑を入れるんです。製材所から買ってきます。持続性があるし、オガ屑が一番いいですよね。三日四日は燃えてるからね。空気穴はないが燃えてますよ。炎は出ません、煙だけ。湯気じゃないから、目を開けていらんないんですよ、痛くなったりしてね。オガがないときは荒糠も使いますけどね、籾殻ね。でも、火が弱いから、なかなか三十度まで上がんないですよ。

染めるときは三十度ぐらいがちょうどいい。あとは角材とか丸太、そういうのを輪切りにして入れておくんです。薪の太いのはスウーッと燃えてますからね。冬場はあったかいですよ。たまには焼き芋なんかしたりして。あはは……。

燃えた滓はそんなにたまらないです。オガは一年燃やしても箕一杯くらいしかたまんないですから、一年に一回滓を取ればいいんですよ。ところが籾殻はたまるんです——

藍に暮らし、藍に捧ぐ

——今は女の人が仕事場に入っても構わねえですよ。昨日なんかも水戸から趣味でやってる人が、二人ばかり来て染めて行きましたよ。昔はだめだっていいましたけどね。

以前は仕事場に愛染さんをお祀りしてたんです。今はやめちゃって、家の方へ祀ってんです。木彫で彫った愛染明王ってのね。大神宮さまと一緒に神棚に上げてありますよ。どこから持ってきたんでしょうかねえ。親父は毎日灯明上げてお祀りしてましたけど、わたしはもうやりませんが、一日と十五日には榊を替えたりしてね。今はお茶上げるくらいだね。

あと愛染さんの掛軸がありますよ。今は巻いてきれいにしまってありますけど、これは六夜様っていうんです。毎月二十六日は六夜様っていって、賑やかだったですよ。なかでも正月は特別盛大にやりました。わたしのところにも四人ぐらい職人が住み込んでいましたからね。親父が元気なころは、やっぱり昔のしきたりでやってましたよ。

それに酒が好きだったから「みんな、今日は六夜様だから早く仕事仕舞え」なんて言って、床の間に掛軸かけて、みんなで拝んでから御飯にして、そのときは白い御飯でやりましたよ。昔は御馳走だったからね、白い御飯とか魚だとかがね。まあ、仕事終わって夕方六時ごろからはじめて、二時間かそんなもんでしょうよ。六夜様、楽しみだったよね。

他にはそうだね、仕事始めは正月二日で、二日はちょこっとやるだけ。三日四日と休んで五日頃からだね、本格的にやんのは。そのときには初染めってえのをやったね。二枚の四角い和紙に、ひとつは「初染め」。もうひとつは「藍」って書いたのを甕に入れて、下の方を染めた。それで床の間に供えましたよ。あとは愛染さんに十四日のナラシ餅を上げたぐらいかなあ。今はもうやんねえね。

息子は藍染めも何もやらないんですよ。学校へ勤めているもんですから。まあ、今、紺屋のあとを継ぐってことはたいへんなことですよね——

宮本常一が撮った写真は語る

青森県下北半島

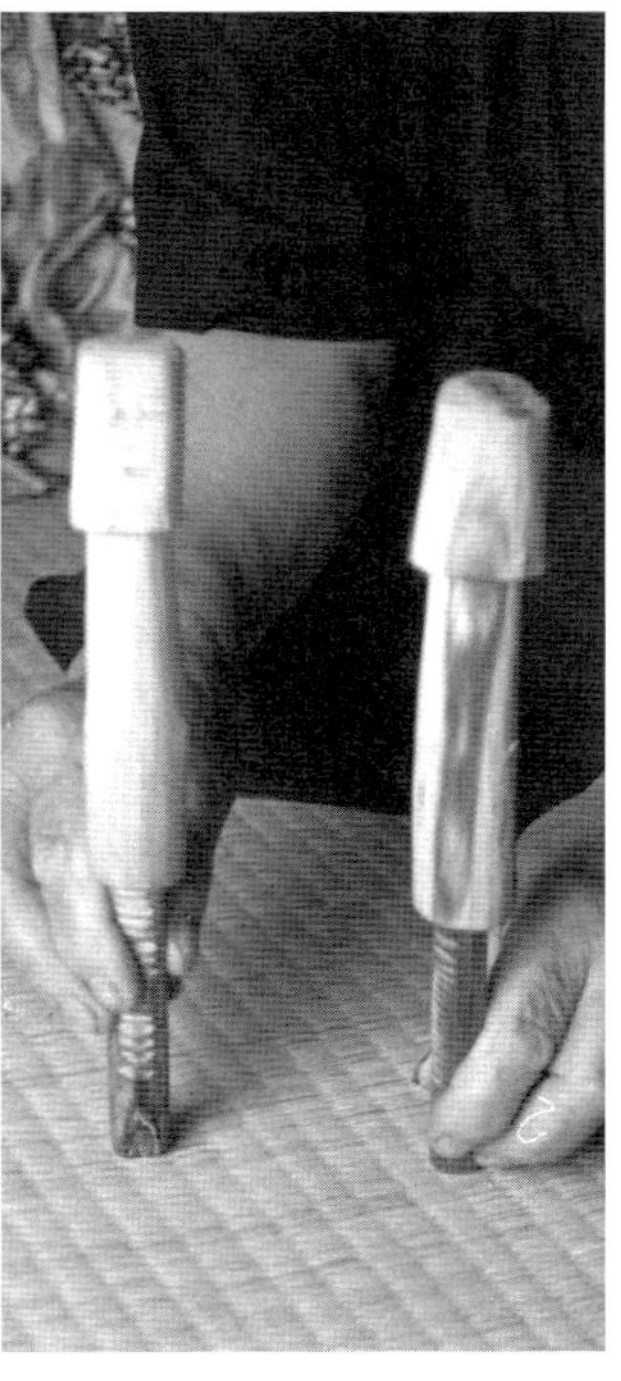

上　むつ市関根橋の村中家のオシラサマ。オシラサマは東北地方で信仰されている家の神で、一般的には養蚕、農耕、馬の神などとみなされている
右　衣を脱いだ村中家のオシラサマ。神体は桑の木が用いられている。
いずれも撮影・昭和39年8月13日

ここに挙げたのは、昭和三九年に青森県下北半島の関根橋（むつ市）で宮本が撮影した夫婦の写真である。

女性の手に握られた一対のオシラサマには頭から布が被せられ、その下に細く裂いた布が覗いている。一般にオシラサマは、木のご神体にオセンダクなどと呼ばれる布を重ねた姿をしているが、オセンダクは毎年の祭りの日に着せ足していくものとされているから、それを調べれば埋もれた染織史の一端にアプローチできるのではないか。そう目論んだ渋沢敬三に勧められ、宮本は当時アチックミューゼアムに集められていた四〇体のオシラサマについて、二千枚もの布の模様や染め方、染料、またご神体の形状や材質など、ひとつひとつを、染色史、とりわけ植物染料に造詣の深い後藤捷一氏と協力して調べあげた。モノから信仰にアプローチするといういかにも渋沢や宮本らしい手法で、昭和一八年には常民文化研究所から『オシラサマ圖録』を出すこととなるが、そうした「形態学的な研究」に加え、オシラサマが「どのような人びとにどのように信仰されているかをみてあるく」ためにと、昭和一五年、東北へと赴いて出会ったのが、写真のオシラサマであった（『私の日本地図　下北半島』、ただし写真は昭和三九年）。

一方、夫が着ているのはアッシと呼ばれるアイヌの生

アイヌのアッシを着るむつ市関根橋の村中家の当主。当主の祖父が若い頃北海道東部の出稼ぎ先で一緒に働いていたアイヌからもらったという　撮影・昭和39年8月13日

活着で、オヒョウ（ニレ科）の樹皮の繊維を細く裂き、撚った糸で織られたものだ。写真ではわかりにくいが、襟元や袖口、裾には美しいアイヌ紋様が刺繍されている。これは男性の祖父が「北海道東部へ出稼ぎにいっていたころ、一しょに働いていたアイヌからもらったもの」で、昭和当時で「一〇〇余年以前」のもの、三世代にわたり、アイヌとの交流の記憶とともに大切に保管されてきた織物であった（宮本 前掲書）。アイヌの織物が近世から北東北の各地で見られたことは、菅江真澄をはじめとする文献史料にもたびたび描かれている。しかも、大畑（むつ市）の村林源助による『原始謾筆続編年表』には、文化年間（近世後期）に「木皮衣（アッシ）着用」の禁止令が数度にわたって出されたことが記してあるから、これが大いに流行したらしいことがわかる。当時、本州以南

上　北海道ひだか町静内のチセコロシンヌカムイ（右・家の守り神）とケリサパンホラリカムイエカシ（左・家族を守る男神）。シャクシャイン法要祭で、神の着物であるイナウキケを新しく付け足され、上座である家の東の隅に置かれる　平成17年6月（撮影・今石みぎわ）
下　岩手県上閉伊郡土淵村（現遠野市）の貫頭型（オシラサマの頭が衣を被らず上に出ている）のオシラサマ。右手のオシラサマの頭は馬型。遠野ではオシラサマは馬の神などといわれる　撮影・昭和15年

の樹皮布として一般的であったのはマダ（シナノキ）布であったが、マダよりも柔らかい肌触りと明るい風合いを持つアツシが、東北の人々にも好まれたのであろうか。

ところでアツシだけでなく、オシラサマもまた、アイヌと関わりの深い神と考えてよい。すでに昭和初年に喜田貞吉が指摘したように、オシラサマは、チセコロカムイなどに代表されるアイヌの家の神と、その形態において酷似している。宮本解説の『圖録』にもある通り、オシラサマに着せられたオセンダクのうち、特に年代の古いものには細く裂いた布が見られ、素材にマダ布を用いたものが少なくない。それは薄く削った木片から成る「着物」をつけたチセコロカムイの形態とよく似ているし、両神の着物が年ごとに着せ足していくものであるといった類似点も見逃せない。アツシに象徴されるように、近世から蝦夷地と北東北との間に様々な習俗やモノ、人や言語の交流があったことを考えれば、ふたつの神が、少なくともその形態においては、影響あるいは連続関係にあったと考えることは、何ら無理のない推定であろう。

恐山で喜捨を受けるオシラサマ。オシラサマは乞食をして歩かないと祟るといわれていたという（『私の日本地図・下北半島』p102）　撮影・昭和39年7月22日

こうして二枚の写真を並べてみると、樹皮織物の文化をめぐって、下北半島という本州最果ての地とアイヌとの間で、モノや文化が活発に行き交う有様が鮮やかに浮かびあがるようで何とも興が深い。宮本は、自身の東北観のなかでは北方文化との交流や影響については多くを語っておらず、むしろ東北と中日本との関わりや同質性を強調してきた印象がある。しかし、当時の宮本の想定や意図がどういったものであれ、それらを超えてこれらの写真が語るのは、北と南を繋ぐ文化の交流地点としての下北半島の姿である。それは同時に、写真という記録媒体や、記録を取るという行為が持つ力強さ、雄弁さを再確認させるものとも思われるのである。

（今石みぎわ）

宮本写真提供・周防大島文化交流センター

著者あとがき

「あるくみるきく」の頃

竹内淳子

私が民俗学の世界で師匠と仰ぐ人は、大学時代の恩師の瀬川清子氏であった。が、師は年齢的に、すでに私と共に旅ができる状態ではなかった。そのために私の調査取材は「一人旅」であった。好奇心に支えられてどのような僻地でも、難渋な山路でも、一人で行った。「若かったから、それができたのだ」と、言う人がいるが、それは違う。年齢ではなく、好奇心の度合いであろう。

その後、私が師と仰いだ人は宮本常一先生である。にこやかに頬笑むお顔は、誰をも安心させる笑顔である。私は現在でも先生の笑顔に向かって、いつも自分に言いきかせている言葉がある。

「人間は真から優しくなければ、他人は私に対して優しい人とは思ってくれない。誰とも平等に、誰とも共に、心を優しくして心を開いて、心底から話をしていこう」と。

宮本先生がふるさとの山口県周防大島から東京に戻り、観文研に顔を出すと、背負っていた大きなリュックサックから、沢山のミカンがコロコロと広いテーブルに転がり出た。甘く、おいしいミカンを食べる観文研の若者たち。私は宮本先生のこうしたさりげない心遣いが好きだったのである。

が、私は、言ってみれば観文研では異邦人であったかも知れない。宮本先生の教え子の武蔵野美術大学の出身者が多かったからだ。しかし宮本先生には差別がなかった。私はだんだんに観文研の雰囲気に馴染んでいった。テーマを決めて各地を歩かせてもらった。旅の間も、宮本先生の笑顔があった。そのためか、初めて会った人でも、昔からの知り合いのように声をかけてくれた。

「あれぇ！　まだいたの？」と村の人。

「そうじゃないの、また来たのよ」と私。

「ふんじゃ、家に寄ってって！」

ということになって、お茶をご馳走になって話に花が咲く。こうして、思いがけず貴重な話を聞くことができたりした。

鹿児島の甑島は甑島列島と呼ぶ小さな島で、島へは連絡船のみであった。ある日、役場の人の動きがあわただしくなり、やがて役場の人が私に、「台風が来ます。来たら四、五日は動けませんよ。帰ったほうがいいですよ」と言う。また、村の人の家にも、「この家は裏山が崩れたら大変だから、避難してください」と。その村の人とは、磯道トメさんで、「自分の家だから此処にいる」と返事をしてから、私に向かって、「台風が来たら食べるものが買えないから、このパンとジャムを持って行って」と、私に渡してくれるのだった。私はその優しさに涙が流れて仕方がなかった。

甑島には懐かしい思い出が沢山ある。取材当時、橋口義民氏夫妻と山に登り、ツワブキ摘みをした。ツワブキを摘み、家に帰ってから茹で、皮を剥き、干して保存し、冬場の煮物に加えるのである。冬場の急な法事のときなどの大切な一品になるのだという。以来、東京の我が家のツワブキを見る目が変わった。

豪雪地帯の奥丹後でただ一人、藤布を織っていた光野タメさんも思い出される。囲炉裏の端でタメさんと糸を績んだ。その合間に、子供たちに漬物を漬けて送るのだと、大きな樽に白菜を沢山漬けていた。その息子は現在、京都市内に住み、母の仕事ぶりを知って嬉しいと、時折、私宛に手紙が届く。私とは親子二代の交わりである。

私は最近、「トークの会」に呼ばれることが多い。先日も、「あるくみるきく」の購読者ですとか、宮本先生当時の観文研に行きました、という人がいた。先生がお亡くなりになって三〇年。先生が祈りにも似た気持ちで若い人たちに期待していたことが、このような形で、私の目の前に現れる。これは、宮本先生の遺徳だと、しみじみ思う。先生にこの話をしたら、先生はどのようにおっしゃるだろうか。あいかわらず、私の前にいつものような笑顔を見せてくださるだけだろうか。

結城再訪

登　勝昭

この巻の編者・森本氏よりあとがきの誘いを受け、本年五月中旬、三十余年ぶりに結城を訪ねた。

行く前に、近年の生産量などを結城と小山の市役所に問い合わせた。地機織りは一二二三反（平成二二年度）と伝えられ、愕然とした。私たちが結城に通っていた頃の生産量は、年間三万反であった。

結城の街は、駅前が再開発され、道幅が拡張され、以前より明るい印象であった。結城から仁良川に行く道も、森の中をくねくね進む細い陰鬱な道だったが、林が切り開かれ明るい道となり、道沿いには工場なども散見された。就業の機会も増えたことだろう。

増田かねさん（五八ページのカラー写真）は、ご主人没後八八歳まで織っていたが、腰が吊れなくなったのでやめた、とお孫さんが語ってくれた。最後に織ったのは、お孫さんのための一反だったそうだ。お嫁さんは、増田さん存命中から農業に専念しており、紬はかねさんの代で終わり。

坂本澤二さん（七〇ページ、染色、下糊付けの写真）は、次第に注文が減っても、最後まで一坪分の藍は建てていたと、お嫁さんが語ってくれた。澤二さんは八六歳で没、おばあさんはそれに先立って八〇歳で没。坂本さんが染めていた甕場やおばあさんが織っていた部屋のある古い母屋は、使い手のないまま放置されていた。

坂本ナヲさん（七一ページ、整経、機巻き、七三ページ、掛糸掛けの写真）ならやっていると聞いて、ぜひ会いたいと訪ねた。午後と夕方、二度行ったがそのたびに留守で、あきらめて帰ろうとしているところに、バイクを運転して坂本さんが元気に帰ってきた。荷台に野菜と仏花が積んであり、畑に行っていたのだという。

そのまま裏の仕事場に案内され、話を聞かせていただいた。昭和五五年ころから問屋さんの注文が減り、だんだんやめていったこと、そうしたなかでも、坂本さんには途切れず注文が来ているが、最近は以前と違い、糸や染めは問屋さんが手配したもので織ることが多いこと、などなど。

仕事場の織機には、淡いピンク色の糸が掛かっていた。以前の結城紬にはなかった色で、草木染めだそうだ。その端を広げ、触って風合いを確かめるように促す。そして、紬の良さを語る。意欲は衰えていないとはいえ、お年を聞けば八二歳。坂本さん宅でも、紬はナヲさんで終わりのようだ。

結城紬は、昨年秋、ユネスコの無形文化遺産に登録された。かつての活況を取り戻すまでは無理としても、これにより関心を持つ人が増え、後継者が育ち、技術が受け継がれていくことを願いつつ、この日の結城訪問を終えた。

結城で紬を！

登　芳子

「温もりのある布」この小文を書いてから、既に三十年以上もの歳月が流れてしまいました。「結城紬、織っているの？」という質問をよくされるのですが、織りたい気持ちは十分にあるのですが、そう簡単に事が運ばないのが実情です。

娘が小学校へ入学するのを機に練馬区の団地に越してきました。息子はまだ二歳八ヶ月でしたので、織機は北側の部屋に置きました。子供の成長は速く……、息子が中学生になり、北側の部屋を個室として使用するため、織機はリビングに移動させました。

現在も織機はリビングの片隅に置かれていて、時々夫にじゃまだから畳むようにとか向きを変えようと言われるのですが、結城紬を織るイメージを持ち続けるために、実際の織る向きに置いてあります。でも集合住宅なので、音が響いて織ることは難しいのです。

娘の成人式には、かつて私が織った縦縞の結城紬を着せました。帯だけでも織ってみたいと考えたのですが、時間切れ……、帯揚げは私が黄蘗（きはだ）で染めたものを使いまた。娘はぽっくりを履いて、短めのマントを羽織って、髪型もそれに合うようにコーディネートして頂いて……、楽しい思い出となって残っています。

結城に住みたいという思いはずっと持ち続けているのですが、実現させるのはなかなか困難です。その基盤を作るために、ブックデザインの仕事をしようと思って、パソコンを学び始めました。ちょうど二〇〇〇年の春でした。その時からパソコンと向き合う日々が始まりました。相前後して、美術本の企画を思い立ち、自分の思いを込めて企画書を作成しました。企画が決まった際にブックデザインの仕事をさせて頂こうという思いからです。

このあとがきを書くにあたり、夫と共に結城と仁良川を訪ねました。三十五年前は道を歩くと機を織る音が聞こえてきたものですが、今はあのリズミカルで心地よい音を聞くことは難しくなりました。結城紬の衰退した話を聞いて心が痛み、時が流れて時代が移り変わったことを実感しました。糸をとる人が激減してしまったことが一番気になるところです。

結城に土地付きの小さな工房を作りたいという夢を想い描いて、私はあと少しだけ企画の仕事を続けてみようと思っています。「おいおい、いつまで若いつもりでいるんだよ！早く……」という声が聞こえてきそうです。

著者・写真撮影者略歴（掲載順）

宮本常一（みやもと　つねいち）
一九〇七年山口県周防大島の農家に生まれる。大阪府立天王寺師範学校卒。柳田國男の『旅と伝説』を手にしたことから民俗学への道を歩み始め、一九三九年に上京し、渋沢敬三の主宰するアチック・ミュージアムに入る。戦前、戦後の日本の農山漁村を訪ね歩き、民衆の歴史や文化を膨大な記録、著書にまとめるだけでなく、地域の未来を拓くため住民たちと語りあい、その振興策を説いた。一九六五年、武蔵野美術大学教授に就任。一九六六年、後進の育成のため近畿日本ツーリスト（株）・日本観光文化研究所を設立し、翌年より月間雑誌「あるくみるきく」を発刊。一九八一年、東京都府中市にて死去。著書『忘れられた日本人』（岩波書店）『日本の離島』（未來社）『宮本常一著作集』（未來社）など多数。

後藤捷一（ごとう　しょういち）
一八九二年徳島県生まれ。徳島県立工業高校染色科色染部卒。高校教員を経て、大阪で染料協会勤務の傍ら、藍の民俗学的研究を行う。戦前に澁澤敬三、宮本常一と大阪民俗談話会で出会い、宮本が常民文化研究所で行っていた「おしらさまの研究」では、衣料・染色面から協力した。戦後は徳島の染料問屋三木産業に勤務し、退職後は三木家が保存していた藍関係の古文書等を整理し、三木文庫の設立に尽力した。一九八〇年没。著書に『日本染織史』『絵具染料商工史』『日本染織文献総覧』等がある。

杉本喜世恵（すぎもと　きよえ　現姓　増見）
一九五四年静岡県浜松市生まれ。東京写真大学（現東京工芸大学）短期大学部写真技術科卒業。日本観光文化研究所が収集した民具などの写真撮影に携わる。

神崎宣武（かんざき　のりたけ）
一九四四年岡山県生まれ。旅の文化研究所所長。宇佐八幡神社（岡山県）宮司。日本観光文化研究所では民具や食文化の調査を行なう。著書に『盛り場のフォークロア』（河出書房新社）、『江戸の旅文化』（岩波書店）、『しきたりの日本文化』（角川学芸出版）など。

登　勝昭（のぼり　かつあき）
一九四四年東京都生まれ。国際基督教大学卒。制作プロダクション勤務の後、フリーの校閲者、ライターを経て、荒木印刷にてパソコン等の取扱説明書の開発に携わる。一九七〇年代半ばより日本観光文化研究所所員。萱野茂氏『アイヌの民具』編集に参加。著書に『結城染織語彙』（生活記録誌『山脈』）がある。

登　芳子（のぼり　よしこ）
一九四七年栃木県生まれ。一九六八年武蔵野美術短期大学デザイン科（商業デザイン）卒業。（株）求龍堂にて広告制作に従事した後、一九七五年、栃木県紬織物指導所に入所し、結城紬の技術習得に励む。現在、コンピュータによるデザインを試みている。

竹内淳子（たけうち　じゅんこ）
東京生まれ。現・大妻女子大学家政学部に入学し、岩松マス（被服学）、瀬川清子（民俗学）に師事。大学卒業後、同大学で教鞭をとる。一九七三年より日本観光文化研究所の研究員として籍をおく。現在「ものと人間の文化を研究する会」を主宰。著書に『藍Ⅰ・Ⅱ』、『草木布Ⅰ・Ⅱ』、『紅花』、『紫』（いずれも法政大学出版局）他多数がある。

須藤　功（すとう　いさを）
一九三八年秋田県横手市生まれ。川口市立県陽高校卒。民俗学写真家。一九六六年より日本観光文化研究所所員となり、全国各地歩き庶民の暮らしや祭り、民俗芸能の研究、写真撮影に当たる。著書に『西浦のまつり』（未來社）『山の標的—猪と山人の生活誌』（未來社）『花祭りのむら』（福音館書店）『写真ものがたり　昭和の暮らし』全一〇巻（農文協）『大絵馬ものがたり』全五巻（農文協）などがある。

宮本千晴（みやもと　ちはる）
本巻監修者。監修者略歴欄に掲載。

伊藤幸司（いとう　こうじ）
一九四五年東京生まれ。糸の会・登山コーチングシステム主催。早稲田大学文学部哲学科卒。日本観光文化研究所の探検部門「あむかす」に参加。「あるくみるきく」の執筆・編集を行い、その後フリーのライター&エディターに。一九七五年の「東アフリカ探検学校」では、宮本常一をオートバイの後ろに乗せ、ケニア、タンザニアを案内した。近著に『山の風、山の花』『軽登山を楽しむ』（いずれも　晩聲社）がある。

西山妙（にしやま　たえ）
一九四三年東京都生まれ。早稲田大学第一文学部卒。日本観光文化研究所に初代事務局長として入る。『あるくみるきく』の創刊以降は、その編集、執筆に携わる。著書には『道は語る』（ほるぷ出版）がある。

近山雅人（ちかやま　まさと）
一九五二年山梨県生まれ。写真家。東京工業大学像情報工学研究施設卒。日本観光文化研究所が行っていた「あむかす探検学校」への参加を機に所員となり、『あるくみるきく』他の研究所関連の写真撮影に携わった。著書に『新版　カメラマン手帳』（朝日新聞社）がある。

小林　稔（こばやし　みのる）
一九六〇年東京都生まれ。成城大学大学院文学研究科日本常民文化博士課程前期終了後、日本観光文化研究所所員。千葉県立房総のむら、国立歴史民俗資料館勤務等を経て、現在は千葉県教育庁教育振興部・文化財課に勤務。

今石みぎわ（いまいし　みぎわ）
一九七九年広島県生まれ。東北芸術工科大学大学院にて民俗学を学ぶ。芸術工学博士。二〇〇九年十一月より周防大島文化交流センター学芸員。二〇一一年四月より東京文化財研究所研究員。論文に「削りかけ状祭具にみる人と樹木との関わり」（『民具研究』一四一号）、「宮本常一が語る菅江真澄」（『真澄学』六号）など。

監修者略歴

田村善次郎（たむら　ぜんじろう）

一九三四年、福岡県生まれ。一九五九年東京農業大学大学院農学研究科農業経済学専攻修士課程修了。一九八〇年武蔵野美術大学造形学部教授。武蔵野美術大学名誉教授。文化人類学・民俗学。

大学院時代より宮本常一氏の薫陶を受け、国内、海外のさまざまな民俗調査に従事。『宮本常一著作集』（未來社）の編集に当たる。著書に『ネパール周遊紀行』（武蔵野美術大学出版局）、『棚田の謎』（農文協）ほか。

宮本千晴（みやもと　ちはる）

一九三七年、宮本常一の長男として大阪府堺市鳳に生まれる。小・中・高校は常一の郷里周防大島で育つ。東京都立大学人文学部人文科学科卒。山岳部に在籍し、卒業後ネパールヒマラヤで探検の世界に目を開かれる。一九六六年より近畿日本ツーリスト・日本観光文化研究所（観文研）の事務局長兼『あるくみるきく』編集長として、所員の育成・指導に専念。

一九七九年江本嘉伸らと地平線会議設立。一九八二年観文研を辞して、向後元彦が取り組んでいた「（株）砂漠に緑を」に参加し、サウジアラビア・UAE・パキスタンなどをベースにマングローブについて学び、砂漠海岸での植林技術を開発する。一九九二年向後らとNGO「マングローブ植林行動計画」（ACTMANG）を設立し、サウジアラビアのマングローブ保護と修復、ベトナムの植林事業等に従事。現在も高齢登山を楽しむ。

あるくみるきく双書
宮本常一とあるいた昭和の日本 21 織物と染物

2011年8月30日第1刷発行

監修者　田村善次郎・宮本千晴
編　者　森本　孝

発行所　社団法人　農山漁村文化協会
郵便番号　107－8668　東京都港区赤坂7丁目6番1号
電話　03（3585）1141（営業）　03（3585）1147（編集）
FAX　03（3585）3668
振替　00120（3）144478
URL　http://www.ruralnet.or.jp/

ISBN978－4－540－10221－9

印刷・製本　（株）東京印書館